中小学心理健康教育书系

顾问 ◎ 林崇德　　主编 ◎ 俞国良

高中生
生涯规划与指导

杜毓贞　辛颖 ◎ 著

开明出版社

图书在版编目(CIP)数据

高中生生涯规划与指导/杜毓贞，辛颖著. -北京：开明出版社，2021.6
（中小学心理健康教育书系）
ISBN 978-7-5131-4960-0

Ⅰ.①高… Ⅱ.①杜… ②辛 Ⅲ.①高中生-职业选择 Ⅳ.①G635.5

中国版本图书馆 CIP 数据核字（2019）第 073126 号

| 出　版　人：陈滨滨 | 项目组组长：沈　伟 |
| 项目组副组长：范　英 | 项目执行人：王　桢 |

责 任 编 辑：张薇薇

GAOZHONGSHENG SHENGYA GUIHUA YU ZHIDAO
高中生生涯规划与指导

| 作　　　者：杜毓贞　辛　颖 |
| 出　　　版：开明出版社（北京海淀区西三环北路 25 号　邮编：100089） |
| 印　　　刷：保定凯圣堡包装装潢彩印有限公司 |
| 开　　　本：710×1000　1/16 |
| 印　　　张：22 |
| 字　　　数：350 千字 |
| 版　　　次：2021 年 6 月第 1 版 |
| 印　　　次：2021 年 6 月第 1 次印刷 |
| 定　　　价：66.00 元 |
| 联系电话：010-88569135 |
| 网　　　址：www.kaimingpress.com |

寄 语

亲爱的朋友们：

心理健康，特别是中小学教师和学生的心理健康，看似是只和个体相关的私事，实则是关于家庭幸福、社会和谐，乃至国家和民族安定繁荣的大事。我们衷心地希望，每一个参与中小学教育事业的教师和家长，都积极主动地关注自我和孩子们的心理健康，树立科学的心理健康教育理念，掌握有效的心理健康教育方法，培养德智体美劳全面发展的社会主义建设者和接班人。

总 序

这是一个新时代，也是一个复杂多变的时代，中小学生在见证世界缤纷色彩的同时，也在承受巨大的心理压力。显然，我们正处在社会转型与社会心理变迁不断加速的特殊历史时期。时代发展变化，要求中小学心理健康教育不断进行自我更新。自教育部颁布《中小学心理健康教育指导纲要（2012年修订）》（以下简称《纲要》）以来，各地中小学在制度、课程、师资队伍和心理辅导室建设等方面的成就有目共睹，已成为全面推进素质教育新的突破点和着力点，为加强和完善中小学德育工作做出了独特贡献。这里，我们着重讨论新时代我国中小学心理健康教育的现状和特点、立场与方法，以及所关注的问题、趋势与对策。旨在优化和创新中小学心理健康教育理念、思路、方法和措施，使之能更好地为中小学生乃至社会经济的可持续发展服务。

现状——据原卫生部、世界卫生组织估计，我国17岁以下未成年人中有各类学习、情绪、行为障碍者3000多万人，而且人数在不断增加。我们编制的《中小学生心理健康量表》测查也表明，小学生有心理行为问题的占10%左右，初中生占15%左右，高中生约为20%。可见，中小学生心理健康状况不容乐观。

为了有效把握现状，我们以中部地区两个地级市的城市和农村11027名中小学生为研究对象，发放调查问卷。结果表明，我国中部地区中小学心理健康教育的普及率和教育效果有较大改善。但整体来看，农村中小学心理健康教育相对落后；中学生心理健康教育滞后于小学生，初中阶段尤甚。与五年前相比，中小学心理健康教育的发展和进步主要表现在以下几个方面：第一，教育对象开始面向全体学生，教育内容符合《纲要》的基本要求；第二，随着教育行政部门、学校领导和教师对心理健康教育的重视，家长和学生的态度也发生了积极改变，无论在城市还是农村中小学，都取得了良好的教育成效；第三，随着《纲要》的颁布和中小学校的重视，心理健康教育专职和兼职教师开始增加，心理健康教育已得到广泛普及，正在逐步走向深化和进一步规范发展。虽然发展势头很好，但还存在一些问题亟待解决：首先，城市与农村心理健康教育发展不平衡，农村中小学心理健康教育相对落后，而农村高中又是"重灾区"；其次，有的农村中小学心理健康教育内容不符合实际需要，缺乏针对性和实效性；再次，初中、高中阶段的心理健康教育相对薄弱，从调查数据看，城市中学心理健康教育与小学存在差距，农村更甚；最后，中小学心理健康教师专业化程度有待提高。

为了有效掌握中小学心理健康教育师资队伍的现状，我们课题组也进行了专题调研。我们采取分层随机抽样的方法，选取了山西、河南两省某地级市发放中小学心理健康教育专兼职教师有效问卷584份，学校管理者有效问卷209份，结果如下。第一，心理健康教育已得到大多数中小学校的重视。90%以上学校开展了卓有成效的心理健康教育工作，大多数中小学心理健康教育专兼职教师，都能感受到学校领导对他们工作的支持。第二，中小学心理健康教育师资队伍的人员构成复杂，专业化水平有待提高。大部分专职教师有担任其他课程的经历，兼职教师中德育课教师和班主任居多。教师们对自己的工作效果感到满意的同时，也表现出强烈的求知欲，希望参加专业培训、提高专业技能。第三，学校管理者在选择心理健康教育教师时非常重视他们的专业背景、学历学位、相关资格认证、授课技能、从业时间与经验及人格等因素，他们对本校心理健康教育专兼职教师和心理健康教育工作表示满意。

特点——中小学心理健康教育的特点可以从不同角度进行梳理，仁者见仁、智者见智。

从心理健康教育的目标与主要内容看，已明确把目标定位在提高全体学生的心理健康水平，促进他们的积极心理品质等方面，内容重点包括认识自我、学会学习、人际交往、情绪调适、生活和社会适应等。同时，根据不同年龄阶段学生的身心发展特点，设置了小学、初中和高中分阶段的具体教育内容。这样的设置操作性强，不仅符合中小学生的成长与发展实际，同时也体现了从心理健康教育向心理健康服务转变，从问题导向向积极心理促进的世界心理健康发展潮流。从心理健康教育的途径和方法看，各地中小学正在将心理健康教育贯穿于教育教学全过程、开展多种形式的专题教育、建立心理辅导室、密切联系家长共同实施心理健康教育，以及充分利用校外资源等。目前，在中小学具体教育实践中，心理健康课程与专题讲座是心理健康教育最常用的方式；心理辅导室作为心理健康教育的重要环节，承载着开展心理辅导、筛查与转介、课程咨询、家校整合等功能；在日常教育教学与班主任工作、社会实践活动以及家庭教育中，开始全面渗透心理健康教育。从心理健康教育的组织实施看，从管理、教师、教材、研究几个层面，已构建了我国中小学心理健康教育的组织实施体系；从目前学校教育管理和实践效果看，政策与立法已成为我国政府推动和规范中小学心理健康教育发展的主要手段，而心理健康教育教师队伍建设，则成为中小学心理健康教育有效实施的重要保障。

立场——新时代中小学心理健康教育一定要提高站位，即站在时代的制高点上。社会转型，即经由传统型社会向现代型社会快速转变就是新时代的重要特征，就是时代的制高点。目前，人们快节奏的生活方式，大强度的竞争压力，高目标的成就动机，使个体心理健康问题及其引发的社会矛盾、冲突日益突显，导致个体心理、社会心理处于一种无序状态。当下人民的需要从物质文化转变为美好生活，而美好生活需要自尊自信、理性平和、积极向上的社会心态。社会心态成为社会矛盾的"晴雨表和指示器"，而心理健康则是人民"美好生活"的社会心理面向。因此，在社会心理服务大框架下讨论与实践心理健康教育、心理健康服务，这是中小学心理健康教育应持的基本立场；心理健康教育是心理健康服务的基础，心理健康服务是社会心理服务的核心，这是中小学心理健康教育的方法论基础。

从中小学心理健康教育与服务的对象看，其重点是个体与群体，与社会心理服务的对象重合；从中小学心理健康教育与服务的目标看，旨在提高全体中小学生的心理素质与心理健康水平，与社会心理服务的目标有异曲同工之妙。即根据中小学生身心特点开展心理健康教育活动，关注和满足他们的心理发展需要，提升其心理调适能力和社会适应能力，培养其积极乐观、健康向上的心理品质和自尊、自信、自强、自立的个性特征，尤其关注留守、流动儿童心理健康，为经受校园欺凌和校园暴力、家庭暴力和性侵犯的中小学生提供及时的心理创伤干预，促进其身心可持续发展。这充分体现了由心理健康服务向社会心理服务延伸，使心理健康服务成为为社会心理服务打基础、夯地基的"基础工程"。

方法与措施——新时代以社会心理服务建设为背景，中小学心理健康教育工作在组织实施、机制建设、领导管理等方面必须进行调整和改变。

从心理健康教育的类型与途径看，心理健康服务是社会心理服务的具体化，这决定了中小学心理健康教育工作在组织实施中要有全局观、整体观。无论是全面开展心理健康促进与教育，还是积极推动心理辅导和心理咨询服务，重视心理危机干预和心理援助工作，都可以视为社会心理服务的组成部分，都是为了在中小学生中倡导健康生活方式，使他们有意识地培养积极心态、学会调适心理困扰和心理压力、提升心理健康素养，进而培育良好社会心态，营造健康向上的社会心理氛围。

从心理健康教育的方式、方法看，心理健康服务是社会心理服务的"压舱石"，这决定了中小学心理健康教育工作在机制建设中要有体系观、系统观。各地中小学要建立健全地区、学校、年级、班级、小组等各级心理健康服务体系，加强心理健康师资队伍建设，拓展心理健康服务领域和范围，为社会心理危机干预和疏导机制"劈山开路"，为进一步开展社会心理服务工作奠定基础。

从社会心理服务的途径、方法看，社会心理服务包括微环境、中环境和宏环境系统，对应着个体、人际、群体层面的社会心理服务，这决定了中小学心理健康教育工作在领导管理中要有生活观、生态观。教育即生活，生活即环境。微环境是学生直接接触到的生活环境，健全的社会心理服务能够帮助学生在面临这些微环境系统中出现的问题时，舒缓负性情绪发展积极情绪，并提供专业的帮助与辅导；中环境系统是两个或多个环境之间的相互作用与联系，它对学生来说，就是家校互动，为人际层面的社会心态培育扫清障碍；宏环境系统包括特定的文化、亚文化或其他更广泛的社会背景，社会心理服务体现在扶助和引导处境不良学生、低社会经济地位学生群体，对不良生活事件进行预警、疏导等。这些都能够有效调整相应学生群体的社会心态，为培养目标群体的良好社会心理打下坚实基础。

一句话，全面推进和深化中小学心理健康教育工作，必须树立"大心理健康教育观"。其实质就是新时代中国特色的心理健康教育体制观，即对符合中国国情与富有中国特色的心理健康教育体制的认识、理解和判断。其方向是坚持心理健康教育是德育与思想政治教育工作的重要组成部分,任务是提高全体师生的心理健康意识,理念是全面强化心理健康教育向心理健康服务的转变、问题导向向积极心理品质促进的转变,方法是大胆探索心理健康教育的新路径和新方式。

趋势与对策——我国中小学心理健康教育的未来发展应重点关注以下问题:第一,从心理健康教育向心理健康教育与服务并重,着力提供优质心理健康服务;第二,由侧重于中小学生心理行为问题的矫正,向重视全体学生心理健康的促进与心理行为问题的预防转变;第三,着力构建中小学生健康成长的生态系统;第四,加强中小学心理健康教育教师队伍的建设,强调以实证为基础的教育干预,重视教育效果的评估与反馈。

目前,中小学心理健康正从教育模式向服务模式转变,这种转变是历史的必然,也是学校心理健康教育发展的必然。近年来,随着积极心理学的悄然兴起和蓬勃发展,学校心理服务的对象逐渐扩展到全体学生,强调面向健康的大多数学生进行心理健康教育,提高全体学生的心理健康素质,以预防和促进发展为导向。服务模式相对于教育模式,主要强调的是视角不同。教育模式有一个内隐假设,即教育者根据预设的内容和目标,有计划有步骤地对教育对象实施影响,有"强人所难""居高临下"之嫌;服务模式则重视以学生自身的发展性需要为出发点,充分发挥学生的主动性和积极性,根据他们的心理发展规律和成长需要,提供相应的心理健康服务,即强调提供适合学生发展需要的心理健康教育。目前,我国学校心理健康教育正处在从教育模式逐渐向服务模式转变的过程中。

特别需要指出的是,中小学心理健康教育工作开展得如何,很大程度上取决于是否拥有一支素质精良的教师队伍。一方面,在今后的工作中,教育行政部门应规范心理健康教育教师的职称评聘、岗位设置、工作量计算等相关制度,制定有针对性的绩效考核方案,并明确薪酬与绩效考核的关系以及职称晋升的途径,激发心理健康教育专兼职教师的工作热情。另一方面,国家教师教育政策应向心理健康教育专业倾斜,通过诸如减免学费、提供奖学金等手段,鼓励青年才俊投身该专业。为此,我们郑重呼吁:有关部门应确定中小学心理健康教育教师的职责,以及从事该项工作的基本条件和资质;

确定专兼职教师的能力标准，包括教师心理健康的标准和教师心理健康的教育能力标准；确定专兼职教师的工作标准，包括工作内容、工作流程和工作途径方法等；对资格认证进行试点工作，确定认证标准、认证机构和认证方式；编制中小学心理健康教育基础培训和提高培训方案，对无专业背景的心理健康教育教师进行基础培训，对有专业背景的心理健康教育教师进行提高培训；定期对培训效果进行质量评估；定期开展对心理健康教育师资队伍建设的调查。

对于未来中小学心理健康教育而言，加强现代学校心理辅导制度建设是核心，编制具有中国本土特色的中小学生心理健康素质指标是基础，从实施心理健康教育走向心理健康服务并建立服务体系是途径，提供适合中小学生发展需要的心理辅导与心理健康服务是关键。

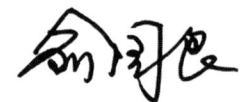

前　言

当今社会，挑战与机遇并存，随着世界经济全球化进程的加快，思想文化教育也进一步融合。社会给青年人带来了更多的发展机会和选择方向，同时各种误区甚至陷阱也随之而生。为了进一步了解自己和社会，并对个人未来发展进行正确定位，每个人都需要对自己的人生及早进行规划。

中学阶段是价值观形成的关键阶段，也是确定未来职业发展方向的重要阶段，个体在中学阶段的定位将影响未来人生的走向。作为教育工作者，我们在和学生共同成长的过程中深感中学阶段的生涯规划十分必要。

对高中生进行生涯规划方面的教育，在我国还处于起步阶段，与社会的现实需求还有很大的差距。一些高中生不清楚社会需要什么样的人，也不了解自己的个性特征，不知道自己将来要过什么样的生活，适合做什么，能做什么。学生在了解了自己的性格、兴趣、气质以及能力的基础上，再去了解不同的职业类型和社会现实，就能够客观地分析自己所长，选择自己的努力方向，从而少走弯路，不断进步。每个人都是独立的个体，都有自己的特长和优势。当我们让学生深入地了解自己的内在资源时，就为学生打开了另一扇心窗。当学生的认识发生改变的时候，他的态度和行为就会改变。

生涯规划是一项综合性的工作，包含了解自我、了解环境和科学规划。通过我们多年的实践、反思、修订和完善，我们发现这项工作不仅十分必要，而且大受学生欢迎。学生了解自己的职业兴趣，就会向自己喜欢的方向努力和进取，这种动力是一种来自于个体内在的力量。学生能够提早做好自己的生涯规划，犹如在大海的航行中找到了一盏明灯，可以引领他们人生航行的方向，为创造美好的未来做准备。

确切地讲，这项工作不仅应贯穿学生整个高中三年的学习生涯，而且应该根据学生的心理特点和需求在三年中设计不同的主题和活动，以满足学生的需要。此外，学校还应提供一定的平台，给学生实践、验证、完善其自我规划的机会。因此，我们特别推出这本《高中生生涯规划与指导》，这是我们多年工作经验的积累和反思，也是我们感悟生存、感悟生命、享受生活、参与生涯规划指导的真实写照。

本书除我撰写的内容外，辛颖、白建娥、刘贝贝、刘建钰、邱磊、谭晨也参与了本书的撰写工作，在此也表示感谢。

我们热切希望能将这份经验传播出去，让众多教育工作者能以此为参考并迈出指导学生生涯规划的第一步。我们希望这本书能起到抛砖引玉的作用，让我们共同将高中生的生涯规划指导工作做得更好！

杜毓贞
2021 年 5 月

本书为全国教育科学规划课题国家社会科学基金"十三五"规划 2017 年度教育学一般课题《学生综合素质评价系统研究与开发》（项目编号：BHA170236）的研究成果。

目　录

第1章　生涯规划　认识自我+规划未来　/001
　　　生涯规划：不仅关乎现在，还关乎未来　/001
　　　如何做一份好的生涯规划报告　/017
　　　生涯规划有什么用　/027
　　　我国生涯规划发展现状　/042

第2章　高一有些懵　新鲜+期待　/057
　　　带上老师的叮咛出发　/057
　　　更上一层楼，要入高一境　/058
　　　贵有自知明，行稳而致远　/080
　　　身在此山中，应知山色美　/095
　　　君子善假物，器利而事善　/118
　　　蓝图绘一张，高中我做主　/135

第3章　高二有点"乱"　繁忙+过渡　/148
　　　忙而不乱，做好过渡　/150
　　　稳扎稳打，学业精进　/165
　　　和谐关系，成功保障　/177
　　　人文素养，必不可少　/191
　　　未来专业，提早规划　/200

第4章　高三确实苦　坚持+责任　/208
　　　青春新征程，赢在起跑线　/209
　　　高三英雄路，行动与坚持　/225
　　　特殊的责任，"成人"正当时　/245

第5章　青春的校园　多彩的舞台　/280
　　　青春飞扬——面向全体学生的校园活动　/282
　　　百花齐放——面向不同爱好学生的校园活动　/300
　　　更上层楼——面向有发展潜力学生的校园活动　/313

结语——我的青春不是梦　/333

参考文献　/334

第1章

生涯规划 认识自我+规划未来

生涯规划：不仅关乎现在，还关乎未来

【开篇故事】 斯皮尔伯格的故事

大导演斯皮尔伯格的电影大家应该都喜欢看，比如《夺宝奇兵》《侏罗纪公园》《辛德勒的名单》《拯救大兵瑞恩》等，他是世界上最伟大的导演之一。

他的成功是否属于偶然呢？让我们来看看他追求梦想的经历——

在斯皮尔伯格很小的时候曾去电影制片厂参观，从此电影就融入了他对未来的憧憬中。而后，他就偷偷立下了目标——要拍最好的电影。参观后的第二天，他穿了一套西装，提着爸爸的公文包，在包里装了一块三明治，再次来到制片厂。他来到厂里面，故意装出一个大人模样，然后找到一辆废弃的手推车，用一块块塑胶字母，在车门上拼出来"Steven Spielberg""director"等字样。然后他利用整个夏天去认识各位导演、编剧等，天天忙着以一个导演的标准来要求自己，从与别人的交谈中学习、观察、思考。

1962 年，斯皮尔伯格拍摄的一部战争短片《无处可逃》在电影节中获奖。

1971 年，斯皮尔伯格导演了他的第一部电视电影《决斗》。

1975 年，斯皮尔伯格拍摄了电影《大白鲨》。

1982 年，电影《E.T.外星人》使他首次获得奥斯卡金像奖最佳导演提名。

1993 年，斯皮尔伯格执导的《侏罗纪公园》上映。同年，他拍摄的电影《辛德勒的名单》获得第 66 届奥斯卡最佳影片、最佳导演等多项大奖。

1999 年，斯皮尔伯格再次凭借电影《拯救大兵瑞恩》获得第 71 届奥斯卡最佳导演等多项大奖。

2009 年，获得第 66 届美国电影电视金球奖终身成就奖。

2013 年，《时代周刊》将斯皮尔伯格列入世纪百大最重要的人物的名单。

这里面，我们可以看到他是如何确立自己的目标，并为之逐步奋斗的。我们也可以通过他这些传奇般的经历看到他的职业生涯——导演——是如何走向巅峰的。

斯皮尔伯格作为当代著名导演之一，他的职业生涯不可谓不成功。我们在判断一个人的成就时，经常使用"职业生涯"这样一个术语。到底什么是生涯呢？

什么是生涯

生涯的英语是"career"，"生"，即"活着"；"涯"，即"边界"。广义上理解，"生"，自然是与一个人的生命相联系；"涯"，则有边际的含义，即人生经历、生活道路和职业、专业、事业。人的一生，包含少年、成年、老年等多个阶段，成年阶段无疑是最重要的时期。这一时期之所以重要，是因为这是人们从事职业生活的时期，是追求自我、实现自我的重要人生阶段，是人生全部生活的主体。

著名生涯学者舒伯（Super）对生涯的定义为：生涯是生活中各种事件

的演进方向和历程，它统合了人一生中的各种职业和生活角色，由此表现出个人独特的自我发展形态。生涯就纵向而言，所关注的范围包括从出生到退休甚至死亡，也就是人一生中的各个阶段；就横向而言，其范围包括一个人一生中所充当的各种角色，比如父母、子女、配偶、公民、学生、教师、工人等。可见生涯是生命、生活、职业事项（职业、事业、创业等）的复合体，它整合了人生发展的所有阶段。通常人们在生活中提及的"生涯"指的是"职业生涯"。实际上，生涯也包括"职业生涯"之前的"成长"阶段和之后的"衰退"阶段。生涯是以人为中心的，只有在个人寻求它的时候，它才存在。

【深入阅读】——不同学者对生涯的界定

- 生涯是一个人在其职前、职业及退休后的生活中所拥有的各种重要职位、角色的总和。
- 生涯是一个人一生中所从事的工作，以及其担任的职务、角色，但同时也涉及其他非工作、职业的活动。
- "生涯"一词涵盖了以下三个重点：生涯的发展是一生当中连续不断的过程；生涯包括个人在家庭、学校和社会中与工作活动有关的经验；这种经验塑造了独特的生活方式。
- 生涯是一个人所从事的职位、工作或职业的顺序。
- 生涯是一个人在其生命时段内与工作有关的经验、活动方面的态度与行为顺序。
- 生涯是工作、职位与职责、挑战的互动过程。
- 生涯是一种生活方式的概念，包括了一生当中工作与休闲的活动。
- 生涯是指一个人根据心中的长期目标所形成的一系列巩固、选择和相关的教育或训练活动，是有计划的职业发展历程。

"生涯"不仅是"工作"或"职业"，还包含了个人的生活风格与个人在一生中所从事的所有活动。

由于在人们的生涯历程中，工作占据了相当漫长的时间，许多心理学家即认为工作是人生的重要核心，能达成多重目的。生涯学者霍尔和克莱默（Herr & Cramer）将工作可能达成的目的归纳为经济的、社会的和心理的层面，这些工作所能达成的目的相当程度上反映了心理学家马斯洛（Maslow）的需要层次理论，意即生存需求、安全需求、爱与归属需求、尊重需求及自我实现需求。经济层面的工作目的所满足的是个人对他人的关爱、肯定和团体归属感的期待，达成与否的程度取决于他人的评价。心理层面的工作目的，是为了达成个人的自我肯定和自我实现，超脱了经济利益和社会名望，只为了让自己对自己这个人、这一生感到满意，只为了自在快乐，此生无憾。

人是一种不断有需求的动物，除了短暂的时间外，极少得到完全的满足状态。一个需求满足后往往便会有新的需求产生，人似乎总是在需求什么，这甚至是贯穿人一生的。那这需求到底有没有规律呢？马斯洛在其《人类动机理论》中指出，需求也是有层次的，对于不同层次的需求，我们所需要的态度也是不一样的。

马斯洛将需求分成了最基本的五个层次，最底层的是生理需要，但生理需要同样是最优先的也是最脆弱的。无论人的需要层次达到哪种程度，只要最底层的生理需要受到威胁，那么他就会立刻返回到这一需要上。当一个人在一无所有的情况下，他的主要动机就是生理需要。人对生理上的需要往往要比其他的需要更强烈。饥饿是生理需要中最典型的代表。生存永远是最重要的。

如果生理需要得到满足，安全需要就会产生。在我们的文化中，所有健康、正常、幸福的人在安全需要方面大都已经得到满足，而对于儿童和婴儿来讲这种需求表现得更简单更明显。成年人中也有一些常见的现象体现了人们对安全的需要，例如，人们通常渴望得到一份比较稳定的工作，储备积蓄，喜欢选择一些熟悉而不是陌生的事情。在战争、灾难、疾病等特殊情况下安全需要则起到积极、支配的作用。女性有时会在男性那里寻求安全感，这也是对安全需求的体现。

处于中间层次的是归属和爱的需要，也是学生所追求的需要。归属和

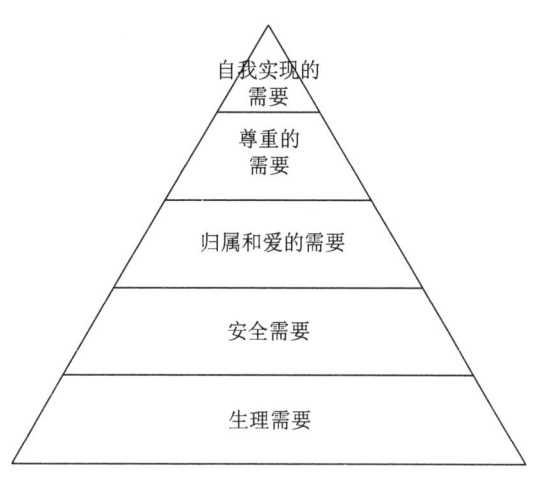

图 1-1 马斯洛需求层次理论

爱的需要包括给予爱和接受爱两方面。当生理需要和安全需要得到满足后，个人就会产生爱、情感和归属的需要，并且在此时归属和爱的需要起着支配作用，他渴望朋友、爱人、团体中同事之间的亲密关系，并为达到这个目标而努力。除了接受爱以外，个体还有给予爱的需求，例如母亲给予子女的爱，普通人给予其他人的同情等，最为典型的便是情人之间互相对爱的需求的满足。这其实从本质上讲也是人的一种普遍的需求。爱的缺失对学生而言其实是一个需求型缺陷。

当一个人归属和爱的需要被满足时，相对高层次的对尊重的渴求便出现了。社会上所有人都渴望获得尊重。这种需要分为两类，一方面是自尊，即在面临的环境中，希望有实力、有成就、能胜任、有信心以及独立和自由；另一方面是他尊，即别人对自己的尊重，要求有名誉和威望、得到赏识和高度评价等。尊重需要的满足使人感到自信，如若受挫，便会产生自卑情绪。学生学习便是为了在日后获得社会上的尊重，学生应该努力学习，为满足心理需求而努力。

处于金字塔尖端的需求便是自我实现的需要。"是什么样的角色就应该干什么样的事"，马斯洛把这种需要称为自我实现。画家必须画画，音乐家必须演奏。自我实现需要的产生，有赖于前面几种需要得到满足，当基本需要满足后，人们就有可能出现自我实现的需要，即促使他的潜在能力得以实现的趋势。这种趋势可以说成是希望自己成为自己所期望的人物，完成与自己的能力相称的一切事情。这是需要层级中最高的层次。自我实现并非为所欲为，它是让一支玫瑰花开得更好，而不是将玫瑰变成百合。它让人能够展现他的内在本质，按照自己的方式活得更健康，更加充实。简单讲，就是使人们成为他们自己。我们常常会陷入一种对自身的盲目，感觉我所干的不是我爱的，感觉自己在追寻成功的路上走得不是那么如意，不是自己想要的成功。人生被父母、社会所逼迫。青少年所需要的及最重要的事便是找到自己所爱的与真正需要的需求，满足自我实现的需求。

从心理学角度来看，正是人类的需求促进了社会的发展，我们所需要做的便是控制需求的方向。马斯洛哲学中的"存在"与"成为"其实不是矛盾。通过努力，脑中存在的也可能成为现实。

由上可知，工作的最终目的是为了自我实现，因此，为自己规划一个能充分自我实现的生涯历程是青少年阶段最重要的发展任务之一。而一个生涯历程规划是否能充分自我实现取决于我们对自己在周遭环境中的定位，即自我认定。

生涯的特点

我们认为舒伯的定义比较全面和成熟，根据舒伯的定义，生涯具有以下几个特点：

1. 生涯具有独特性，每个人的生涯发展是独一无二的。如果以类似的顺序经历着类似的职位或角色，不同的人可能有相似的生涯发展，但每个人的生涯发展又是各有其特点的，因为人们在每一个职位或角色上的表现方式都不尽相同。人有个体差异，有的羞涩文静，有的活泼外向；有的喜欢舞文弄墨，有的好操作器械；有的善于开拓和冒险，有的偏于保守，追求安稳。适合每个人的个体差异的生涯，才会是美满成功的。

2. 生涯是一个变化的过程，生涯的发展是一生当中连续不断的过程。"生涯"比较具体的定义是"一生当中依序发展的各种位置的综合体"。这个定义虽然不十分准确，却掌握了生涯的基本元素——时间性，它是纵贯一生的发展。从过去、现在到未来，个体的生涯发展历程是踏在接二连三的"状态"上前进：每一个现在的"状态"都受到过去"状态"的影响，也是为未来的"状态"预先准备，这些"状态"是"依序"发展的。每个人的成长都是一个过程。在此过程中我们不断调试和选择，不断制订各种目标和计划，并不断地进行身份转换，如从学有所成的学生转变成一个精通业务的技术工人，从父母的孩子成长为孩子的父母……这些都是一个过程，持续发生，随时间流动。

3. 生涯具有方向性，它是生活里各种事态连续演进的方向。一个人一生的生涯发展，就像在茫茫大海中破浪前进的航道，虽然"看不见"，却仿佛有方向可循。至于这个方向是沿着哪条路径前进，什么是"内心中自己的引导者"，不同的理论有不同的解释，不同的文化影响下的个体也会有不同的引导者，可能是一些自我认识，也可能是生命的意义或价值，也可能是追求某种需求的满足，也可能是某些特质，如兴趣和能力，甚至仅仅是某些贴近社会的趋势。

4. 生涯具有空间性，除了个体在某个阶段的主要生涯角色外，生涯还包括其他与工作、生活相关的角色。从生涯在不同年龄发展阶段的横切面看，它会同时呈现不同的角色。这些角色不全是职业，但又都与职业活动有直接或间接的关系。以"学生生涯"为例，主要的生涯角色是学生；以中年女性"教师生涯"为例，相关的生涯角色经验可能包括人妻、人母、人师等。有人认为生涯是生活的同义词，其实不然。生涯的范围并非大到无所不包。舒伯为了将两者作以区分，将生涯中的"生活"限定为"一个人在其就业前、就业时、离业后的生活"。按照舒伯的原意，生涯是一种生活，但不等于生活的全部。因此，就其空间性观之，虽然生涯锚会在不同的角色间浮动，生涯发展必定伴随着许多与其有关的角色发展，这些角色发展的经验又不能割离于生涯经验之外。生涯涵盖了人一生中的各种角色，其中伴随着职业角色而来的生活经验是最重要的。成年之后，职业身份和社会声望等对个体的发展具有重要的意义和价值。

5. 生涯具有现象性，只有在个人追求它的时候，它才存在。生涯不等于生命，生命可以是客观的存在，生涯的存在却是个人主观意识所认定的存在。当一个人开始思考自己的未来时,生涯才开始"如影随形"。所以说,生涯是一种对客观状态的主观知觉。生涯中的每一个状态都是客观的现实,但是每个人对每个状态的知觉完全是主观的。前者是"人如何完成自己的任务",后者是"人如何看待自己的任务",以至于"人如何从任务中看自己"。生涯定义了人如何在完成任务的过程中"看"自己——可以从过去的成功或失败看,可以从现在的能力或才干看,也可以从未来进一步的计划看。因此人生的意义可以在生涯发展过程中得以彰显,得以完成,不仅是由于这个人达到了什么高位,而是由于这个人做了什么大事,即主观的自我实现。

6. 生涯具有主动性,人是生涯的主动塑造者。生涯只有在人们寻求它的时候它才存在,这隐含着人是生涯的主动塑造者的含义。生涯的原意是冒险和奋进,在个人的生涯发展中,遗传条件、社会阶层、政策拟定甚至机会因素都会影响到个人的生涯发展。然而,过去二十年心理学的发展,已经将人的行为机制由被动的地位提升至主动的地位。换句话说,心理学发现人不是被动地受环境的制约,而是主动地去思考、去计划,进而改变环境、创造环境。生涯可以主动塑造,主要通过生涯转换过程中的生涯决定来完成。

什么是生涯规划

在市场经济中,社会竞争日趋激烈,"预则立,不预则废",生涯规划十分重要。生涯规划的前提是正确认识自我,因此,客观上要求高中生在高考之前就应当制订符合自身实际情况的生涯规划,选择满足社会发展需要和自己感兴趣的专业。上大学以后还需重新认识自我,调整自己的生涯规划,并积极做好知识、技能、思想、心理诸方面的准备,努力实施生涯规划。

生涯规划简单来说,就是对影响我们生涯发展的经济、社会、心理、教育、生理等各种因素的选择和创造。它通常建立在个体对自我全面、深刻的认识的基础之上,需要结合职业发展的一般特点。生涯规划是一个人尽其所能地规划未来生涯发展的历程,在考虑个人的智力、能力、价值以

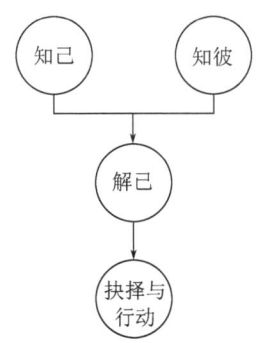

图 1-2　生涯规划的四个步骤

及阻力和助力的前提下，做妥善的安排，并借此调整和摆正自己在人生中的位置，使自己适得其所。生涯规划分知己、知彼、解己、抉择与行动四个步骤。

（一）知己

生涯规划的首要工作就是了解自己，它包含了对自己的兴趣、能力、人格特质、价值观、生涯信念与追求等的了解。人们可以通过自己的反思、他人的反馈以及自己在学校和职场的表现来了解自己。平时，可以经常问一问自己"我到底喜欢什么""我究竟想拥有一个什么样的未来""我以后要做什么工作""我有什么优缺点"等和自己切身相关的问题。只有清楚地了解自己，才能在人生旅途上攻克各种难关，进而实现自己梦寐以求的理想。

（二）知彼

在了解自己之后，还必须认识自己生存和发展的外在环境，只有这样才能完整地评估自己的生涯规划。知彼可分为"信息积累"和"个人与环境的关系"两个部分。

1. 信息积累：信息积累所包含的内容非常丰富。对专业的探究、职业的认知，对未来就业机会和职业发展趋势的了解，对国家发展形势的分析，具体到对经济、文化、政治的策略预测，都是其中的重要组成部分。我们可以通过网络、访谈、亲身体验等方式获得这些信息。

2. 个人与环境的关系：个人的生涯与政治、经济、文化、社会、教育、家庭等诸多因素紧密地联系在一起。这些因素都会对个人的生涯发展产生不同程度的影响，这就意味着，个人的生涯绝不是孤立的。因此，是否能够掌握时代发展的规律和趋势，审慎评估环境因素的利弊，对生涯规划具有重要的意义和价值。

（三）解己

充分了解自己和认识外在环境后，就要进入生涯探索的重要阶段——解己。所谓解己就是通过知己、知彼的分析，充分发挥逻辑思维功能，找出自己在发展过程中的优势、劣势、机会以及挑战，逐步解决问题。实际上，解己就是让自己成为问题解决者的实践过程。

（四）抉择与行动

知己、知彼、解己之后，接下来就要开始行动，为自己的生涯寻找适当的定位、作出合理的判断和抉择。人的一生常常会面临许多选择，比方说决定所学的专业和从业的地点、选择交往的对象等，而每一次的决定将对我们的生涯产生相应的影响。通常我们可以使用假设的方法思考不同的选择可能导致的结果，从而作出自己的选择。另外，我们必须清醒地认识到，既然做出了选择，就要敢于面对和承担这一选择带来的后果。尽管每一次选择都是有风险的，但我们可以通过不断的学习和历练，提升选择的能力，从而降低风险。

生涯发展的阶段和任务

个体的发展要经历不同的人生阶段。每个阶段个体都会遇到来自社会环境的要求或任务，比如入学问题、就业问题、婚恋问题等。这些要求或任务与个体身心特征的交互作用推动着个体的发展。舒伯主要根据发展心理学的这一基本观点提出了生涯发展的观点。他认为，生涯就是终其一生不同时期不同角色的组合；个体生涯的发展是由生命广度和生活空间交织而成的一个复杂过程；生涯规划就是在这个纵横交织的生涯发展框架中展开的，目的在于帮助个体成功地应对各阶段的发展任务；在应对过程中形成必备的身体、情感和认知特征，为下阶段更高一级的生涯规划做好准备，推动生涯的发展。

舒伯将人的一生发展历程分为五个阶段：成长期、探索期、建立期、维持期和衰退期。每个阶段有不同的发展任务。

（一）成长期（0~14岁）

在这一时期，儿童经由和家庭或学校中重要他人认同而发展自我概念，需求与幻想是这一时期最主要的特征。随着年龄增长，社会参与及现实考验逐渐增加，兴趣与能力也逐渐重要。这一时期的主要生涯发展任务是发展自我形象以及发展对工作世界的正确态度并了解工作的意义。

成长期还可以分三个次阶段：

1. 幻想期（4~10岁）：需求占决定性因素，角色扮演在这个阶段很重要。

2. 兴趣期（11~12岁）：喜欢是明确抱负和从事活动的主要原因。

3. 能力期（13~14岁）：能力占的比重比较大，但也会考虑工作要求的条件。

（二）探索期（15~24岁）

在这一阶段，成长中的青少年需要在学校、各种休闲活动以及各种学生工作经验中进行自我反思、角色试验以及职业探索，考虑个人的需要、兴趣、能力及机会，做出暂时性的决定，并在想象、讨论、课业及工作中加以尝试；然后进入就业市场接受专业训练，试图将一般性的选择转化为特定的选择，以实现自我概念，并尝试使其成为长期职业的可能性。

这一阶段可分为三个次阶段：

1. 试探期（15~17岁）：会考虑自己的需求、兴趣、能力、价值与机会，并会通过幻想、讨论、课程、工作做试探性的选择。此时的选择范围会缩小，但因仍对自己的能力、未来学习与就业的机会不是很确定，所以这时的一些选择以后并不一定都会采用。

2. 过渡期（18~21岁）：会考虑现实的情况，并试图使自我概念符合现实。

3. 初步尝试期（22~24岁）：已经确定了一个似乎比较适当的领域，找到一份入门的工作，并尝试将它作为维持生活的工作。此阶段所选择的工作范围会更小，只会选择可能提供重要机会的工作。

（三）建立期（25~44 岁）

在这一时期，发展成熟的工作者，需在某一适当的职业领域中确立其角色职位，并逐步建立稳固的地位。此时大部分人处于最具创造力的状态，身负重任，表现优良。

这一阶段的两个重要阶段是：

1. 尝试期（25~30 岁）：原以为适合的工作，后来可能发现不太令人满意，于是会有一些改变，此阶段的尝试是定向后的尝试，不同于探索阶段的尝试。

2. 稳定期（31~44 岁）：当职业的形态都很明确后，便力图稳定，努力在工作中谋取一个安定的位子。

（四）维持期（45~64 岁）

在这一时期，个人已在职场上取得一定的地位，担起相应的责任，具有一定的权威，并致力于维持既有的地位与成就；对自身条件的限制能较坦然接受，但因需面对年轻人的挑战而必须兢兢业业。

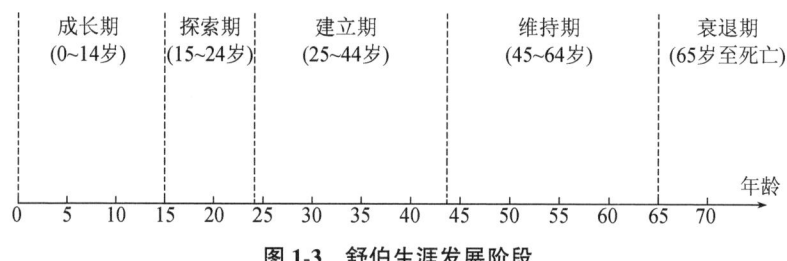

图 1-3　舒伯生涯发展阶段

（五）衰退期（65 岁至死亡）

这一阶段，个人的身心状况已逐渐衰退，必须从原有工作退休，开拓新的生活，发展新的角色。有更多时间从事休闲活动或完成自己一直想做而未做的事，可能从事志愿服务工作，淡泊名利，与世无争。

此阶段也可以分为两个次阶段：

1. 减速期（65~70 岁）：工作速度变慢，工作责任或性质也发生改变，以适应逐渐衰退的体力与心理能力。许多人会找一份代替全职的兼职工作。

2. 退休期（71~死亡）：有些人能很愉快地适应完全停止工作，尽情享受生活；有些人则适应困难、郁郁寡欢直至老迈而死。

高中阶段生涯发展的任务

高中阶段学生正处于生涯发展的探索期，在这个时期生涯发展的任务有以下五点。

1. 职业偏好逐渐具体化；
2. 职业偏好特定化；
3. 实现职业偏好；
4. 发展符合现实的自我概念；
5. 学习开创较多的机会。

表 1-1　我的高中生涯规划蓝图

环境适应方面	学业发展方面
现状：	现状：
目标： 1. 2.	目标： 1. 2.
途径： 1. 2.	途径： 1. 2.

表 1-1（续）

人际交往方面	社团活动方面
现状：	现状：
目标： 1. 2.	目标： 1. 2.
途径： 1. 2.	途径： 1. 2.
身心健康方面	休闲生活方面
现状：	现状：
目标： 1. 2.	目标： 1. 2.
途径： 1. 2.	途径： 1. 2.

生涯发展中的不同角色

1976~1979年间，舒伯在英国进行了为期近四年的跨文化研究，之后，他提出了一个更为广阔的新观念——生活广度、生活空间的生涯发展观。除了原有的发展阶段理论之外，舒伯加入了较为特殊的角色理论，并根据生涯发展阶段与角色彼此间交互影响的状况，描绘出了一个多重角色生涯发展的综合图形。这个生活广度、生活空间的生涯发展图形，舒伯将它命名为"生涯彩虹图"。

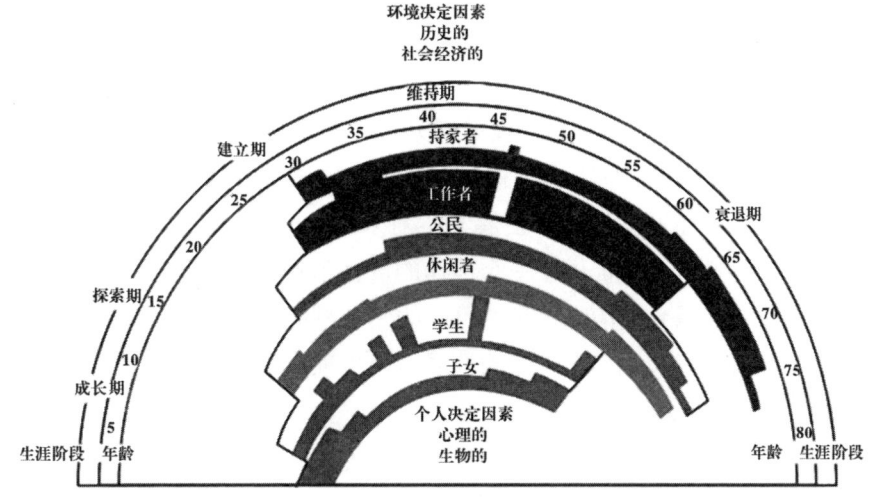

图1-4 生涯彩虹图

生涯彩虹图具体表现了人生各个发展阶段和个体所扮演的主要角色。在生涯彩虹图中，第一个层面代表横跨一生的生活广度，又称为"大周期"，包括生涯发展的主要阶段——成长期、探索期、建立期、维持期、衰退期。第二个层面代表纵观上下的生活空间，由一组角色和职位所组成，包括子女、学生、休闲者、公民、工作者、持家者等主要角色。

（一）横贯一生的彩虹——生活广度

在生涯彩虹图中，横向层面代表的是横跨一生的生活广度。彩虹的外层显示人生主要的发展阶段和大致估算的年龄：成长期（约相当于儿童期）、探索期（约相当于青春期）、建立期（约相当于成人前期）、维持期

（约相当于中年期）以及衰退期（约相当于老年期）。在这五个主要的人生发展阶段内，各个阶段还有分阶段。舒伯特别强调，各个时期的年龄划分有相当大的弹性，应依据个体不同的情况而定。

（二）纵贯上下的彩虹——生活空间

在生涯彩虹图中，纵向层面代表的是纵贯上下的生活空间，由一组职位和角色组成。舒伯认为，人在一生当中必须扮演六种主要角色：子女、学生、休闲者、公民、工作者、持家者。

综上所述，人一生的生涯发展，包括了发展阶段、生活空间以及生活方式等多方面内涵。

舒伯还认为，人的行为方向受到三种时间因素的影响：一是对过去成长痕迹的"审视"；二是对目前发展状况的"审视"；三是对未来可能发展方向的"展望"。这三种因素是相互影响的，过去是现在的成因，现在又是未来的基础。生涯辅导时，发展学生对未来的时间透视能力较为重要，而生涯彩虹图则为我们提供了一个最佳的透视工具。通过生涯彩虹图，我们可以帮助学生具体而清晰地了解不同的角色是如何构建其个人特有生涯类型的，不同的角色如何在不同的发展阶段出现，角色的组合如何合理安排才能达到最佳的自我实现。

绘制生涯彩虹图时，特别需要强调以下几点：

1. 不同角色的交互影响交织出个人独特的生涯类型。

2. 角色活跃于四种主要的人生舞台：家庭、社区、学校和工作场所。

3. 各种角色先后或同时在人生的舞台上层现叠出，直至退休，退休之后仍有几种角色延续到生命的终结。

4. 角色之间是交互作用的，某一个角色上的成功，可能带动其他角色的成功；反之，某一角色的失败，可能导致其他角色的失败；为了某一角色的成功付出太大的代价，也可能导致其他角色的失败。

5. 彩虹图中的阴影部分表示角色的互相替换、盛衰消长，它除了受到年龄增长和社会对个人发展任务期待的影响外，往往跟个人在各个角色上所花的时间和感情投入的程度有关。

6. 各个时期有一个或若干个"显著角色"，如成长阶段最显著的角色是"子女",探索阶段(特别是15~20岁)是"学生",建立阶段(特别是30岁左右)是"持家者"和"工作者";维持阶段(尤其是45岁左右)"工作者"的角色突然中断,又恢复"学生"角色(再学习),同时"公民"与"休闲者"的角色比重逐渐增加。

生涯发展的特点

1. 生涯发展是完成自我观念的过程

生涯发展的过程主要是发展和完善自我观念,包括个人的兴趣、价值、能力的整体配合,并借由生涯选择、生涯规划以及生涯目标的追寻,使每个人都有成功美满的生涯。

2. 生涯发展是一个持续变化而逐渐发展的过程

人一生从幼年到老年的过程,随着生理的成熟、经验能力和自我观念的成长,个人对工作情况的认识和判断、对职业的选择及决定,也不断地适应和发展。

3. 生涯发展是一个配合的过程

生涯发展随时配合个人和社会环境的影响力,一方面发展个人特长,另一方面配合社会需求的趋势,以达到人尽其才、适才适所的境界。

4. 生涯发展是一个增加选择机会的过程

各种职业都有特殊的要求,需要有各种不同的能力和个性的人员。此外,一个人也可能适合多种不同的职业。个人在职业上的发展,就是探求工作世界里的更多合适的机会。

如何做一份好的生涯规划报告

【开篇故事】四只毛毛虫的故事

有四只爱吃苹果的毛毛虫,它们的经历是这样的:

第一只毛毛虫跟着大部队发现了一棵苹果树,它不认识苹果树,也不知道上面有没有苹果,但当它看到其他的毛毛虫都在往上爬的时候,它也稀里糊涂地跟着往上爬。它也没想过怎么去摘苹果,结果最后在树叶中迷了路，根本没有吃到苹果。

第二只毛毛虫先研究了一下什么样的树是苹果树，当它发现苹果树的时候，它非常努力地爬了上去。但是它不知道苹果长在树的什么地方，于是它爬到苹果树上之后，随意挑了一个苹果枝爬了上去，最后虽然吃到了苹果，但是它发现周围枝丫上的苹果都比自己这个苹果大……

第三只毛毛虫做了充分的准备，它不仅研究了什么样的树是苹果树，还特地找了一副望远镜。它用望远镜仔细搜寻之后发现了一个最大的苹果，它用望远镜仔细观察了路线，找到了最快的路径然后爬了上去，但是当它爬到树上之后，由于准备的时间过长，那只苹果已经开始腐烂了。

除了做第三只毛毛虫做的准备之外，第四只毛毛虫还考虑到了爬树的时间，于是它准备爬到曾开满花朵的枝丫上。当它爬到目的地的时候，找到了一个又大又成熟的苹果。

显然，这四只毛毛虫的故事其实表征的就是不同水平的生涯规划。第一只毛毛虫的生涯规划水平最低，第四只毛毛虫的生涯规划水平最高。下面让我们进入正文，看看如何做生涯规划，或者说如何做好生涯规划——解决"HOW"的问题。

生涯规划的基本原则

● 可操作性：生涯规划是需要具备事实基础的，并非是美好的虚构和想象，否则我们的规划只能是一种假想，无法得以实现。

● 明确性：生涯规划的目标和达到该目标的措施要非常清晰。

● 时间性：生涯规划的事实策略和行动方案应该附有明确的时间表，以便及时调整和修正。

● 过程性：未来有很强的不确定性，所以规划需有必要的弹性，能随着条件的变化作出调整。

● 持续性：生涯规划要顾及生涯发展的整个过程，各个发展阶段需能顺利衔接。

我们将开篇故事中四只毛毛虫的行为与它们各自的生涯规划过程对

应，我们会发现，这四只毛毛虫生涯规划的能力显然存在着显著的区别：

表 1-2　四只毛毛虫的生涯规划能力表

	可操作性	明确性	时间性	过程性	持续性
第一只毛毛虫					
第二只毛毛虫	●				
第三只毛毛虫	●	●			
第四只毛毛虫	●	●	●	●	

第一只毛毛虫并不知道自己需要什么，既然连目标都没有，那么更谈不上可操作性、明确性、时间性、过程性和持续性了。

第二只毛毛虫虽然知道自己想要什么，也知道如何才能达成自己的目标。但是我们看到，它的"随意"显然意味着它对实现目标的这一过程没有太多的考虑和计划，因此，只能说它的计划有一定的可操作性，但是缺乏明确性、时间性、过程性和持续性。

第三只毛毛虫对于自己的目标很清楚，而且借助望远镜这一工具使得它实现计划的过程相对更明确一些，但是对时间考量的不足、计划的弹性设置不足，导致它的计划相对也不那么完整。

第四只毛毛虫，它不仅知道自己的目标，也清楚知道达到目标的方法以及需要的条件，然后制订清晰实际的计划，在望远镜的指引下，它的目标就离自己越来越近了。

这四只毛毛虫的故事向我们展示了一个好的生涯规划应该具备的特点，除了持续性。如果我们为第四只毛毛虫补充上这一条的话，故事应该改写为：

毛毛虫计算好了自己成茧的时间，在爬苹果树的时候就为自己做茧挑好了地方，在恰当的时间，它吃得饱饱的、优哉游哉地变成了蛹、茧、成虫，并在冬天躲到了泥土中。

当然，这种危害苹果的毛毛虫是害虫，我们似乎更应该打断第四只毛毛虫的发展过程——不过这是另一个关于果农的生涯规划的故事了。

【深入阅读】霍兰德职业兴趣理论

美国心理学家、职业指导专家霍兰德发表了霍兰德职业兴趣理论。他认为,在现代社会中,不同的行业和职业的数量有成百上千种,往往很难在数以千计的职业中,来确定哪种职业最适合自己。因此一个比较可行的方法,是首先将众多庞杂的职业归为数量有限、划分合理的职业群,然后从这几个职业群中去发现自己最感兴趣的职业群,并从中寻找比较适合自己的职业领域。

霍兰德的职业兴趣理论,其核心假设是:人可以分为六大类,即现实型(R)、研究型(I)、艺术型(A)、社会型(S)、企业型(E)、传统型(C),职业环境也可以分成相应的同样名称的六大类,当我们就业择业的时候,我们的人格与职业环境的匹配是形成职业满意度、成就感的基础。

霍兰德所划分的六大类型,并非是一字排开、有着明晰边界的。他以六边形标示出六大类型的关系,如图1-5所示。

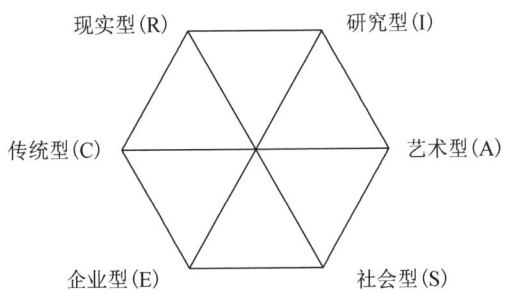

图1-5 六大职业领域

图中可以看出:每种类型与其他类型之间存在着不同程度的关系,大致可描述为三类。

(1) 相邻关系:R-I、I-A、A-S、S-E、E-C、C-R。属于这种关系的两种类型的个体之间共同点较多,比如,现实型(R)和研究型(I)的人就都不太偏好人际交往,这两种职业环境中也都较少有机会与人接触。

(2) 相隔关系:R-A、R-E、I-C、I-S、A-R、A-E。属于这种关系的两种类型个体之间共同点较相邻关系的少。

(3) 相对关系(在六边形上处于对角位置的类型之间即为相对关系):

R-S、I-E、A-C。相对关系的人格类型共同点少，因此，一个人同时对处于相对关系的两种职业环境都兴趣很浓的情况较为少见。

人们通常倾向于选择与自我兴趣类型匹配的职业环境，比如具有现实型兴趣的人希望在现实型的职业环境中工作，可以最好地发挥个人的潜能。但在职业选择中，我们并非一定要选择与自己兴趣完全对应的职业环境。

一是因为我们大多数人都是多种兴趣类型的综合体，单一类型显著突出的情况不多，因此评价一个人的兴趣类型时，也时常以其六大类型中得分居前三位的类型组合而成，组合时根据分数的高低依次排列字母，构成其兴趣组型，如 RCA、AIS 等。

二是因为影响职业选择的因素是多方面的，不能完全依据兴趣类型，还要参照社会的职业需求以及获得职业的现实可能性。

因此，职业选择时会不断妥协，转而寻求相邻的职业环境，甚至相隔的职业环境，在这种环境中，我们需要逐渐适应工作环境，但如果我们寻找的是相对的职业环境，意味着所进入的是与自我兴趣完全相左的职业环境，则可能难以适应，或者难以做到乐业。

霍兰德职业倾向测验量表（大家可自行测验）本量表呈现的是各种职业人格得分的高低排列，主要看得分前三位的职业人格特征，因为这基本代表了你所拥有的主要人格特征。前三种职业人格相对应的典型职业可以作为你求职的参考。拥有这样的职业人格特征说明你在这些职业中拥有优势，比较容易成功和获得满足感，并不是说明你在其他职业上不容易成功。

此量表并不是对每个人都绝对准确，故仅作为参考。如果你的艺术型与现实型和传统型的得分较接近（相差少于 8 分），则说明本测验不太适合你，建议另做一套职业倾向测验，综合参考。

得分最高的职业类型意味着最适合你的职业。比方说，你在研究型上得分最高，说明你适合做自然科学方面的研究工作，如气象研究、生物学研究、天文学研究等，或科学杂志编辑，其余类推。

如果最适合你的职业类型和你心目中的理想工作之间不太一致，或者在各种类型的职业上，你的能力和兴趣不相匹配，那么请你参照第七部分即你的职业价值观来作出最佳选择。

比如，在兴趣方面，你在研究型上的得分最高；但在能力方面，你在艺术型上的得分最高，那么就请参考你最看重的因素来作出选择。假如你最看重的是"能充分发挥自己的能力特长"或"工作环境舒适"，那么艺术型的工作最适合你；假如你最看重的是"能从事自己感兴趣的工作"或"工作稳定有保障"，那么研究型的工作最适合你。

测评过程中应按照你的第一感觉进行答题，不要过多地思考。依照你在现实生活中的实际想法和做法如实回答，才能让你的测评结果更加准确。

报告结果没有好坏之分，只有适合与不适合。另外，迄今为止，尚没有哪一种理论能够完全地描述一个人。本测评同样也不能对你进行全面的描述。

生涯规划的基本步骤

（一）自我评估

首先要弄清楚自己的优势，做生涯规划的第一步就是要进行尽可能全面的自我分析，弄清楚自己擅长什么、不擅长什么，在哪些方面能力比较突出，哪些方面能力差强人意。自我分析的目的是深入了解自身，根据过去的经验和积累，推断、选择未来可能的发展方向和机会，从而清楚地得出"我能干什么"的答案。此外，进行自我分析的一个重点，就是要找准自己的特点，并将这种与他人的不同进行"附值"处理，让其能够成为你的"招牌"，让自己的才华更好地为人所认识。但对自己的认识和分析一定要全面、客观、深刻，绝不回避缺点和短处。

其次要找到自己的不足，认真分析自身性格的缺憾。卡耐基说："人性的弱点并不可怕，关键要有正确的认识，认真对待，尽量寻找弥补、克服的方法，使自我趋于完善。"每个人都有弱点，这种弱点会影响到我们的发展，以至于我们无法回避。但这些弱点我们是有可能加以克服的。其对我们每个人的影响都是可以最小化的，所以我们务必要安下心来，多跟父母、朋友、同学、老师交流，从中观察自己的不足进而完善自己。这些人就好比一面镜子，让你看到自己的样子。

作为教师，我们帮助学生认识自己、对自己进行全面的分析的方法大致有：

1. 通过进行一些自我感悟的小活动，来帮助学生了解自己，认识自己，如直觉的我、内心独白等小活动；

2. 通过亲朋好友的描述与自己自身的对照，完成自我反省，如照镜子活动等；

3. 接受标准化的心理测验，通过专业的测验结果客观地了解自己，如各种能力测验、气质测验、兴趣测验等。

（二）外部环境分析

社会在变革，作为高中生应该善于把握社会发展的主流，这就需要对社会环境进行分析，例如当前政治、经济、文化的发展趋势，国家社会职业门类的划分、布局以及需求情况，自己所选择的职业在目前与未来社会中的地位情况，所学专业在社会上的需求形势，自己所选择的单位所处的行业的未来发展趋势及其组织文化建设如何等。对这些社会发展大趋势问题的正确认识，有助于把握社会需求，找到自己与社会的融合点，进而使自己的职业选择与时俱进。

（三）目标确定

在全面了解了学生们的潜能之后，我们就该帮助他们将潜能、职业目标和主客观条件进行最佳的匹配了，也就是我们常说的职业选择。职业选择正确与否将直接关系到人生事业的成败，因此，一定要考虑到个人主观条件与职业的匹配如何。

与个人生涯规划相关的个人客观条件主要包括：兴趣爱好、性格、能力、气质等。职业定位过程中要考虑自身气质与职业的匹配、性格与职业的匹配、特长与职业的匹配、专业与职业的匹配等。

世界上的职业可以说有千万种，看似千头万绪，杂乱无章，但心理学家已通过多年的研究，发现了将这些职业归类的方法，比如有些职业要求从业者喜欢与人打交道，像企业中的公关人员；如果一个公关人员偏喜欢整天在家做学问，那他很有可能做不好这个职业。有些职业要求从业者喜欢钻研思考，像科研人员。有些职业要求从业者喜欢感性创造，如画家等。那么，我们可以把职业活动兴趣分成以下九个方面，老师们可以通过这几个方面来帮助学生进行人职匹配。

1. 喜欢使用工具：喜欢运用技能、操作方法和工具、机器打交道。典型职业有机械师、电脑组装与维护人员等。

2. 喜欢感性创造：喜欢想象，并加以具体化地制作或创造某种东西，具有创造力。典型职业有画家、作家、建筑师等。

3. 喜欢表现自己：喜欢引人注目，展示自己的特长。典型职业有演员、模特、主持人等。

4. 喜欢控制与影响：喜欢管理或经营活动，对事件或他人形成影响。典型职业有企业顾问、销售人员等。

5. 喜欢帮助别人：喜欢帮助他人，为他人提供支持。典型职业有护士、教师等。

6. 喜欢计划与细节：喜欢有计划和规则，希望遵照既定的安排完成工作任务，关注细节或数据。典型职业有会计、审计师等。

7. 喜欢挑战冒险：喜欢接受有挑战性、有风险的活动，典型职业有警察、登山运动员等。

8. 喜欢与人打交道：喜欢与人沟通、与人接触的活动。如公关人员、人事主管等。

9. 喜欢钻研思考：喜欢分析与推理，乐意花工夫进行思考和深度研究。典型职业有哲学家、投资分析家等。

（四）实施策略

生涯规划主要是通过生涯各个阶段的目标实现得以实施的。制订一个长远的规划是有必要的，但是仅仅是一个长远的规划又显得不太实际，因为社会发展的速度远远超出了我们的想象。所以把理想目标分解成若干个可以操作的小目标，灵活规划自我是可行的，并且是值得提倡的。

另外，需要强调的是，制订生涯规划的时候，高中生还要注意以规划中出现的问题为参照，不断对自我进行修正和调整（这是一个反馈的过程），进而把生涯规划与完善自我完美地结合起来。具体来说，这个过程要注意以下几个方面。

1. 做到勤学善思。在校期间，要针对自身缺点和不足，确定具体的学习方案和实施计划，并尽全力将其落到实处。

2. 要加强实践体验。主动参加各类学生活动，如暑期社会实践活动、志愿活动、勤工俭学活动等，接触不同类型的人群，全身心、有针对性地锻炼自己能力欠缺的方面。

3. 要善于从他人那里获得帮助。老师、同学、朋友、亲戚、家长都可以成为你的支持资源。

认真总结他人对自己的评价，吸收他人的经验和教训，深思他人对自己未来选择和道路发展的意见和建议都是我们在制订生涯规划时应予以考虑的。

（五）反馈评估

要使生涯规划行之有效，就要根据人生的发展阶段和环境的发展变化不断地对生涯规划进行评估与修订。修订的内容包括：职业的重新选择，职业生涯路线的选择，人生目标的修正，实施措施与计划的变更等。通过评估和修订，我们能使生涯规划更符合自身发展和社会发展的需要。生涯规划的评估与反馈过程是个人对自己和社会不断认识的过程，是使生涯规划最为有效的手段。

生涯规划文案具体内容

（一）标题

标题部分包括姓名、起止时期、规划年限和年龄跨度等。规划年限可以是一个季度、一年或者一个学年、三年、五年，甚至更长，视个人需要而定。

（二）方向和目标

发展方向和目标有所不同，职业方向是为了达到职业目标而选择的一种路径，而目标是自己拟定的期望达到的一个理想。

（三）个人分析结果

个人分析包括对自己的兴趣、性格、专业技能和价值观等方面的分析，同时也要考虑可能对自己的生涯发展有重要影响的一些人的建议和家庭情况等。

（四）环境分析结果

环境分析指对社会政治、经济、文化和职业、行业环境等所有外部社会环境的分析。

（五）目标分解与组合

分析确定、实现目标的主要影响因素，通过目标分解和目标组合的方法做出果断明确的目标选择。目标分解是根据观念、知识、能力、心理素质等方面的差距，将职业生涯中的远大目标分解为有一定时间规定的阶段性目标；目标组合是将若干阶段性目标按照内在的相互关系结合起来，形成更为有利的可操作目标。

（六）实施方案

首先找出自身观念、知识、能力、心理素质等方面与实现目标要求之间的差距，然后制订具体方案逐步缩小差距以实现各阶段目标。

（七）修订和调整方案

设定衡量此规划是否成功的标准以及应对措施，如在实施过程中，无法达到制订的目标或要求时，应当如何修正和调整。

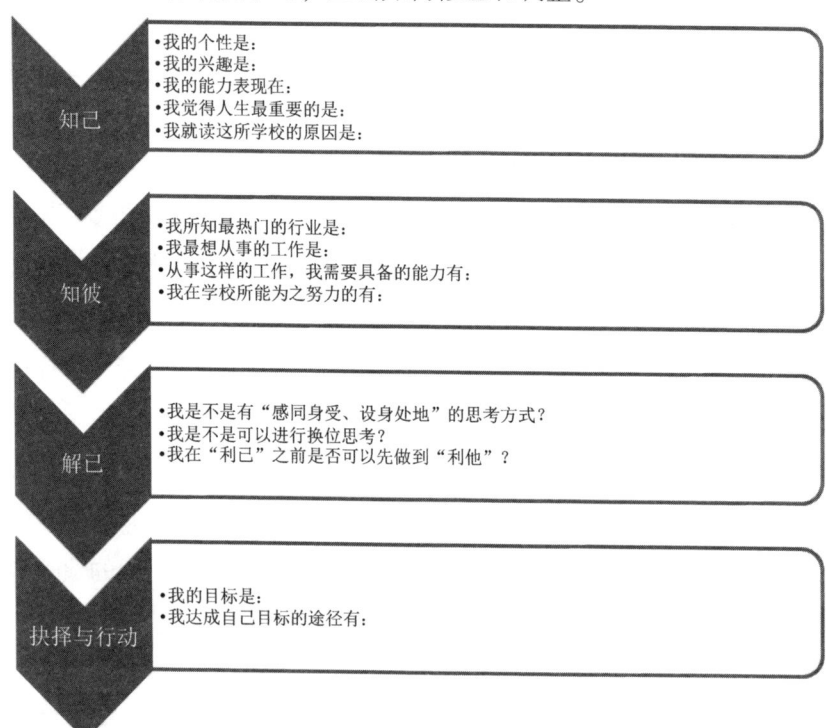

图 1-6　生涯规划流程

根据上述分析,可以要求学生写出自己简要的生涯规划书,在完成之后与其他同学交流,以便进一步完善。

最后请学生拿出自己的生涯规划,征求一下身边人的意见,鼓励学生大胆地问问家长、老师和同学,看看这些了解他的人会怎么说。

表 1-3　征求意见表

爸爸说:
妈妈说:
老师说:
同学说:
自己说:

生涯规划有什么用

【开篇故事】两个铁路工人的故事

在一个炎热的夏天,一群铁路工人在铁路上工作。远处缓缓驶来一列列车,在站台上停了下来。这时从火车上下来一位老人,冲着正在工作的一位工人喊道:"老王!是你吗?"被称作老王的工人抬起头来看了老人一眼,说:"哦,是您来啦,总裁?"他们聊了一会儿之后,总裁又坐上火车离开了。

老王的同事立刻把老王围了起来,问他:"原来你认识总裁啊?"老王笑道,说:"是的,是的,当初我们曾经一起在这条铁路上抡过锤子呢。"

"那他是怎么当上总裁的呢?"一个年轻人问道。

老王沉思了一会儿,说:"当年我是为了一小时1.75美金的薪水而工作,而他一开始就是在为整条铁路而工作。"

国家的发展有发展计划,一个人的成长也需要有生涯规划。但不同的人其人生目标是不一样的,生活方式也是不一样的。在这个信息爆炸、让人无所适从的时代,高中生该怎样规划自己的人生,是一个需要冷静思考并用实践作出回答的严肃问题。西方有句谚语:"如果你不知道要到哪儿去,那通常你哪儿也去不了。"当我们对未来感到迷茫时,应该驻足,澄清思想,把自己当作一个公司来经营。看看自己有什么样的优势、资源,未来的发展方向在哪里,然后分析市场的发展趋势,考虑应该怎样和它匹配,最后制订策略采取行动。规划好后,该如何行动呢?詹姆斯在接受一次采访时指出:"用20%的时间处理眼前的紧要事情;而把80%的时间留给未来,去做那些暂时没有收益但以后会有的重要事情。"因此,我们要在平时注意培养实现目标所需要的素质和能力。这就是这个故事告诉我们的,早早做好人生的规划有多么重要。

高中生生涯规划的必要性

(一)高中生自我定位的需要

在这三年里,我们应该努力把握自我,从思考中确立自我,在挑战中超越自我,明确奋斗方向,奠定事业基础。古人云:"凡事预则立,不预则废。"高中与初中有很大的不同:1. 义务教育—非义务教育;2. 普通教育—精英教育;3. 强制性教育—选择性教育;4. 教育依赖—自我管理、独立学习。如果没有一个目标,尤其在高中,做起事情来会一团糟。有的同学经常说:"今天真无聊!"无聊是因为没有目标,不知道该做什么。

(二)有助于明确自我奋斗目标

有一个哲学命题:我是谁?我从哪里来?我要到哪里去?这一哲学命题会给我们的生涯规划以启示。我是谁?人要清醒地认识自己,必须排除外来的压力,比如父母的期望、师长的教诲、将来就业的压力等,要在完全放松的情形下,根据自己的爱好、特长、性情来正确地规划未来的生活。我从哪里来?这不需要从达尔文《物种起源》里寻找答案。从现实的角度来说,是要我们客观看待自己的过去,认清自己,给自己一个恰如其分的评价。做到这一点,就能心平气和地面对现状,不再怨天尤人,不再好高骛远。我要到哪里去?就是在真正明白自身条件和所处现状的基础上,合理地制订出自己的人生计划,并能够把长期计划和短期计划结合起来,长期计划为目标,短期计划为阶段,由阶段出发,一步步向目标靠近。孔子在总结人生成长的经验时说:三十而立,四十而不惑,五十而知天命。走过来的许多人认为这是人生不同阶段的标志,反映了一个人的认知逐步成熟,也反映了人成长的一般过程。然而,面对今天的新时代、新形势,在校的高中生要回答"我的一生该如何度过",并真正兑现自己的承诺,显然不是简单的问题,而是一个伴随人成长的知与行的超越过程。知,是理性认知。人生的目标、理想信念要明确,把握方向、认清环境、明辨是非、寻求对策、确立自我,然后在理性的分析判断后作出选择。行,则是面对现实中的问题,从认识到实践,是对待和解决问题能力的实现过程,把选择变为现实。规划和把握人生,就是知与行不断交替向新目标前进的过程。这种超越向新目标的攀登,是自我综合素质的一种质变。从高一开始的三年中学生活,其实也包含着这样的过程。人们常说,生活之树常青。能否把对人生的追求融于常青的生活之树中,是对人生选择是否成功的考验。人生的路应该这样规划:以崇高的境界规划,以勤奋的努力实践。像这样向着光明努力奋斗,人生将会充实而美满。

(三) 确保个人发展的可持续性和有效性

有人说:"垃圾是放错了地方的宝贝。"每个人都有自己的优势和局限。成功的生涯规划,就在于扬长避短,最大限度地发挥自己的优势。爱因斯坦在念小学和中学时,功课平常。教他希腊文和拉丁文的老师对他很厌恶,曾经公开骂他长大后肯定不成器,甚至曾想把他赶出校门。但他对代数、几何和物理方面有着浓厚的兴趣,他凭借在这些方面的优势,最终成为伟大的物理学家。还有许多在校成绩平平的同学,走向社会后却取得了惊人的成绩,这都是因为他们找到并最大限度地发挥了自己的优势。历史和现实中的例子告诉我们：只有善于经营自己长处的人，才能使自己的人生增值。

（四）未来成功的基础

人的一生，面临着很多选择，规划自己人生的过程也是一个作出选择的过程。而一旦作出了路线选择，重要的就在于坚持到底。很多时候，我们发现制订规划容易些，但实施起来会有一定的难度，有时甚至感到迷茫。这个时候，就需要我们学会坚持。当坚持到一定的程度，成功就会悄悄来临。如果说规划是一座灯塔，而我们就是划船的人。一路上，我们可以欣赏两岸的风景，但同时一定要坚持不懈地努力向前划。

高中生生涯规划的核心理念

西撒哈拉沙漠中有一个名叫比塞尔的小村庄。它因依傍在一块1.5平方公里的绿洲旁而风光旖旎，游客如织，现在是一个旅游胜地。但是在此之前，却没有一个人能从这里走出去。据说不是这里的村民不愿离开这块贫瘠的土地，而是他们尝试过很多次都没能走出去。1926年，英国皇家学院的院士肯莱文听说此事，难以置信。他用手语向这儿的人们询问原因，结果每个人的回答都一样：从比塞尔向外，无论向哪个方向走，最后都会转回比塞尔。肯莱文当然不相信这个说法。为了推翻这个说法，他做了一次试验，从比塞尔村向北走，结果三天半就走了出来。

为什么比塞尔人就走不出来呢？感到非常纳闷的肯莱文只得雇了一个比塞尔青年阿古特尔，让他带路，看看到底是怎么回事。做好了充分的准备后，他们出发了。十天过去了，他们走了大约800英里的路程，第十一天的早晨，一块绿洲出现在眼前，他们果然又回到了比塞尔。原来，比塞尔人之所以走不出大漠，是因为他们根本就不认识北斗星！

在一望无际的沙漠里，一个人如果跟着感觉往前走，他会走出许许多多、大小不一的圆圈，最后的足迹十有八九是一把卷尺的形状。比塞尔村处在浩瀚的沙漠中间，方圆上千公里。没有指南针，想走出沙漠，确实是不可能的。

肯莱文在离开比塞尔时，带上了阿古特尔。他告诉阿古特尔，要白天休息，夜晚赶路，始终朝着北面那颗最亮的星星走。结果三天之后，果然很顺利地来到了大漠的边缘……

现在的比塞尔早已成为撒哈拉沙漠的一颗璀璨明珠，每年有数以万计的游客来到这里，为比塞尔带来了丰厚的收入。作为比塞尔的开拓者，阿古特尔的铜像被竖在小城的中央。铜像的底座上刻着：新生活是从选定方向开始的。

高中阶段是一个人成长的关键期，在这个阶段，学生需要利用高中时间明确自己未来的发展方向，为自己未来的发展打下基本的学业和技能基础，作出正确的选择和计划并为之付出努力。可以这么说，高中生活是我们进入新生活（成年世界）之前的重要的选定方向的阶段。因此，在这个阶段进行的生涯规划教育也有着独特的意义和价值。

（一）提升学生的自我认识

前面我们曾经提到过，生涯规划最基本的是要帮助个体能够明确对自身的认识。这种认识是综合的，可能包含个体对自身倾向、能力、兴趣、特长、不足等多个方面特点的认知。确切地说就是帮助个体形成正确的自我意识。在高中阶段，学生进入青春期，自我意识将得到显著的发展。这个时候学生很容易走上自我意识发展方面的弯路，甚至走向两个极端：一个是对自我的认知明显高于自己真正的能力和水平，另一个是个体对自己的认知明显低于自己的实际水平。这种理想自我与现实自我之间的差距大小，将影响个体自我意识能否健康发展。而良好的自我意识将决定个体对未来规划的合理性和现实性，因此从这个角度说，我们高中阶段的生涯规划教育首先就要解决个体的自我意识发展问题。只有帮助个体对自己形成正确认知，才谈得上后续的生涯规划教育。

人要真正认识自己的内在世界很不容易，只有当我们具有了自我认知的科学能力和公正态度，生涯设计和规划才可能真实有效。

（二）拓宽学生的职业认知

在学生正确树立良好自我意识之后，他就需要对自己未来的发展方向进行选择。只有有了正确的目标作为引领，学生才有可能根据自己的能力和目标之间的差距来调整自己的规划，并为此付出努力。那么这个目标怎么来呢？简单说来就是拓宽学生的职业认知，这里的职业认知其实囊括非常多的内容。一个学生想要选择符合自己的职业，也就是说学生想要选择合理的人生发展方向。他首先要知道自己有哪些路是可以选择的，哪些路是自己愿意选择的，哪些路是自己能够选择的。也就是说学生需要根据自己的能力、兴趣爱好、不足找到最适合自己的发展道路。在这个确定目标的过程中，拓宽学生对职业或专业的认知尤为重要。这个时候学校、家庭和社会都需要努力为学生提供一个良好的支持性的环境。在学生作出多个选择之后，帮助他认识到每个选择最终达成的职业是哪个，需要付出哪些努力，面临的前景如何，自己的优势和不足在哪里，在高中阶段又应该做出哪些努力。这些内容不仅是学生在职业认知方面需要提前了解的，也是后续在进行规划时的关键步骤中要了解的。

（三）帮助学生制订合理的规划

有了目标之后，就需要将目标和现状之间划分成诸多的阶段，并为每一个阶段确定目标，确定实现目标的途径和方法——这就是我们常说的制订规划。如何制订规划，怎样的规划最为适合自己？这也是高中生需要学习的重要内容之一。在高中阶段，学生的心智水平和意志水平还不十分成熟，太过简单或太过困难的目标，都将影响他们实现目标后继续执行规划的可能性。高中生需要在家长、学校甚至同伴的影响下了解自己规划的可行性，在可能的情况下，最好由他人担任管理者，对学生实现目标的进程和程度进行评价。学生可以借助这个评价来不断修改自己的规划，从而提高实现的可能性。

（四）提升学生的抗挫折能力

高中生从严格意义上来说，还不能算作一个成年人。他们的心态、意志、抗挫折能力等，还远达不到成人的水平。成年人在实现其目标和计划的过程中都难免遇到挫折，更何况是高中生。因此面向高中生的生涯规划教育势必要将抗挫折教育放入到其中，要帮助学生认识到，在实现目标和计划的过程中，挫折是难免的。并且在一生发展的道路上，我们还将不断反复遇到各种挫折，这种挫折既有可能是我们本身能力所限导致的，也有可能是因社会等大环境导致的。既有可能是我们可以控制的，也有可能是我们无法控制的。这个时候，帮助学生进行正确的归因分析，并作出最明智的选择（坚持计划还是修改计划），是我们教育者非常重要的任务之一。

高中生生涯规划设计的六个步骤

（一）发现或搞清楚主要人生目标是什么

所谓主要人生目标，应该是一个学生终生所追求的固定的目标，学生生活中其他的一切事情都围绕着它而存在。对于一些学生来说，这是一个自我发现的愉快的过程；但对于另一些人来说，它也许更是一个痛苦的过程。因为他们需要把其心绪拉回到年少的时代，在那个时候他们还没有对自己所怀抱的梦想产生疑惑。为了找到或找回学生的人生主要目标，可以引导学生问自己几个问题，比如，"我是谁""我想在我的一生中成就何种事业""临终之时回顾往事，一生中最让我感到满足的是什么""在我的日常生活中是哪一类的成功最使我有成就感"等。

也许有的学生很快就可以知道自己的终极目标是什么，但是大多数人则不是这样的。他们在找到自己的终极目标之前往往需要在不同的场合对自己重复上面的这些或其他类似的问题。引导学生每一次向自己提出这样的问题的时候，随意地记下自己的所得。开始的时候，它们可能没有什么意义，但是，多次的累积会让学生茅塞顿开。

学习上幸福的人通常是这样的一类人，即他们的学习方式与学习目标相一致。比如，一个有着很强组织意识、文字天赋的人，就很可能从语文、英语等科目学习中得到最大满足。

（二）在清楚表达出自己的人生目标的基础上着手准备实现这个目标

在这方面，职业的选择就是学生所要着重考虑的问题。学历是一个工具，是帮助实现学生终极目标的工具。学生规划自己将来职业的重要性，就像将军筹划一场战役一样，也像一个足球教练确定一场重要比赛的作战方案一样。

引导学生问自己："我的学习生活正在帮助我实现人生的最终目标

吗?"如果答案是否定的,那就要学习其他知识或者换种学习方式。倘若更换学校是不现实的,那学生可再进一步问一下自己:"是否有一种途径可以让我现有的学习生活与我的人生基本目标一致起来?"对于第二个问题,答案常常是肯定的。例如,一个羞涩腼腆的学生为了将来能从事像新闻主播这样需要外向性格的职业,会在与同学的交往中注意培养自己与人沟通的能力。

我们也该切记:只要还没有到安享晚年的地步,任何时候开始生涯规划都不晚。无论学生是高一刚入校,还是高三即将结束高中生活,都是进行生涯规划的好时机。

(三)在明确学习将会帮助自己实现人生更大目标的基础上着手考虑学习生涯规划的具体细节

学生需要有一个详细的个人学业发展计划。这个计划可以是一学期的计划,也可以是三年的计划。不管是属于何种时间范围的计划,它至少应该能够回答如下问题:1. 我要在未来一学期或三年内实现什么样的个人学习的具体目标? 2. 我要在未来一学期或三年内有什么样的学习方式?

这些问题的回答将给学生提供一份有关学生自己的短期目标的清单。在形成这些目标的过程中,不要纯粹地依靠逻辑思维。这一类的抉择,需要发挥学生的创造力,应该把学生的情绪、价值和信仰等因素全部调动起来。

(四)在形成了具体的短期目标之后策划如何去达成它们

比如,学生现在是一个班级学习中等的学生,学生的未来三年规划要求学生成为一个优秀学生。那么,怎么才有可能实现学生的目标呢?如果学生能够回答好如下的各项问题,那么就会知道自己该怎样做了。这些问题是:1. 我需要哪些科目的特别训练才能使我成为一名优秀学生? 2. 我该增加哪些书本知识? 3. 为使自己学习顺利,我需要清除哪些人际关系上的障碍? 4. 我目前的老师在这方面能给我提供多大的帮助? 5. 在目前的这个班级我最终成为优秀学生的可能性有多大?比起本班来,我在其他班级会是什么位置? 6. 优秀学生的标准是什么样的?

（五）行动

这是所有步骤中最艰难的一步，因为要求学生停止梦想而切实地开始行动。我们知道良好的动机只是一个目标得以确立和开始实现的一个条件，但不是全部条件。如果动机不转换成行动，动机终归是动机，目标也只能停留在梦想阶段。要想实现人生的终极目标，有两个方面的陷阱需要谨慎避免，一个是懒惰；另一个是错误，哪怕是小的错误。

很多人不懈地奋斗一辈子都没有能够完美地实现自己的人生目标，更不用说懒惰者了。要想有一个无悔的人生，除了认准目标外，还要集中精力全力以赴。在实现人生终极目标的过程中，难免受到各种妨碍或各种诱惑，任何的闪失或偏差都会使学生远离既定目标。然而，人非圣贤，孰能无过？只要在通往理想的艰难跋涉途中，尽可能少犯错误，就可以尽可能快地达到学生的目标。

（六）不断地修改和更新人生发展目标

人生目标的确定往往基于特定的社会环境和条件。社会环境和条件一直在变化，确定了的目标也应该作出修改和更新，况且目标虽然写出来了，但是并非板上钉钉，它的存在只是为学生的前进提供一个架构，指示一个方向。学生是它的创造者，可以在它看起来正把自己引向歧途的任何时候更改它。

高中阶段的教育有两个目的，一是升学，二是为未来职业发展做准备。而当前的教育环境过多地重视前者，只关心学生高考能不能拿高分，而对学生适合选择什么学校什么专业和将来从事什么职业并没有足够的关注。

有关部门对近万名高考生和大学新生的调查发现：有10%的高考生对自己所报考的专业"完全不了解"；有66%的在校大学生表示如果可能将换专业。很多高分考生直到高考结束都不知道自己究竟适合什么专业，匆匆选择一个热门的、高薪的专业方向进了名校之门，然后才发现，那并不是自己想要的，从而限制了自身优势的发挥，最终只能在并不适合自己的岗位上平凡地度过一生。

表1-4 高中生个人生涯规划信息采集表

学校			班级	
姓名		性别		年龄	

自我性格描述：
未来发展中我的最大优势：
未来发展中我的最大弱点：
我曾经最崇拜的人物：
我曾经最讨厌的人物：
我是怎样理解"成功"的？
自我阅读经历描述： 学前阶段： 小学阶段： 初中阶段：
自我人生目标描述： 学业目标： 职业目标： 生活目标：

表 1-4（续）

今天我生命中最大的困惑是什么？
需要补充的话：

生涯规划不是一个点，而是一条线，是帮助学生树立理念，学会方法，它应当贯穿人的一生。生涯教育也并非仅仅是一门课程，它应当是学校教育必不可少的组成部分之一，是所有教师都应该承担的义务。生涯教育对教师来说，既是契机，也是非常大的挑战。教师先要制订自己的生涯规划，为学生树立良好榜样。

首先，制订行动计划。无论学生毕业时选择走哪条路，都要详细地了解出路，制订科学的实施方案，并且坚决地执行下去。只有确定了生涯目标后，行动才能开始。如可以制订整个高中时期的行动方案；年度具体的学习、生活和实践目标与方案；月度具体的学习、生活和实践目标与方案；每周的学习、生活和实践目标与方案；每日的学习、生活和实践目标与方案。

其次，生涯规划评估。抓住重要的内容评估，找到新的突破点，关注最弱的地方，觉察自己的心理。

再次，生涯规划修正。生涯规划往往受环境和条件所制约，因此，即使是确定了生涯规划也应该进行修改和更新。修正和更新的内容主要体现在目的、内容和问题上，如自己的强项、发展机会、有待改进之处、毕业去向的重新选择、阶段性目标和生涯目标的修正以及自己的人生价值等。

总之，生涯规划是一个没有完结的漫长过程，虽然我们的高中学生会实现一个一个具体的目标，但总还在人生旅途上。人总是在学习、思考、规划和行动的，心灵空间的拓展是没有尽头的。

【深入阅读】生涯规划报告样本

1. 引言

亚里士多德曾经说过:"人是一种寻找目标的动物,他生活的意义仅仅在于是否正在寻找和追求自己的目标。"目标像一座灯塔,对一个人今后的发展有着重要的意义。而生涯规划就是树立灯塔的过程。我们今后要做什么、怎么做才能实现人生的价值,需要我们对自己有一个明确的认识。生涯规划就是进行自我评估,借助于职业兴趣与性格测验,判断自己未来的发展方向,确定自己的职业选择,进行正确的职业生涯设计,然后便于制订出恰当的行动计划,认真执行,并且不断评估与反馈。虽然还在高中,但我们从现在开始就应该进行不断的完善和补充,渐渐使自己朝着目标发展,挖掘自身潜力,使自己能以更好的状态面对今后的挑战。

2. 自我分析

(1) 生活、学习和职业兴趣

表1-5 生活、学习和职业兴趣

开放我	盲目我
女,17岁,某高级中学学生 能力:创新、反省 爱好:推理、行为心理学、睡觉 特长:观察人物、分析性格	慢吞吞的、时常欠人情、记性不太好
隐藏我	潜在我
缺点:不够自信大方 愧疚:没有好好对待对我好的人 尴尬:不敢说不	不够乐观,没有毅力

(2) 能力分析

表 1-6　能力分析

	优势能力		能力缺陷
他人评价	美术、音乐不错，有预见性和观察力		体育，交际，语言
	表现	学乐器较快，玩身份推理游戏比较成功	体育成绩达不到良，学习语言不太轻松
自我评价	空间想象能力 整理总结能力		记忆力不强，没有领导能力，不擅长大型活动中的社交
	表现	写反思比较得心应手	不喜欢上台面对一大群人讲话
成因	天生的		天生的

(3) 个人特质分析

表 1-7　个人特质分析

	个性优势	个性局限
他人评价	沉稳冷静 聪明伶俐	有点内向
自我评价	淡定	胆小，不乐观

(4) 经验及习惯分析

学过画画、古筝、书法、吉他、陶艺……最长的坚持八年，最短的两星期。做过小记者、交警等各类志愿者。当过语文、数学、英语、物理等科目的科代表及组织、宣传、劳动、纪律、财务委员。小时候参与了许多活动，幼儿园参加了某节目得了一等奖；小学发表了一篇文章拿了十块钱稿费；参加过全国陶艺比赛，得了第二。这都是小学和幼儿园的事，初中以来没什么成就。小时候还喜欢探索，做点科技小制作什么的，到了初中就没时间也没热情了。

(5) 职业价值观分析

想当建筑设计师，在这方面有发展的可能，比较有兴趣，也不是太笨，能为国家做贡献，薪水也还可以。我叔叔想让我当插画师，这也可以考虑……

(6) 自我小结

我应该再开朗、大方一点，把冷静用到学习上，把热情用到人际交往上。

3. 职业分析

(1) 家庭环境分析

家里是工薪阶层，没什么大起大落，生活比较有保障。父母都允许我向自己的兴趣发展（我的兴趣他们应该也还满意），家人希望我以后养活自己，开心地生活就可以了。家庭比较民主，文化程度也不低。

(2) 学校环境分析

学校有很多社团活动，我报名侦探社，这和我未来职业发展没什么关系，纯属兴趣。在校的科目对我未来职业发展貌似也没什么直接帮助，但为了考大学没办法。

(3) 社会环境分析

中国现在正处于近两百年以来最好的时期。虽然社会上还有许多没有解决的矛盾，但是政治环境团结稳定，法治化进程已经开始，市场经济已经初步形成并步入正轨。21世纪的中华大地充满各种人才成长发展的机遇。

建筑业是国民经济的重要物质生产部门，它与整个国家经济的发展、人民生活的改善有着密切的关系。中国政治稳定，经济持续发展，在全球经济一体化环境中扮演重要角色。中国经济发展有强劲的势头，建筑也将持续发展，基础设施需不断完善。所以需要大量建筑人才。

(4) 职业环境分析

目前国内房地产的稳定发展，使建筑行业又迎来了春天，大大推动了建筑业的发展。由于建筑设计人才短缺，高水平的建筑设计人才更是凤毛麟角，再加上行业人员的素质参差不齐，故市场人才需求空前旺盛。

(5) 职业分析小结

建筑业目前为我国四大支柱产业之一，而且个人认为，有人的地方就有房屋，有房屋的地方就会有房建。

（6）职业发展定位

表1-8　职业发展定位

内部环境因素		外部环境因素	
优势因素	弱势因素	机会因素	威胁因素
独特的设计	资金，技术提高不容易	市场需求增长强劲，可快速扩张	竞争激烈，等级晋升慢

4. 结论

我将来将从事建筑设计师职业，并努力成为一名有创造力的建筑设计师。

5. 未来生涯状态描述

希望十年后的我能有自己的工作室，设计的作品有特色且能被客户所接受，在同行中能有一席之地。希望能住在自己设计的房子里，画画图纸，生活自由。

6. 实施计划

表1-9　计划实施表

计划名称	时间跨度	目标内容	内外困难	达成策略与行为管理措施
长期计划	十年	成为受客户喜爱的建筑设计师，年薪可以慢慢增长	过度低调，缺乏毅力；理科知识不够，缺乏此方面的艺术基础	加强文化艺术学习，参观交流；多结交志同道合的朋友
中期计划	三年	国内，同济大学	高考竞争激烈	每一阶段都要做好反思与挑战
年度计划	一年	班级前十	学习方法上还存在问题	多向优秀的同学学习，坚持不懈
近期计划	一学期	班级前十六	缺少韧性与信心	监督自己按时保质保量地完成计划，及时反思与调整

我国生涯规划发展现状

由于中学生生涯规划起步较晚，开始时对中学生生涯规划的研究大多处于区域性探索的阶段，很多学校要么采用简单借用国外模式的办法，要么只是简单用一些讲座、班会的方式进行片段性的"准生涯规划"式的教育，既缺乏结构，又缺乏理论支撑，因此推行得并不顺利。而随着时代的发展和社会的进步，中学生的生涯规划开始越来越被人们重视。并且，随着各个地区的实践和探索，大家在高中生生涯规划方面已经达成了一定的共识。

高中阶段生涯规划教育的现状

一、高中生生涯规划的内容

以加拿大的职业指导课程为例，他们将学生的生涯规划指导分为了以下几个模块：增强学生的自我意识，发展学生的职业设计技能，加深学生对教育规划的理解，发展学生的教育规划技能，增强学生的职业意识，获取更多关于职业探索和职业生涯规划的知识和技能。

具体按照模块进行阐述的话，第一个模块就是提升学生的自我意识。内容主要是要求学生对自己的人生有一个概括性的认识和理解，然后帮助他们发展自我意识，懂得积极的自我概念对人生的影响意义。还需要帮助他们习得与他人进行交流的知识技能和态度等。

第二个模块是发展职业设计技能。一方面要求学生要能够根据自己的状况，为人生设计恰当的目标，并且为这个目标作出恰当的决定；学生之后要有寻求变化的意识，并且能够为自己适应生活中各个阶段的过渡而主动学习所需的技能。他们需要养成良好的习惯，从而习得工作和学习中所需的知识和技能。

第三个模块是加深对教育规划的理解，并发展相关技能。首先，学生应该了解教育对自己人生所产生的积极的意义。其次，他们要懂得自己的学习和未来的职业之间存在着怎样的联系。之后，他们就需要掌握从学习到职业过渡所需的各种知识和技能。

最后一个模块是增强职业意识、获取更多关于职业探索和职业生涯规划的知识和技能。首先，学生要对生活中各种职业进行一个初步的了解。他们要掌握必需的信息，从而帮助他们了解不同职业之间的区别，然后，了解什么是职业生涯规划的过程。最后，学生找到最适合自己的职业生涯规划。

从加拿大的中学生职业生涯规划课程我们可以看出，他们更多鼓励学生在体验和学习中了解学习和职业之间的区别。而且他们的职业生涯规划在中学阶段就已经占据了非常大的比重。

从这一点来说，西方很多国家的职业生涯教育和我国存在着非常大的不同。我们在中学阶段所做的生涯教育，更多的是一个从知识向职业的储备，而非直接的职业生涯规划。

我国台湾是生涯规划教育开展得比较早的地区。台湾省的九年一贯课程纲要中，将生涯规划与终身教育作为十大基本能力之一。他们的生涯规划课程内容主要包括自我觉察、生涯觉察、生涯规划三个方面，包括正确认识自己的长处及缺点，认识有关自我的概念，了解工作对一个人的重要性，探索自我的兴趣倾向、价值观及人格特质，了解自己的能力、兴趣、特质、所适合发展的职业，激发对工作的好奇心，认识不同类型的工作，了解工作的分类及工作的类型，了解教育与工作之间的关系，了解社会发展、国家经济及科技进步与工作之间的关系，等等。

随着高中课改的深入，越来越多的地区和学校开始将中学阶段的生涯规划提上日程，也有很多大学中的研究者关注到了这一课题。现阶段中国的生涯规划教育囊括的也是学业规划和职业规划。学业规划，学生根据自我兴趣特长、学业水平、专业性向、生涯发展意向，科学合理安排高中三年的课程修习计划。职业规划，学生对自我未来生涯发展作出较为全面的设想和计划。学业规划是实现职业规划的基础，职业规划是学业规划的目标和方向。

（一）自我认知

自我认知是开展高中生涯规划教育的基础，也是帮助学生适应新环境的主要方法。内容主要是让学生认真了解自己的性格特征、兴趣爱好，认识自己的优势和不足；积极看待自己的独特性和价值，学会表达、调节情绪的方法，掌握有效的沟通技能；树立正确的世界观、人生观和价值观，唤醒自我生涯规划意识，学会对自己的选择负责。

（二）学业规划

学业规划是高中生涯规划教育的主要内容。要指导学生在了解初中和高中课程、学科知识体系、学习要求的差异和自我认知的基础上，更好地适应高中阶段的学习；树立积极的态度，发掘学习潜能，发展学科特长，寻找适合高中阶段和自身特点的学习方法和策略；科学安排三年必修和选修课程的修习计划，明确自己的必考、选考意愿；制订参与社团活动、志愿者活动、社会实践、体育锻炼等计划，培养和发展自己的兴趣与特长，处理好学习与生活的关系，科学合理地安排课余时间，养成正确的学习休息方式。

（三）职业规划

职业规划是高中生涯规划教育的重要组成部分，主要是让学生在了解国内外主要高校的专业信息与社会职业需求、了解专业发展趋向和人才市场需求的前提下，培养专业性向，选择合适的发展方向；在选择适合的选修课程和实践活动、了解和体验不同职业特点、丰富职业体验经历的过程中，不断明确学习成长目标，为专业性发展、职业倾向选择提供判断依据；在了解并掌握升学和就业所需技能的基础上，培养创业精神，树立积极向上的人生态度，努力做一个对社会有贡献的人。

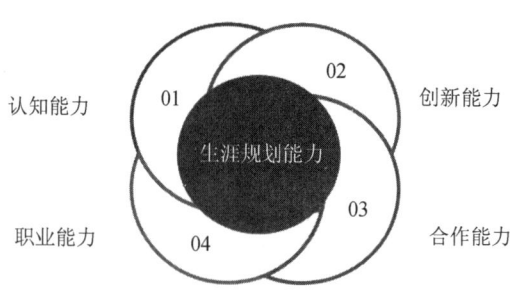

图 1-7　学生的生涯规划能力

如果我们对其内容和目标进行细分的话，我们会发现，所谓生涯规划教育其实并不是孤立的教育，它是和学生、家庭、学校，甚至是社会息息相关的。而且，所谓学生的生涯规划能力，也不是一种单一维度的能力，而是一种包含认知、创新、合作、职业等多方面能力的综合能力。

更为准确地说，生涯规划教育其实是帮助学生在已有的知识、技能的基础上，通过和生涯教育更为紧密联系的各种活动，帮助学生梳理更为清晰的生涯发展脉络，提升其综合能力，并为自身未来确立发展方向、制订计划并付诸努力。也就是说，针对高中生的生涯规划教育是不能完全脱离学校教育进行的，反之，高中生涯规划教育应该被纳入到现有的教育教学体系中，并和现有的教育目标保持一致。而且，现在很多主流教育理念也已经把生涯规划教育内容纳入到了其体系之中。

【深入阅读】中国学生发展核心素养

林崇德教授在其《构建中国化的学生发展核心素养》一文中特别指出，学生发展核心素养，主要是指学生应具备的、能够适应终身发展和社会发展需要的必备品格和关键能力。研制中国学生发展核心素养，根本出发点是将党的教育方针具体化，落实立德树人根本任务，培养全面发展的人，提升我国21世纪人才核心竞争力。构建中国化的学生发展核心素养体系过程中始终将坚持正确的政治方向作为研制的总遵循，坚持以马克思主义为指导，明确人才培养的目标指向；充分体现社会主义核心价值观，系统落实党的教育方针，细化人才培养目标的具体要求；传承中华优秀传统文化，突显人才培养的民族底色；洋为中用，批判性吸收核心素养国际研究的构建方法与合理成分。

而中国学生发展核心素养的维度与主要表现被概括为以下内容：

文化基础

文化是人存在的根和魂。文化基础，重在强调能习得人文、科学等各领域的知识和技能，掌握和运用人类优秀智慧成果，涵养内在精神，追求真善美的统一，发展成为有宽厚文化基础、有更高精神追求的人。

1. 人文底蕴

(1) 人文积淀

重点：具有古今中外人文领域基本知识和成果的积累；

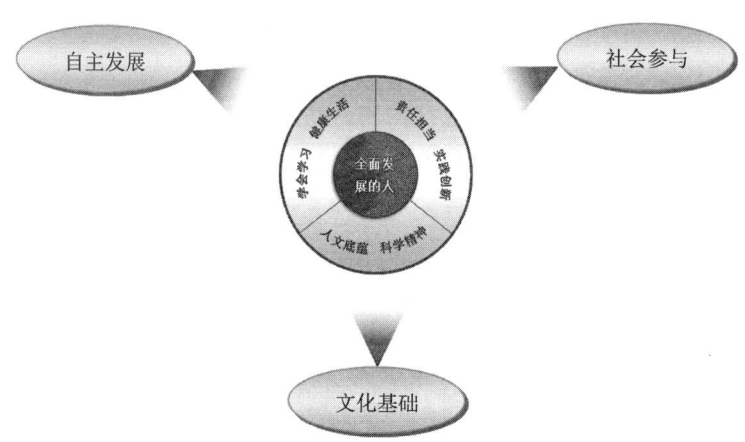

图 1-8　全面发展的人

能理解和掌握人文思想中所蕴含的认识方法和实践方法等。

（2）人文情怀

重点：具有以人为本的意识，尊重、维护人的尊严和价值；

能关切人的生存、发展和幸福等。

（3）审美情趣

重点：具有艺术知识、技能与方法的积累；

能理解和尊重文化艺术的多样性，具有发现、感知、欣赏、评价美的意识和基本能力；

具有健康的审美价值取向；

具有艺术表达和创意表现的兴趣和意识，能在生活中拓展和升华美等。

2. 科学精神

（1）理性思维

重点：崇尚真知，能理解和掌握基本的科学原理和方法；

尊重事实和证据，有实证意识和严谨的求知态度；

逻辑清晰，能运用科学的思维方式认识事物、解决问题、指导行为等。

(2) 批判质疑

重点：具有问题意识；

能独立思考、独立判断；

思维缜密，能多角度、辩证地分析问题，作出选择和决定等。

(3) 勇于探究

重点：具有好奇心和想象力；

能不畏困难，有坚持不懈的探索精神；

能大胆尝试，积极寻求有效的问题解决方法等。

自主发展

自主性是人作为主体的根本属性。自主发展，重在强调能有效管理自己的学习和生活，认识和发现自我价值，发掘自身潜力，有效应对复杂多变的环境，成就出彩人生，发展成为有明确人生方向、有生活品质的人。

1. 学会学习

(1) 乐学善学

重点：能正确认识和理解学习的价值，具有积极的学习态度和浓厚的学习兴趣；

能养成良好的学习习惯，掌握适合自身的学习方法；

能自主学习，具有终身学习的意识和能力等。

(2) 勤于反思

重点：具有对自己的学习状态进行审视的意识和习惯，善于总结经验；

能够根据不同情境和自身实际，选择或调整学习策略和方法等。

(3) 信息意识

重点：能自觉、有效地获取、评估、鉴别、使用信息；

具有数字化生存能力，主动适应"互联网+"等社会信息化发展趋势；

具有网络伦理道德与信息安全意识等。

2. 健康生活

(1) 珍爱生命

重点：理解生命意义和人生价值；

具有安全意识与自我保护能力；

掌握适合自身的运动方法和技能，养成健康文明的行为习惯和生活方式等。

(2) 健全人格

重点：具有积极的心理品质，自信自爱，坚韧乐观；

有自制力，能调节和管理自己的情绪，具有抗挫折能力等。

(3) 自我管理

重点：能正确认识与评估自我；

能依据自身个性和潜质选择适合的发展方向；

能合理分配和使用时间与精力；

具有达成目标的持续行动力等。

社会参与

社会性是人的本质属性。社会参与，重在强调能处理好自我与社会的关系，养成现代公民所必须遵守和履行的道德准则和行为规范，增强社会责任感，提升创新精神和实践能力，促进个人价值实现，推动社会发展进步，发展成为有理想信念、敢于担当的人。

1. 责任担当

(1) 社会责任

重点：自尊自律，文明礼貌，诚信友善，宽和待人；

孝亲敬长，有感恩之心；

热心公益和志愿服务，敬业奉献，具有团队意识和互助精神；

能主动作为，履职尽责，对自我和他人负责；

能明辨是非，具有规则与法治意识，积极履行公民义务，理性行使公民权利；

崇尚自由平等，能维护社会公平正义；

热爱并尊重自然，具有绿色生活方式和可持续发展理念及行动等。

(2) 国家认同

重点：具有国家意识，了解国情历史，认同国民身份，能自觉捍卫国家主权、尊严和利益；

具有文化自信，尊重中华民族的优秀文明成果，能传播弘扬中华优秀传统文化和社会主义先进文化；

了解中国共产党的历史和光荣传统，具有热爱党、拥护党的意识和行动；

理解、接受并自觉践行社会主义核心价值观，具有中国特色社会主义共同理想，有为实现中华民族伟大复兴的中国梦而不懈奋斗的信念和行动等。

（3）国际理解

重点：具有全球意识和开放的心态，了解人类文明进程和世界发展动态；

能尊重世界多元文化的多样性和差异性，积极参与跨文化交流；

关注人类面临的全球性挑战，理解人类命运共同体的内涵与价值等。

2. 实践创新

（1）劳动意识

重点：尊重劳动，具有积极的劳动态度和良好的劳动习惯；

具有动手操作能力，掌握一定的劳动技能；

在主动参加的家务劳动、生产劳动、公益活动和社会实践中，具有改进和创新劳动方式、提高劳动效率的意识；

具有通过诚实合法劳动创造生活、成就人生的意识和行动等。

（2）问题解决

重点：善于发现和提出问题，有解决问题的兴趣和热情；

能依据特定情境和具体条件，选择制定合理的解决方案；

具有在复杂环境中行动的能力等。

（3）技术应用

重点：理解技术与人类文明的有机联系，具有学习掌握技术的兴趣和意愿；

具有工程思维，能将创意和方案转化为有形物品或对已有物品进行改进与优化等。

如果我们将中国学生发展核心素养中明确提出的各种素养与生涯规划的培养目标相联系，我们会发现，几乎每一种素养都与我们的生涯规划教育有着或多或少的联系。这也就是为什么现在我们的生涯规划教育要依托学校，且主要以学校开展的各种课程和活动为主要组织形式。

二、高中生生涯规划的形式

中国的职业生涯规划虽然起步较晚，但是随着各地的大力推广，各个地区在探索生涯规划的方式方面取得了各自的经验。如果我们将对学生进行生涯规划教育的方式统计后进行比对，我们会发现大多数的地区和学校主要通过以下几种方式将生涯规划纳入到日常的教育教学工作中。

第一种便是正式的生涯规划课。将生涯规划纳入到正常的课程体系中，和其他科目一起排入到日常的课表，确定每周有固定的课时，这种做法虽然相对"代价"较高，但不可否认的是，这种做法取得的效果最好。能够保证生涯规划教育的课时和质量，并利用课程管理的模式对其进行管理。这是将生涯规划课程规范化、完整化、具体化的最佳选择。

但是正是由于其难度较大，因此选择的学校相对较少。并且由于国家目前还没有正式出台生涯教育课程和生涯教育的实施框架，因此从实施角度来说，各个区域或学校更多的还是处在区域自主这样一个水平上。显然，我们就很难保证这种课程的有效性和规范性。

资料链接 山东省实验中学率先将"高中生涯规划"教育纳入必修课

2017年，为全面贯彻党的教育方针，全面深化教育教学改革，山东省实验中学率先将"高中生涯规划"纳入高一学生的主修课程。

中学生生涯规划的实际意义到底在哪？山东省实验中学副校长林宝磊在接受媒体采访时表示：在我们人生的长河中，中学阶段是一个至关重要的转折点，在这个阶段，学生需要对自己的人生进行一个详细的规划，一个有目标、有理想、有方向的人，才会真正懂得如何去走自己的路。在中学阶段，生涯规划教育不能仅仅从职业生涯角度出发，虽然它的落脚点是职业生涯，但一定要从生涯角度去思考，否则，过早提前关注职业与职业生涯，反而容易阻隔学生进行职业生涯探索，要让学生知道职业、职业生涯是我们人生发展中一段，在全局、全程、全面了解人与自然、人与自己、人与社会中启蒙职业生涯意识，探索职业世界。

生涯启蒙、生涯探索、自我探索、学业规划、职业探索、生涯规划、教育探索等是中学生生涯教育的七个渐进阶段，不可逾越，更不可完全照搬大学生职业生涯教育那一套，直接进入职业探索等阶段，因为，中学生与大学生的阶段任务是不一样的。特点决定了区别。

通过生涯教育，学生们对自己的兴趣和长处有清晰的认识，知道自己是"谁"、要成为"谁"，知道自己在哪里，未来要去哪里。学生在了解社会、自己、职业中，可以把自己在校的学习和未来的生涯发展联系起来，目标更明确，视野更开阔，生涯规划成为激发学生的潜能，自觉进行自我管理的有效工具。

第二种就是更为灵活一些的校本课程。有的学校将生涯规划纳入到学校的校本课程中，借助学校本身的优秀资源和条件，同时开发校本课程和校本教材。条件允许的学校，还可以通过网络、微课和翻转课堂等形式，将高中生职业规划教育和课程、课堂有机结合起来。

和第一种形式相比，这种做法的优势在于：对学校而言，实施更为便捷简单，难度较小。而且课程的形式和内容将更为灵活，管理起来也相对简单。这种做法的缺点在于：因为所需的课时较少，因而和正式课程相比，规范化管理的难度将更大。形式和内容虽然可以更为灵活，但是很多时候会没有那么结构化和规范化。

第三种是将生涯规划教育与课程相结合，这种方式便是研究性学习。这种做法的优点在于，学生可以成为生涯规划教育中绝对的主体。在教师的适度引导下，学生可以选择与生涯规划教育相关的、自己感兴趣的课题进行研究，更大地凸显了学生的主动性。而教师和学校的角色，在这里可能更多地体现为帮助学生寻找其所需的资源，帮助学生寻找正确的目标和定位，日常过程中对学生进行指导，等等。

显然，和前两种方式相比，这种方式的自由度更高，灵活性也更高，但是同样存在的问题就是，我们更难对其进行标准化和规范化的管理。以研究性学习为主线的生涯规划教育，缺乏连贯性和系统性。大多数学生在完成研究性学习的课题后，可能很难将它拓展到实际的生活中，除非学校能够对学生的相关研究性学习过程进行统一安排和管理，否则这种生涯规划教育将会变成孤立、片面式的教育研究片段。

还有一些学校会开发利用网站或软件来支持学生的职业生涯规划教育。有的学校开发的网站和软件以生涯规划为主题进行开发。还有一些网站和软件，则更多地以促进学生能力发展，帮助学生明确发展方向为主要目的，将学生日常的行为和教育片段记录下来，在帮助学生通过过程性记录明确自己发展轨迹和兴趣方向的同时，帮助学生更好、更全面地了解自己，对未来进行人生规划起到一定的铺垫作用。

举一个简单的例子，北京市的中学生综合素质评价系统就是一个以记录学生过程性数据为基础，从而达到帮助学生正确认识自我、明确自身发展目标这样的目的。简单说来，学生可以在该系统上记录自己在日常生活中承担的任务、成长的轨迹等内容，教师和家长也可以通过最终生成的报告单了解学生在社会公益和志愿服务、学术志趣和偏好发展、艺术素养及特长培养、体质健康与体育锻炼、感动感悟与交流沟通、读书分享与人文思索、社会调查与勤工俭学等方面的记录和结果，从而为学生的生涯规划起到一定的参考作用。

三、学习生涯规划的阶段

学习生涯规划可以大致分为三阶段：初中阶段、高中阶段和高中后阶段。三个阶段的生涯规划内容与层次不一样，有差别。

初中阶段：普及生涯规划的理念与概念，学会认识自己，利用生涯规划的常识提升规划素养，侧重培养自己的学习兴趣。可以根据自己的兴趣进行初步的学习阶段规划。

高中阶段：在初中的基础之上，开始了解兴趣与职业的关系，正确评价自己的基本素养，以及对自己未来职业的期盼，结合自己的学习状况进行未来职业理想的规划。高二起就应该认真思考自己的兴趣对未来职业的影响，在可能的情况下进行职业体验，从而填报高考志愿。新的高考方案实施后，这一点将更重要。

高中后阶段：高中毕业以后的大学生活和高职培训生活，甚至是高中毕业后即开始进入社会的那一部分人，都需要进行合理的职业生涯规划。大学生的职业生涯规划由各大学的就业指导中心负责，这也是近年来大学对职业生涯规划重视的原因。因为很多大学就业指导中心的老师都不是学习生涯规划指导与教育的，所以也要进行培训。进入职业学院的学生基本对职业的选择只是有个大概了解。直接进入社会的那一部分学生更需要科学的职业生涯规划。为了实现职业愿望，再一次进行生涯规划学习尤其重要。

四、高中阶段生涯规划教育的展望

如果对高中的生涯规划教育进行一下展望，我们认为未来我们还可以在以下几个方面，下大力气，花大功夫来继续推进生涯规划教育。

首先，生涯规划需要一定的政策支持。不得不承认，现在大部分地区的大部分基础教育最后认的还是两考分数，那就是中考和高考成绩。所以高考结束后，人们少有按照孩子们的心理特征、兴趣爱好和人格特质来进行志愿填报，最后造成的结果就是大家都不能合理安排自己。

生涯规划对学生而言，最重要的是充分了解自身兴趣和潜力，努力认识自我，精心规划人生。这里面就存在两个关键的问题，一个是学生要能明确地认识自己，另一方面，我们要制造健康的环境来给每个孩子主动实现他们规划的机会。

从这个意义上说，我们的基础教育改革、院校招生制度改革以及职业教育改革等都和这个问题息息相关。因此，如果我们要给孩子们实现自己选择的健康环境，首要就是在各种改革中给孩子找到缝隙，为他们提供机会。

其次，我们要推广生涯规划教育。这种教育不仅面向在校的高中生，包括家长、老师甚至校长等都应该列入到被普及的受众中来。如果人们不知道未来的方向，也没有了解对未来进行规划还是一门科学，更是一种技术，那么在认识上就都存在着模糊的概念。一定要界定高中生生涯规划不是帮助高中生找工作，也不是用这门科学来进行算命，而是要让高中生尽早地了解自己，了解社会，了解职业，体验职业。这种导向不能随意改变,要有一个基本稳定的导向法则,以便展开跨地区跨领域的生涯规划学习与指导。

生涯规划不是请几个专家做几场讲座就可以完成的,现在很多打着"生涯规划"旗号的讲座实际上更多在强调励志,强调德育,对具体的技术和知识涉及地却非常少。

为什么很多学校都在进行高中生的生涯规划教育,但最后学生们获得的只是片言只语,而不了解何谓生涯规划,更不能对他们进行大学志愿填报时的专业选择带来帮助呢?原因就在于其知识摄入的放任性和随意性,不能清楚地了解生涯规划与职业生涯规划的全貌,从而造成误区,进入大学才发现,后悔莫及。

这就导致很多家长到了自己的孩子需要填报志愿的时候,不知如何填报,然后就到处求人了解,最后还是一知半解。现在北京市等很多地方在新的中高考改革之后不再进行文理分科,学生需要在众多科目中选择部分作为自己的高考科目,如果我们完全不了解生涯规划的技术和手段,然后让学生们盲选,这将是我们作为教育者的失职,也是对孩子的不负责任。因此,我们需要在学校里、在全社会推广有关生涯规划的科普性知识介绍,让人们意识到生涯规划的必要性和重要性,只有这样,在学校加大生涯规划教育才不是一句空谈。

第三,加大对生涯规划的相关研究。如果我们在网上搜索有关"高中生涯规划"为主题的论文,你会发现数量少得可怜,而且大多是对国内外的一种比对研究或是单纯的文献综述。不得不承认,我们现在大多数的学者和教育者,很少有人会将"生涯规划"作为自己研究的主题。这一方面是因为生涯规划的确是兴起不久,相对还是一个年轻的教育主题;另一方面是因为和其他教育热点比起来,生涯规划的研究属于"偏门研究",由于研究样本的稀缺和研究成果的推广性堪忧,因此造成了这一主题的"难有人问津"的现状。但是我们知道,理论研究需与实践相结合,而理论成果要用以指导实践并不是一蹴而就的。

如果我们放任生涯规划研究无人问津,那么结果会是我们的实践没有理论的支持,而理论转化为实践成果的过程,将会变得更加漫长,所以我们现在需要加大对生涯规划的相关研究，而不是仅仅满足于直接从国外翻译相关理论研究著作或教材。另外一方面，我们还要加大奖励的力度，支持生涯规划的相关教材或研究成果的推广和出版。

高中生生涯规划需要循序渐进的层次和实用可操作的科学研究，尤其是在高中生阶段。首先，在高中阶段的规划不单纯是职业生涯规划的问题，还应该具有学习生涯规划的特征；其次，在高中时期，学生的生命观、世界观和价值观还没有完全定型，生涯规划的过程还需要对"三观"的改变进行调整；最后，高中生涯规划的整个过程是一个完整的素养提升链，所以科学测试的手段得到的数据只能代表着一个方面。针对这样的情况，层次就显得很重要。此外是让科学测评的手段提前介入，获得可供分析的数据。

还有教材的问题，仅加拿大生涯规划类的课程就有12种之多，而相应的教材与教师用书远远要超过30种。但大多现有生涯规划的教材基本都属于各校的校本教材或区域内教材，可推广性不足。只有及早动手，及早加强研究，才能够缩短理论研究转化为实践成果的时间，从而帮助生涯规划教育更快、更好地发展。

第四，要让生涯规划进课堂。前面我们曾经提到过，将生涯规划教育纳入到日常的课程当中，是确保生涯规划教育规范化、完整化和具体化的最佳选择。但是在很多学校依然追求升学率的今天，让它们拿出大量的课时进行生涯规划教育，可能对很多的校长和教师来说都是一个艰难的选择。这一点其实和我们刚才提到的第一点、第二点有所联系。我们需要用政策来支持生涯规划教育，同时将生涯规划教育推广普及到各所学校和社会当中。当教育者能够充分认识生涯规划，对当今时代、对教育、对被教育者而言，有多么巨大的作用和意义之后，他们自然能够接纳将如此重要的课题加入到学校日常的教育教学中。

要提高高中生生涯规划的效率，提升高中生的基本素养，开拓他们的视野，尽早地了解自己，能够正确科学地分析自己，生涯规划就应该早日进入课程，而且要全部进入课程。要让高中生涯规划进课堂，即使不是以国家课程的形式来设置，也要以地方教材的形式来进入高中生的课程。有了课程的保证,生涯规划的教育才能有所保障。

最后,高中生的职业生涯规划教育可以采用多种灵活的活动与课程进行有益补充。

比如,可以尝试与其他职业学校进行合作。现在高中生对职业的体验大多停留在讲座或是短暂的参观浏览上,对真正的职业生涯需要怎样的知识和哪些技能的培训,相对而言还是较为生疏。我们既需要让他们了解一份职业需要怎样的知识储备,同时还要让他们通过实地的参观和亲身体验了解职业技能。

比如,有些学校为了让在校学生能够更好地了解未来自己可能选择的专业及面临的前景,开发了请师哥师姐回校讲专业这样互动性的主题讲座活动。让已经毕业的、在读热门专业的学生回到母校,向在校的高中生师弟师妹们讲述自己所学专业所需的知识技能背景、未来面临的就业前景、在大学阶段必须完成的知识储备和技能、是否需要在本科毕业后继续深造以及最佳的继续深造的学校是哪个等。这种活动形式不仅可以很好地调动高中生的积极性,而且可以让他们通过与师哥师姐交流,获得第一手的资料,对他们的未来发展和职业选择都将有非常大的帮助。而且利用同伴教育的方式往往会比我们请专家或由教师自己进行干巴巴的讲述更有说服力。

总之,各个地区、各所学校完全可以根据自己所在区域的特色和优势,开发出符合自己学生需求的生涯规划教育活动。一边开发一边总结,与学校的课程进行紧密连接,势必将收获更好的效果。

梦想虽然暂时遥远,但只要执着地追求就一定可以实现。高中的学习不是人生的全部,但唯有把学习上的困难克服,才能更有把握地去面对人生。十年之后不管怎样,回想起来最美的还是这段奋斗的时光……

第 2 章

高一有些懵　新鲜+期待

带上老师的叮咛出发

亲爱的同学们,首先热烈祝贺你们升入了高中!从现在起,你们就是高中生啦!俗话说"良好的开端是成功的一半"。为了让高中有个良好的开端,师长们有些话想对你们说。

高一是非常重要的一年,它是高中三年学习生活的开端和基础,是从初中的少年期向高中的青年期的过渡。这一年,同学们的身心都将继续发生很大的变化。这一年,同学们将从依赖走向独立,由青涩走向成熟,视野更加开阔,思考更加活跃,思想更加深刻。但是由于环境的改变、学习要求的提高和青春期的进一步发育,许多同学感到不适应,例如安排不好自己的时间,学习成绩出现波动甚至下降,也可能处不好一些关系,对未来比较迷茫……总之可能会出现一些问题。因此,如果你们能在入学之初,就能感受到高中生活的愉悦和充实,感受到身心成长的快乐尤为重要。

另外,改革开放四十多年来,随着我们国家经济实力和综合国力的大幅提升,教育变革也与时俱进。特别是从 2014 年以来,中小学的基础教育改革逐渐进入了深水区，学习方式的变革，学习内容的变化，考试评价形式和招生录取方式的变化等，都对中小学特别是高中的教育教学提出了更高的要求。例如文理不再分科，中学生综合素质评价系统开始全面使用；招生考试方面，近年来增加了对中外时事的考查，还增加了对传统文化、名著阅读的考查，更加重视经典名著的阅读，考查方式更加注重学以致用；各种竞赛、特长等的保送名额和机会大幅缩减，使得考试更加公平，而使兴趣、特长等进一步去功利化，使学习回归到真正的面貌；自主招生考试的时间改到高考以后……种种变化，不一而足。所以，为适应形势变化，各个学校都做了不同形式、不同力度、不同内容的改革，很多做法都具有一定的探索性质。这些变化和调整对刚进入高中的学生来说，也不啻为另一种考验和挑战，学生应尽快了解，积极面对，尽快适应，及早规划。

适应环境、老师、同学，转变角色，正确定位，是高一新生开始高中生活的第一步；另外，不断探索自己，认识自己的兴趣、能力，逐渐形成正确的价值观；不断了解学校的历史、学校的课程设置、学校的各种社团，以及学习任务和考试评价的变化等都是十分必要的；最后，制订好自己三年的生涯规划，树立好远大理想并积极努力，奋发向上……这些都是高一生活中重要的内容，它将关系到你们高中三年身心的健康成长。希望同学们都能平稳完成初高中的过渡，开始描绘美好的高中生活画卷！

更上一层楼，要入高一境

下面先来看几篇随笔，作者是几位刚刚经历过初中毕业，进入高一的同学。

【文1】

夏　祭

繁盛的夏日逐渐接近尾声。我每日骑车穿越香樟浓密的绿荫往返于家和学校之间，看着阳光从强烈炽热变得温和起来。这个夏季又目睹了一场毕业式，一群孩子们哭了笑了，难过了释然了，就这样演绎着告别，散落天涯。

　　分离，然后分别进入自己的高中生活，一切那么紧凑而有序地进行。以至于我都没有余暇去想念分别的人，尘封的时光。我刚刚感觉到的同学们的深厚情谊，却被这时光的洪流全部冲走。我是个如此渴望安稳停靠的人，却开始了漂泊的旅途。

　　那些曾经陪我一同走过年少这座森林的人，现在都在哪里呢？一起喧嚣而寂寞地盛开过的青春，渲染着幻想色彩的画面……想到这儿，流动的空气仿佛随思维停滞了一秒，熙熙攘攘的城市突然没有了声音。我抬起头，却看不到那些仓皇的飞鸟起起落落。曾经，我是个那么依赖友情的人，现在，甚至难以抽出时间给好朋友一个星期打一次电话，更何况还有很多想联系的人。我其实很想微笑着为我每天都在想念的人祈祷祝福，可当我在这个晚上看到眼前那些涌向我的过往，怎么突然难过得想哭呢？

　　世事变迁，当某天发现，自己珍惜牵挂的人逐渐远去的时候，不由得感到彻骨的悲哀。这是成长吗？不再有大喜，不再有大悲，激越的情感趋于平稳。除了思念，难得心痛。而现在拥有的呢？以后会不会变得淡漠下去？只剩下一片平静得让人窒息的空白。有人在耳边轻吟浅唱："等到风景都看透，也许你会陪我看细水长流。"能相伴至彼时，真是莫大的幸福。可是能有多少呢？算不算一个奢侈的梦想。小时候听到的"年华流逝"这个词，今天终于让我感伤，听起来或许很好笑。希望能把它们以一种方式定格下来，一切一切，我所经历的，看到的，想到的，就像把幸福收藏在一个玻璃瓶里，来纪念我缤纷而又单薄的青春。

　　未来的路，没有人可以预知。对于过去，无奈地遗忘或是感情上真正放下，也都不是我们可以操纵的。但无论今后如何变化，曾经拥有过的不可能失去，发生过的事情都不可能消失了。那感动过的飞扬过的年华，那舒展的默契的温情，已经是一生中最珍贵的了。这样想，或许会找寻到一点满足吧。

　　曾经拥有过的，不会消失。

【文2】

高中生活小记

阳光普照、万里无云、光芒万丈、睁不开眼的日子里，我高一了！

紧接着数个烈日炎炎水深火热的日子过后，我度过了高中生活的第一周。

面对窗明几净的教室，面对无比新鲜的校服，面对神采奕奕的同学，面对气宇轩昂的老师，面对着一切的一切，我感到了一丝不适应。

为什么会不适应？有什么不适应？我不一直是一个适应能力很强的人吗？可就是不适应。这第一个星期，我一直有些感伤。

高中了，初中时代结束了，事实上童年也真正彻底地结束了。从高中开始，要真正意义上投入人生与社会的大熔炉中，离开了自己纯净的小窝，离开了那简单的幸福，无邪的快乐。

在这第一个星期，我就真切地感受到了高中生活的辛苦与压力，而且我清楚，从现在开始，这种压力会一直伴随我，伴随我……

想要祭奠我的童年，想要怀念那些已经逝去的阳光细雨和风清云淡的日子。

离开了，走了。

走出了童年，走出了。

不回头望一望吗？

那阳光下奔跑的自己，

那雨露中歌唱的孩子，

那海边的日出，

那父母的怀抱。

在即将走入另一个更广阔复杂的世界前，

回头望一望吧！

为自己留下一点纯净的颜色，

一点简单的记忆。

后记：一直喜欢听那首《天黑黑》，并不为里面的情与爱，而是里面表达的一种对童年的怀念，深深地打动了我。也许有人会说，前途一片光明，为何要回头感伤？我只想说，我回了头，看到了美好，懂得了珍惜美好，会更珍重即将到来的未来。

【文3】

高中生活小记

我解放了！这是上了高中的第一个感觉。终于从万"做"不离其宗的卷子堆中爬出来了，拜拜了，初中的卷子珠穆朗玛！就像一个被久押在监狱中的犯人终于解脱了枷锁，熬过了黑暗，嗅到了新鲜的气息，嗅到了阳光的味道。发新书了，学到新知识了，认识新朋友了，新，这个词对于在中考"魔爪"下压迫了一年的我们已是久违了，有一种"万里长江横渡，极目楚天舒"的豪迈啊！

首先，高中的老师一看就给人一种可以连呼"哇"的感觉，长相不同！也许你会疑惑，那是，哪有长得一样的人呀！那么你理解错了，当你仔细观察，你会发现，高中的老师无论是在课上课下，都保持着一种表情：嘴角向上，眼角向下——笑。似乎就长成一副笑容可掬的模样了。这让我记起林肯曾说过："人到四十就该对自己的长相负责。"留给他人一个微笑，留给世界一个好心情，这就是高中的老师。

后来，我发现这个班真的很牛——有人在一边神侃天文，听得我云里雾里；有人叽里呱啦讲英语，听得我稀里糊涂；还有的人那一副凤凰卫视主持人说什么都头头是道的口才……Oh, my God, 让我有一种鸡立鹤群的不爽危机，但正是这危机，使我燃烧起了初三被磨灭掉的好胜心和求知欲。

呜呼，学者如斯夫，高中如是乎？我待矣。

从上面的这几篇随笔中，我们大约可以看到，刚刚升入高一的同学们的一些心理状态。

具体来说，高一同学的身心特点大致有如下几方面：

1. 新环境、新集体引起的新鲜感与怀旧感的冲突

来到新的校园，看到的不再是自己熟悉的环境，新鲜的事物冲击着兴奋的大脑，刺激着好奇的心灵，在感到新鲜好奇的同时也会感到紧张不安。同时，由于缺乏与陌生人交往的经验，面对新老师、新同学时，他们会感到渴望与人交往的开放性与内心封闭性的矛盾，尤其是那些让他们感觉不好的环境会使他们怀旧感更加强烈。所以，有的同学会产生一些焦虑不安的情绪，于是他们会怀念母校，思念朋友，想念昔日的集体，这些都是人的正常反应，完全不必担忧。但是如果在随后的学习生活中不能尽快适应，那么就可能产生较为严重的后果，例如持续性的心情忧郁，精神不振，特别是进入高中后，不少学生开始住校。不少家庭条件好的学生，在家吃得好，住的是单人间，但是到了学校后，都是集体住宿，刚开始可能感觉很不习惯，觉得没有私人空间，也会出现一些与同伴交往的问题。

2. 期望与现实的落差较大

很多同学在初中可能是班里的顶尖人物，学校里的佼佼者，被老师重视，被同学尊重，享受的待遇优越，而且被亲朋好友视为聪明者，因此自己内心也有一种很强的优越感。但进入高中，尤其是重点高中后，情况发生了变化，面对的是如林"高手"的激烈竞争，"尖子"可能不那么"尖"了，原来是班级或校学生干部的，可能变成了普通学生。面对角色的转变，不同的学生有着不同的心态，素质较好的学生会以自己不懈的努力来找到属于自己的适当位置，或许会从普通学生再次成为"尖子"；但也有一部分高中同学成绩开始下滑，自卑感开始产生，由怀疑自己到自甘平庸，有的同学甚至失去自信而产生严重的自卑感，从此一蹶不振。

3. 自我松懈与现实压力的冲突

从初中到高中，学习要求的提高，学习内容、形式、方法的改变都会引起一些心理变化。很多同学觉得好不容易熬过了紧张的初三，就想着高一可以不用太辛苦了，甚至有人觉得能够进入高中特别是重点中学就等于踏入大学的门，由此放松了自己，结果成绩马上就掉下来了。高中阶段的学习与初中有很大不同，首先，与初中课程相比，高中课程以理性为主，

相对以感性为主的初中课程来说，难度加大了。同时，学习的形式也由"搀扶式"变为"牵引式"，学生的角色由被动转为主动，更强调的是课前的预习，课内的思考，课后的复习巩固。而刚升入高中的一些同学往往没有意识到这些变化，仍沿用初中的学习方法，因而学习上显得被动，出现很多科目上课听不懂的现象，于是就表现出担忧、焦虑，甚至恐慌。而这时如果看到别人都在埋头苦学，自己既放松不起来也集中不起来，玩得不痛快，学得不踏实；同时在内心谴责自己，觉得对不起父母，于是便有一种负罪感。

4. 青春期引起的心理变化

（1）高一的同学仍然处于青春发育期，随着年龄的增加，他们更加关注自己的外貌形象。由于对"自我形象"期望值较高，一些身体的外貌特征，如个子的高矮、体态的胖瘦、生理的瑕疵，甚至是皮肤的黑白、脸上的青春痘等都会引起他们的烦恼，常会为自认为的一些缺陷感到羞怯、自卑。

（2）青春发育期的生理剧变，引起中学生情感上的激荡。一个微笑可以使他们情绪飞扬，彻夜兴奋，然而他们虽内心激动、高兴或苦恼、消沉，但表面上却表现得很平静；他们有话、有秘密想向别人倾吐，可遇到父母或老师却又缄默不言，特别是高一同学，处在一个新旧交接过渡的剧变时期，遇到的各种问题更多，如果种种情况得不到解决，便容易焦虑，甚至出现抑郁心理。

（3）高一的同学们因为没有了初三那样的升学压力，再加之有学校和班级很多活动，男女生之间有了更多交流的机会，自然也会产生一些情感问题。处于青春期的同学们渴望与异性交往，但男女间的相互吸引与好感多数还属于异性间朦胧感情的自然表露，他们对两性关系仍处于一种似懂非懂的状态，因此常存在情感上的困惑与苦恼。

当然，以上这些都是很正常的现象，是每一个同学或多或少、或轻或重地存在着的，不需要太担心。这是一个自然的过渡阶段，但也不能被动地等待环境为我而变化，而应该主动思考，找出原因，以积极的心态适应。

同学们要知道，在我们生活中总是会不断遇到新的环境，不论是在学校，抑或是社会。而人就是在一个不断适应环境、改造环境的过程中成长起来的。在这一过程中，人应该学会的是如何适应环境，而不是让环境来适应自己。有研究表明，如果对于新的环境难以适应，就会产生各种心理障碍与心理设限，严重时可能将自己与外界隔绝，沉浸在一个自我封闭的世界中。从生物学上看，能够留下来的物种不一定最强大，但一定是最能适应环境的。因此，进入高中后，谁能够让自己更迅速地去适应新的学习生活环境，并积极主动地融入集体生活中来，谁就更能走好高中的路。

所以，高一的你，适应环境了吗？融入集体了吗？

据教育专家研究，影响同学们适应环境的因素主要有家庭因素、自身性格因素、教育体制因素、个体适应环境的心理机制等。而个体适应环境的过程，其实是一个主观与客观、个体与环境相互作用的过程。环境可以决定人，而人是不能决定环境的，个人应对环境有所了解，根据环境要求对自己作出相应的调整。因此，同学们可以将外部环境特征与自身的性格特征紧密地结合起来，以一种最佳的状态适应新的学习生活环境。

总之，要想在高一的学习中，尽快完成从初中到高中的转变，需要做到以下几点。首先，要树立已经是高中生的意识，了解高中阶段是人生关键的一步，要迈好这一步，需要师长的指点，更需要自己的不懈努力。其次，在心理上要摆正心态，找准位置；在学习上，培养自学能力，摸索合理学习方法；在生活上，要慢慢调整，适应食宿；在处事上，合理处理人际关系，先学如何做人。当然，积极主动和班主任、任课老师以及心理中心的老师沟通，也是十分必要的。

同学们可以利用下面的表格，做一些简要分析：

入学后我的感受	好的方面	
	差的方面	
这一段我的目标	学习方面	
	其他方面	

另外，适应环境的一个重要内容就是能迅速融入集体。那么，如何快速地融入新集体呢？下面就给同学们介绍几条：

第一，要有积极主动的心态。要敞开心扉，主动跟同学进行沟通交流。

第二，要经常面带微笑，做一个阳光的人，友善的人。

第三，摆正自己的位置，用平等的眼光来看待别的同学。

第四，要勤奋好学，不懂就问，在交流中要多倾听。

第五，要敢于展示自己的特长和能力。让同学们尽快了解你，愿意和你交流。

当然，学校和教师也应该通过一系列有效的举措让同学们对新环境有一定的认识与了解，让他们迅速地适应新的环境，并积极融入新环境中的集体生活中来。例如开展班会、活动等，迈好让学生适应高中生活的第一步。具体要注意以下几方面：

1. 树立良好的班风与学风，提高学生的集体意识

当一个班集体拥有积极向上的生命力，也就具备了无穷的吸引力，就能让每个学生为了维护并发扬班集体的荣誉而积极主动地投入到班集体中，将自己认定为班级中的一分子。

2. 尽快召开一些特色班会，开展丰富多彩的课余活动

应该尽快召开一些特色班会，让同学们尽快熟悉起来；并要充分利用开学前的军训、生涯规划等活动来初步形成班集体，并在开学后快速开展一些活动来丰富学生的课余活动，同时，也可以通过鼓励学生结合自己的兴趣、爱好参加学校的相关社团等来丰富学生的课余生活。

3. 班主任要加强与学生之间的个别交流

进入高中，学生们都对新环境新老师新同学充满好奇，往往比较内敛，不愿充分展现自己，因此班主任应该尽快多与学生进行交流。在交流过程中，及时发现对环境不适应者，了解其不适应的原因，并提出一些具体意见，鼓励学生积极主动地融入集体生活中。

【团队建设一】

融入班集体

设计说明：

人际交往，是指人与人之间相互传递信息、沟通思想和交流感情的联系过程，是人类活动的一种最基本的形式。生活中，人际交往随处可见，

例如谈话、聊天、写信、打电话、发邮件、教学活动等。心理学的大量研究和人们的日常生活实践都已证明,正常的人际交流和良好的人际关系具有非常重要的意义,是人们心理正常发展、个性保持健康和生活幸福快乐的必要前提。

同学关系是学生人际关系中最基本的关系,特别是入学伊始,学生对校园充满好奇与新鲜感,迫切想了解新的老师和新的同学,因此对高一新生进行交往辅导,尽快形成一个和谐融洽的集体,就显得尤为重要。把一个自然状态下的班级,通过老师和学生的共同努力,变成一个风气良好、关系和睦、目标明确的集体,这是高一第一学期一个重要的德育目标;同时,在集体形成的过程中,让学生懂得交往的意义,在互相认识、互相了解的基础上,掌握交往的原则、技巧,认识到和谐的人际关系需要每个人努力去建立,也是非常重要的。

众所周知,新学期的第一次班会,一般老师会要求每位同学简单介绍自己的情况,包括优点和缺点、性格和特长,还有取得的成绩,然后老师再说一些欢迎鼓励的话,再提出一些希望和要求等。这种做法当然无可厚非,但是形式呆板,而且缺乏新意。因为学生都是刚入学,彼此之间都不认识,一下子也不可能记得住这么多人;另外,学生在入学之初,本身都是很谨慎的,一般不会有纪律的问题,如果老师上来就是一大堆的要求,也会让学生对高中生活美好的憧憬和想象打折扣。只有通过活动,能让人与人之间尽快地熟识和了解,也只有通过活动,才能让学生切身感受到高中生活的快乐和美好;而且,由于都是刚刚入学,每一个人都希望把自己最美好的一面、最有能力的一面展示出来,这既能促进学生之间的熟悉,也能够为老师在活动中观察学生、物色干部人选提供很好的机会。

1. 意义及目的

(1) 意义:关注学生的心理健康,更好地解决青少年的心理问题,促进他们身心健康、全面协调地发展。

(2) 目的:了解学生的心理状态,解决他们在集体形成过程中遇到的各种心理问题,帮助他们尽快融入集体,同时也为以后更好地学习、生活奠定基础。

2. 目标

在高中的新学期刚刚开始之际，让同学之间熟识，为今后进一步形成团结融洽的班集体，及今后的生活、学习奠定良好基础。

3. 方法

（1）主要以活动为主，亲身体验。

（2）辅助以活动后的反思分享及语言交流。

（3）地点：班级教室。

（4）参加人员：全体同学及班主任。

4. 活动过程

活动设想及安排：以心理中心的辅导材料为主要依据，结合本班的一些具体情况，以学生参与为主，教师主要是引导讨论，让学生在活动中体会其中的道理，不需要进行大量讲解。

第一项活动：大风吹（破除坚冰）

方式及过程：让全班同学坐成一个圈，老师说"大风吹呀吹呀，吹到……"，然后老师说一个条件（例如：吹到戴眼镜的同学身上），符合这个条件的同学就必须站起来换个座位，并悄悄撤掉一把椅子，这样，就会有一名同学没有座位，站在圈里，循环几次。目的是活跃课堂气氛，打乱原有的小团伙，增强全班同学的交流互动。

分享交流：实际活动中，老师应亲身参加这个活动，目的是更好地与同学们融洽关系，尤其当老师"无座可坐"时，教室里的气氛会十分热烈，在笑声中，新同学之间的陌生感、拘谨感，以及因此形成的座位小团体被全部打乱，为下一步活动奠定了良好的基础。

第二项活动：有家可归

方式及过程：告诉学生要迅速找到一位同学做你的伙伴，即"抢人"。同时两人握好手。这时就会有一人没有伙伴。然后再三人拉手，五人拉手。每次都请没有伙伴的同学说说他的感受。

分享交流：同学们在拉上伙伴的手的同时，心里踏实了许多，同时也体会到伙伴的重要。而没有伙伴的同学则感到很沮丧。（特别说明：有的同学即使没有找到伙伴，被"空"出来了，但在分享和谈感受时，仍然会表现出无所谓等的样子，这时候，老师千万不要硬追问他，一定要他说出什么孤独等感受才觉得满意，而是要尊重他，其实他在内心还是很失落的，下面的活动会让他从内心感受到这一点。）

第三项活动：站报纸

方式及过程：分8组，每组6人，每组发一张报纸，同学们要做到一个不落地都站到报纸上，脚不能踩在报纸外。然后对折报纸，重复，再对折，再重复。如此，看哪一个组完成得好。在活动时，由于人数没有变，但报纸的面积越来越小，所以难度在逐渐加大，因此，老师向同学们提出的站立时间应该相应缩短，否则无法完成任务容易失去兴趣。另外，如果有的组人数比别的组人多，应该让他们踩更大一点的报纸。还有，这项活动最好男女生同组参与，可以进一步消除异性之间的羞涩拘谨感觉，对以后自然交流与相处也有好处，但如果有的组不愿意，不要强行要求。

分享交流：同学们发挥各自的聪明才智，积极踊跃，比如脱掉鞋子，相互抱着，大家一起喊口号等，大家都十分投入，场面也挺壮观，有的组完成得十分出色。在裁判讲评时，还请了做得好的组现场表演。

第四项活动：怪兽拼图

方式及过程：如果有 n 个人，就要求用 $n-1$ 只脚站着，4只手着地，组成一个怪物，身体要相互连接，方法不限。每组还要为组成的怪物起一个名字。

分享交流：这个活动将班会推向高潮，同学们展示了丰富的想象力。全班共分了6个组，同学们都完成了任务，并起了好听有趣的名字，如蜗牛、孔雀开屏、水中捞月、推土机、叠罗汉等。做完以后，还要请每一组表演，同学们都非常踊跃，每个人都愿意为本组获得别人的赞美而奉献自己的力量，例如：趴在地上，被举起来，成为受力的主要支点，或者后仰，或者交叉等，不一而足。另外，最好将同学精彩的创意拍照或者录像，保留下来。在同学们积极专注的讨论和设计中，他们体会了集体的力量和智慧，在活动中能感受到每个人的价值要通过集体去表现。

第五项活动：闯关

方式及过程：分男女两组，选出一位勇士，其他同学手臂环绕组成圆形人墙,勇士从外往内,也可以从内往外,以穿过人墙为胜利。给出1分钟,先练习一下,并请裁判给出结果。高中学生力气比较大,尤其是男生,因此这项活动前,老师要特别注意检查周围环境,不要有坚硬的物体,并嘱咐相关同学注意安全。

分享交流:同学们将圆形人墙挤成实心的,结果勇士在规定的时间无缝可钻。这项活动要注意安全,这场面会很热闹,同学们会很兴奋。目的在于让同学们手挽手体会集体的力量。这个活动用的时间不多。

5. **课堂效果及课后反思**

这次班会的原则:多观察、多倾听、少评价。通过活动同学们能获得触动和感想,班会的目的就达到了。从实际的效果看,还是很好的。

班会后,最好要求每人写写自己的感受。

同学反馈

下面是某个班级同学们的反馈:

(1) 我们的班长说:今天的班会让我们认识到团结的重要性,在游戏中收获、成长。

(2) 和同学们紧握双手,抱在一起,感觉真好。

(3) 很轻松,很有趣,希望以后还有这样的活动。

(4) 除了在幼儿园,再也没有上过这样舒服的课了。

(5) 如果能用成绩来换取这宝贵的娱乐,我宁愿苦学一周。

(6) 众人拾柴火焰高,我体会到只要团结一心,就能克服一切困难。

(7) 上完班会后我才知道,友谊在合作中酝酿。

(8) 缓解了压力,拉近了关系,在游戏中学习,在学习中游戏。

(9) 加强了团队合作意识,达到了寓教于乐的效果。

(10) 火热激情生,梦醒心飞扬;角逐竞相争,道是无惆怅。

(11) 我有一种很美好的感觉,像是被阳光穿透了心。

(12) 我的劳逸结合的愿望得到了满足,快乐之余学到了默契、团结互助的重要,尤其对于我们男女结合的一组,放开了羞涩,为了胜利,拼了!

(13) 这是很好的增强班级凝聚力的方法,休闲属于努力工作的人。

(14) 大家很开心，就是热了点，下次改在操场怎么样呢？

(15) 这次活动让我感受到了集体中的团结。

(16) 手拉着手，东倒西歪，一起快乐，我们是一个集体。

(17) 当老师望着我时，我才明白，我不仅是我，更是那些还未能体味到这个新集体温暖之处的伙伴们的代表。

(18) 仿佛又回到了童年，同小伙伴们游戏，如此单纯美好。

(19) 游戏很热，也很快乐，快乐是人类应得的幸福，我感觉到了。

(20) 好久没这样玩了，没想到高中还有这样的快乐，久违的童真。

(21) 一件可爱的事，帮我多了解周围的人，与他们同想同做傻笑。让融合更快吧。

(22) 原来我从未参加过这样的班会，它很新鲜有趣，既放松，又凝聚。

(23) 班会这样上会比讲道理更有效果。

(24) 很久没有这样灿烂地笑了，很久没有这样细致观察老师和同学们了。

(25) 我感觉一个集体的快乐其实比个人乘人数的快乐要大很多。

……

【团队建设二】

订立班训班规

意义及目的：

进一步促进同学之间的熟识，进一步形成团结融洽的班集体，并为制订班训班规提供参考意见。

活动说明：

(1) 时间：××年×月×日。

(2) 地点：班级教室。

(3) 参加人员：全体同学及班主任。

(4) 班会形式：分组活动，分组展示。

(5) 活动安排：以学生参与为主，教师主要是组织者，让学生在活动中体会道理，并思考班级工作的内容，参与班级工作的建设。

活动过程：略。

利用"头脑风暴"订立班训班规

方式：将全班同学分6组，每组8~9人，每组发一张大白纸、一盒彩笔，各组同学要充分发挥集体智慧，最后看哪一个组完成得最好。

要求：

(1) 时间为15分钟。超时者视为违反规定。

(2) 版面任意设计，没有限定。

(3) 不可以批评和否定他人的意见。

(4) 欢迎异想天开。

(5) 我们要求的是数量而不是质量。

(6) 我们寻求各种想法的组合和改进。

关于班规：

(1) 尽量简洁，富有班级特色，不照搬学校的基本要求以及《中学生守则》。

(2) 注意目标的个别性、明确性、可衡量性、实际性（可操作性）。

(3) 尽量使用肯定句，少用或不用否定句。

(4) 最好把本班的奋斗目标写在最前面。

分享：同学们发挥各自的聪明才智，积极踊跃。大家脱掉鞋子、跪在地上、围成一圈等，十分投入，有的组完成得十分出色，不仅时间准确，而且图文并茂，数量众多，十分有创意。

班会过程：

场面很热闹，同学们很兴奋。各组在班级找到一块地方，或坐或卧，或立或趴，千姿百态；或谈或思，或写或争，熙熙攘攘，犹如闹市；有的组嫌地方小，干脆上了讲台，或铺在地上，挥毫泼墨……

时间到了以后，各组依序展示，用一条广告语概括的话，可谓：精彩无限，创意无限。

班会后，最好要求每人写写自己的感受。

同学反馈

下面是某个班级同学们的反馈:

(1) 展现青春活力,团结创造美妙。

(2) 激发了灵感,集中了创意,凝结成了年轻人的大智慧。

(3) 我真正感觉到了班级同学的团结和如岩间清泉般源源不断的创造力。

(4) 真心是在享受这节班会,在快乐中学习,在快乐中感悟。

(5) 也许我们的构思不算巧妙,画面不算精美,但看到她就像看到全组成员一起努力,跪在地上,奋笔疾书的模样,这就是我们眼中最好的模样。

(6) 团结,不知什么时候,我们班的一切举动我都会立即想到这两个字。任何一次活动都让我觉得班级更团结。

(7) 真诚、阳光、快乐……多么好的班训呀。让阳光充满教室吧!

(8) 今天的班会,让我感到既紧张又兴奋。制作版面的过程,我明白了团结协作的重要性;各组展示的过程里,我体会到了种种不同思想交汇时产生新的碰撞,摩擦出新的火花的喜悦。在这里,团结、竞争、交流得到了体现,这才是我们热爱的班会。

(9) 创意,不可或缺的才能;效率,无法忽略的因素;合作,一切工作的源泉。

(10) 今天的班会,大家想班训班规,让我最开心的是老师忘了选评委(师注:其实我是故意的)。我最不喜欢什么事都要评比了,有时候有些东西是不需要第一的。

……

【班会案例选】

"高中学习思考与反思" 主题班会教案

时间:××年××月××日

地点:班级教室

参加人员：全体同学及班主任

1. 问题的引出

（1）同学文章选登——《难融，激情，难忘》（幻灯片展示）

最近几天，我一直在困惑：高中生活到底是什么？清晨路上我在想，中午用餐时我在想，晚上睡觉时我还在想。高中，总能给我带来最奇妙的感受。

对于适应环境，我一直很自信，无视一切陌生。但上高中已经一个月了，我赫然发现，我竟不能融入高中的基调：每天的生活我总是浑身不自在，似乎躯体在被某种气氛所禁锢，令人感到呼吸困难。再没有像初中那样一下课就冲向操场的冲动，再没有放学后杀向饭堂的豪情。压抑，实在是压抑。这种种难融是因为学习思路改变吗？是因为精神的发展吗？我无从得知，也无法解决。

从头说来，既谈压抑，又何来激情？按物理老师的话说，这就是宏观和微观的区别了。高中，我们在班集体中，拥有了初中无法获得的能量。没有任何艰难险阻能阻挡乘风破浪的我们！青年人永远是无所畏惧的！这就是我们集体的激情！

呵……高中，我算是领略了。回想已经经历的这一个多月，我感慨良多。我实在想找个机会来缓冲缓冲。然而国庆在家，我倍感无聊，总觉得空荡荡的。高中，我怎么说你才好呢？用一个粗俗的比方来说吧：就像牙缝里塞了一片肉，没剔的时候觉得难受，而剔掉后又觉得少了些什么。高中生活，还得一点一点地去适应。至于总体的感受，三年后再说吧！

（2）公布学习方面的调查结果。主要集中在英语和物理两科上。

2. 问题的讨论

情景1：小品，主要表演对英语、物理两个学科的不适应。英语表演课堂上的状况，物理表演考试时一位同学的考试过程。

英语、物理两科学习方法介绍（各一名同学）

物理：王✕；英语：龙✕✕

情景2：一分钟短剧，反映压力。

关于减轻高中学习、生活压力的讨论。

关于各科学习协调、规划的讨论。

情景3：一分钟短剧，表现一名同学面对学习方式转型后的困惑，产生问题无处寻答案的迷茫。

关于自主性学习的讨论。

情景4：一分钟短剧，表现同学问问题受阻，同学之间学习不共享，互相遮掩，呼吁班内团结学风的尽快形成。

关于学习合作交流的讨论。

总结及制订下一步的计划。

3. 展望

随笔中激情话语展示。

共唱歌曲。

4. 校长讲话（略）

5. 班主任讲话（略）

6. 班会后同学们的反馈

【同学班会感悟选一】

记高中生活中一件改变了我的事

进入高中，原本习惯了的生活似乎骤然间被打破，杂乱无章的琐事好似揉成了毛线团，总也理不出个头绪，也许是太依赖于初中老师的授课方法与学习习惯吧。

我在回想，曾经的我，居高临下；曾经的我，自信勇敢；曾经……曾经的我已如过眼云烟般消逝了，而今，不知怎的一种莫名的孤独在我心中滋生，好像角落里的小草，而周围都是大树，又好像迷途的雏鸟，而身边，都是雄鹰。我所能做的，只有仰望……而自从那次班会课，我自暴自弃的念头消失了，因为我看到了我的伙伴，和我一样寻觅着方向的伙伴们。

这是一次以学习交流为主题的班会。同学们抒发了各自对高中学习的感受，毫无保留地介绍着自己的学习经验与方法，台下的我们好像一株株几近枯萎的谷子，贪婪地吮吸着，汲取着……从他们蜂拥而至的问题中，我了解到那些平日里"笑傲江湖"的佼佼者，也有迷惘困惑的时候，那些总跑在时间前面的人，也有"体力不支"的时候；从他们如饥似渴的眸子里，我看到了，他们并不总是一帆风顺，他们同样在寻找，在追求，在探索那条通向黎明的路。在这条坎坷的路上，纵然我爬得吃力，但至少我知道了我并不孤单，这字字句句，竟引起了我如此多的共鸣。是的，我还有那么多的同行者！

　　班会尾声时，校长的讲话给我留下了深刻的印象。原来这位看似高高在上、望尘莫及的长者，也有过一度为了生存而手忙脚乱的日子；听到他在英语、德语、法语、俄语、日语等诸多的语言中漫无目的甚至近乎草率的学习、选择，我似乎找到了我的影子：我的高中生活不也是一次漫无目的的横冲直撞吗？眼前的人，就像一个智者，向我们介绍着他走过的路，求生的路，错过的路……而我，是否也能按此足迹找到属于我的路呢？我相信，我做得到。

　　于是，我不再沉沦，不再孤单。看啊，有那么多和我并肩作战的同胞，有那么多走在前面的领路人，有那么多曾和我一样迷茫过的先驱者，我害怕黑吗？我没有理由。我的心中擦亮了希望的火花，燃起了重生的勇气。让消沉坠入谷底吧，我拾起了梦想继续前进！

【同学班会感悟选二】

记高中生活的一件有意义的事

　　昨天班会，开展了一次学习交流会，会上，两位牛人介绍了他们的学习方法，让我觉得十分受用。

　　交流会一开始，三位同学表演了小品，两位演学生，一位学习好，一位学习差，还有一位演老师。第一幕，老师给学生发卷子考试。学习差者介绍了他做选择题的方法："三长一短就选短，三短一长就选长，两长两短选二B，参差不齐C无敌。"考试时，他靠着抛硬币和抄别人来考。考完后，第二幕，老师讲评卷子，得知学习差者抄别人的时候，对他进行了批评，并讲述了正确的学习方法。这部小品以幽默的语言和表演得到了同学们的掌声。其学习方法，对考试来说也是很好的。

之后学委倪××对他调查的结果做了公布。调查结果表明同学们对于英语和物理的学习感到吃力。我个人觉得英语较难。接下来，倪××又请王×和龙××分别对同学们提的物理和英语的学习问题进行解答。对于英语，绝大多数同学都反映考试的内容与所学的课文无关，我也有相同的感觉。龙××对此的解释是高中的英语是在积累。我对她的话理解是大概高中英语学完后，考起试来才能十分流畅吧。还有大家对英语和物理的相似问题是初中时，老师是一道题一道题地讲，到了高中，物理只是讲一个方法，英语只是对答案，有问题只能自己看语法书或下课问。

最后，校长发表了讲话，他介绍了他上大学时，先后学习英语、德语、法语、俄语、日语的经历，让大家十分佩服。他说，他学这些语言，有的是兴趣，有的是为了生存。我以为不管学什么东西，兴趣都是重要的。

这次交流会不光介绍了同学们的学习方法，而且对同学们学习中的问题进行了解答。而且对于"兴趣"之一——学习的动力做了说明。我认为这次交流会是十分成功的。多办这样的活动可以对同学们的学习进行指导。

【军训回眸】

再说军训

1. 站在此处向来路张望，那些绿色的日子已经有些模糊，细节我都已看不清楚了，那些对生命的打磨和敲打才沉淀下来。军训，让我们成长，让我们成熟，让我们懂得军人的坚毅，那些外表严厉内心却柔软的教官，打动了我们年轻的心。感谢你，军训。

2. 军训，太漫长了，九天啊，几乎是一分一秒掐指熬过来的。军训，又太短暂了，九天的生活似乎可以浓缩成几幅简单的插图定格在记忆里：黄沙中浩浩荡荡的步伐；月光下随风摇曳的葫芦藤；教官故作严肃的目光下如孩子般忍俊不禁的嘴角……从此，我懂得了什么是单调，什么是苦闷，也懂得了什么是军人，什么是奉献。

3. 军营留给我最深刻的印象是它严格得近乎无情的纪律。初进军营，便留意到了那些贴在墙上的大大小小的标语——"纪律是安全的保障"等诸如此类。而同时，随着时间的推移，我也越来越体会到了纪律的内涵：排队去吃饭、洗澡，严格的作息时间，绝对地服从命令，受到上级批评而绝不辩解。虽然，某种层面上，纪律剥夺了我们的自由，可与此同时，纪律也保障了我们在集体生活中的高效率。

4. 醒来的时候天已经亮了，居然觉得奇怪。起床后很自然地叠起被子，居然会用手去压出边来，吃饭的时候居然又想起葫芦。那样的日子忘不了，用行动去铭记一辈子。那样的日子继续着，在心中。

【学长高一随笔选】

永远不要放弃自己

英语歌曲比赛之前，我无意间听到了两个普通班学生的谈话："有实验班参加，咱们还参加有什么意思啊？"最后的结果是两个实验班并列第一。实验班好像又一次漂亮地大获全胜。可是普通班这一次却是败在了自己手下，因为他们在还没比赛前就已经放弃了自己。

或许是无言的失败和失落教会了人们屈服与妥协。人们已经在不变的竞争中渐渐习惯了退缩和逃避。于是这一情景就频繁出现在每个充满竞争意味的场景里。他们木然地叹息着，闲坐着，却从未闪过一个要与实验班一争高低的念头。

镁光灯下，一场完美的演出是那样璀璨耀眼，配合得天衣无缝。镁光灯下，他们可曾知道这一切是在多少个静夜里磋商协调的结果。从唱法到动作，从创意到展示，只有我们自己知道这经过了怎样一番不懈的尝试和磨合。我很想告诉他们：我们并非都是天之骄子样样精通。只要你们也付出同样的精力，你们也有得冠军的机会。竞争的时刻，一切都回归于公平公正，决定胜负的不是别人而是你自己。

从初一开始，我就在体育班里学习生活。在那段岁月里，人们告诉我永远不要放弃自己，贱视自己的人永远不可能获得胜利。人们总会面对无数的挫折和困境。但是在面对的时候，永远不要对自己没有信心。有句话说得好：放弃了自己就放弃了全部。

大多数人在人生路上苦苦追寻的时候总会放弃几样东西。或许那是儿时自以为很幼稚的梦想，或许那是入世前的纯真，亦是自己坚守一时的信仰。但是无论你选择了什么，抛弃了什么，你的心、你自己都永远是这世界独一无二的一个。为什么不让自己的青春在汗水中飞扬，去真正体会一把青春无悔呢？我们的人生不是为了得到怎样的荣誉，而是在这段旅途中收获到真的自我。

【老师和你一起成长】

高一上学期已经过去一段时间了，回顾这一段时间的工作，颇有感概和收获，将从以下方面总结：

一、培养班干部

一支高效率的班干部队伍是保证班级日常工作顺利展开的前提条件，从开学始，本人一直注意培养班委独立管理班级的能力，做到"分工明确、责任到人"。

两位班长负责统揽全局，是班级与年级、学校沟通的纽带，也是班级与班主任的联系人，遇到年级或学校有通知，一定保证即时与班主任通气，并分配到具体班委负责。此外，一些临时的杂务也由班长负责灵活处理。团支书带领两位团干部，负责团支部工作，本学期有发展团员、制作团刊、评选优秀团员、准备申报甲级团支部材料等工作。在她主持下，工作顺利完成。两位卫生委员负责每天的班级值日排班和监督，保证值日小组内的4名成员清楚自身任务，责任到人。

在这些日常工作之外，如遇事情，再分配具体班委负责。如文娱委员负责趣味运动会的入场式表演；体育委员负责篮球联赛和运动会项目报名；生活委员负责联系医务室老师；纪律委员负责记录日常考勤；学习委员负责日常作业记录。

总之,"分工明确、责任到人",让每一位班委清楚地了解自己的职责,有班级负责人的意识,对班级有责任心和爱心,有主人翁的心态。上个月筹划年级展示班会"北京精神包容篇"时,很好地检验了干部队伍,取得满意结果。迄今为止,班团委干部都工作认真负责,让人放心。

二、训练演讲能力

每天早上7:30~7:40,是四班的"时事聚焦"时间。每个小组负责一周,每天1位同学讲几段前一天发生的中外新闻,可以摘要,也可以评论,配合幻灯片中的文字和图片说明。每个人必须到讲台前来讲,感受演讲的乐趣和挑战,通过和别人演讲的对比,训练自我表达能力。这个活动得到全班同学的积极支持。

三、与学生单独沟通

1. 联络本——为每人准备了一个小练习本,每周一次的文字谈心,保证每个人都能跟老师说几句话,写写本周心情、学习、困惑等,让老师及时掌握学生心理动向。

2. 面谈——已经陆续和全班每人谈一次,了解学生想法,针对不同学生提不同要求,以学习方面的内容为主。

四、教室布置

以班内同学的才艺展示为主:书法、绘画、"护花使者"养护的植物。辅助有开阔眼界的资料:中国和世界地图、定期更换的"时事聚焦"新闻稿、班级活动照片等。

后墙报的主题每月换一次,已经有"新学期新气象""北京精神"两期。黑板上方的全班照片是亮点,我们的"全家福",象征班级一体。

图书角是新近办起来的,利用通技课做成的书架,摆放同学捐献的有益书籍,点缀课间休闲活动。

五、意外事件

截至目前班级有一些意外情况发生,增加了工作难度。

一是有同学意外骨折,情况比较严重,耽误了功课和期中考试等,需要特殊照顾;

二是某位同学情况复杂,与父母在出国问题上发生严重分歧,导致她对学校和上学产生严重的抵触情绪。该问题还在努力解决中。

总之，班主任工作复杂多变，还有很多需要学习的地方，要继续努力，认真工作。

贵有自知明，行稳而致远

怎么了解"我"？专家告诉你

亲爱的同学们，古希腊有一句很经典的话，"人啊，认识你自己"。这说明正确认识自己不是一件容易的事。正所谓"当局者迷"，我们有时也不善于认识自己。在生活中，如果能够正确地认识自己，客观地评价自己，对自己的形象、优点、缺点、兴趣爱好、性格、气质、能力等，都能够全面准确地把握，那么待人接物和处理问题就会得体和谐，自己的学习和生活也会顺利幸福；相反，如果一个人不能正确评价自己，就会产生心理障碍，或者表现出对自我的不满和排斥，或者盲目自高自大，人见人厌。

高中时期正是确立自我意识最为关键的阶段，认识自我，也是认识他人、认识社会的基础。了解自己，才能理解、关怀他人，从而获得友谊和关爱。因此，认识自我对刚进入高一的同学们来说特别重要，高一同学只有正确认识自我，确立正确的人生观和价值观，规划自己的人生之路，做好高中阶段学习的思想准备，才能更好地应对人生道路上的各种机遇和挑战。

那么，我们如何做到正确地认识自己呢？心理学家给我们提供了很多方法。例如：

第一，通过自我观察认识自己。我们对自己各种身心状态和人际关系等的认识，即生理自我、心理自我和社会自我，如对自己的身高、外貌、体态、性格、自己与他人的关系等方面的认识。在自我认识过程中伴随着情感体验，如由身高外貌等引发的自豪、自信或自卑情绪。在自我认识、自我情感体验过程中，我们应有目的、自觉地调节和控制我们的行为和想法。我们要善于剖析自我，深刻认识自我，更好地认识外在形象和内在自我。

第二，通过他人评价认识自己。我们都知道"旁观者清""以人为镜，可以明得失"，在认识自己的过程中，我们要主动向他人了解自己。我们要虚心听取他人的评价，同时又要客观、冷静地分析他人的评价，以便我们从多角度来认识自己。

第三，通过社会实践认识自己。我们可以通过参加各种活动，根据各种活动的过程与结果来认识自己。通过与他人的合作分析自己的人际沟通能力，通过组织开展活动来分析自己的组织管理能力，通过读书活动，发现自己的知识掌握程度，及时地查漏补缺等。通过具体的活动分析自己的表现及成果，更加客观地认识自己。

第四，通过反思总结认识自己。我们发现在以上三个步骤中，我们都是在发现和认识自己，很多人也的确是那么做的，但是还是不太清楚自己是一个什么样的人，所以，我们还需要经常反思和总结自己。多写日记多记录自己，及时归纳和善于总结自己的优点与不足，更好地把握生理自我、心理自我和社会自我。

那么，具体认识自己的哪些方面呢？

1. 自己的强项和弱项

在工作、学习或者爱好中，你的强项是什么？成就如何？你的弱项是什么？你的弱项是什么具体情况？这可以从以往的成功和挫折中来认识自我。成功和挫折最能反映个人性格或能力上的特点，因此，可以通过自己成功或失败的经验教训来发现个人的特点。

2. 自己的兴趣点和讨厌点

你对什么事情感兴趣，哪一种你最感兴趣？这种兴趣发展到了什么程度？这种兴趣是否高雅、正当？这种兴趣是否可发展为爱好？你讨厌什么？你讨厌的人和物是一个什么具体情况？在这两方面做一个具体的分析。

3. 自己的学习观念和学习能力

你对学习怎么看，是否喜欢学习，成绩如何？生活中，你的上进心怎么样，你对自己未来要从事的专业是否有清晰的认识和规划？你是否有一套自己的学习方法，甚至是成体系的学习经验？

4. 自己的生理和心理

生理主要是指身体的健康程度。心理包括的内容要更多，如心理的健康程度，包括意志、毅力、心胸、情绪等的基本情况。分析自己的生理和心理，是为了科学评价自己，因此，在评价自己时，最好包括这部分内容，这样会更全面、准确地认识自己。

当然，在了解自己时，要综合各种情况，自己要全面地分析对比，采纳正确的认识，剔除错误的看法，既不高估自己，也不贬低自己，为现实的定位和未来的发展奠定良好的基础。

另外，还有心理学家提供了"深度认识自己"的一些具体方法，供同学们参考。

方法一：将自己归类

认识自己的第一步是去忘记自己。也就是要全身心地投入到与他人的交往中，要在与他人交际过程中关注他人，以及关注你自己最爱和什么样的人交往，从而初步判断自己的性格大体属于哪一类。这看似简单，实则不易。你要做到在观察别人的过程中保持自己的独立性。

方法二：听听来自家人朋友甚至不喜欢你的人的评价

家人、朋友、不喜欢你的人都是最了解你的人。家人因和你朝夕相处而了解你；朋友因和你并肩前行彼此倾诉而了解你；不喜欢你的人因为和你有很多不同，因为有对比而最了解你。在倾听的过程中，你会慢慢发现自己逐渐立体起来，甚至因突然深入了解了自己而开始产生欣喜、恐惧、焦虑等情绪。

方法三：在耐久运动中认识你自己

同学们想必都有过长跑的经历，在长跑过程中，是与自己的内心极限对话的过程。同时也是认识自己毅力与坚韧性的极佳时机。在这个过程中，你会形成一种对自己毅力的评价。而且，长跑让你收获心理评价的同时还可以收获对自己身体的评价。

方法四：通过旅游来认识自己

这里的旅游不是指你单单吃些美食，看些美景，而是指你在旅途中发现自我独特的一面，并且通过与自己对话来认可并接纳这种独特。甚至可以通过徒步来回忆起往事中自己的缺点与不足，尤其是回忆起一些受到挫折的经历，并通过挫折来想清楚根植于自己灵魂深处的弱点到底是什么。

方法五：通过读书来认识自己

读书的过程中我们会感受到很多迥然不同的人的故事。在感受这些故事的过程中，你会发现故事中的主人公有与我们相似的地方。接着通过看主人公的遭遇和经历来预判我们的将来是不是也有可能会出现一些类似的情况。尤其是当你发现一本书中主人公身上的力量或弱点时，多半你会心中一颤。

方法六：通过静思来认识自己

我们都知道瑜伽，瑜伽受欢迎的原因不只是因为可以减肥，更重要是在做瑜伽时可能会达到一种冥想的状态，而静思的状态就很像冥想。你会在静思中总结出上面五点所综合反映出来的特点，并最终给你一个关于你是谁，是一种怎样的存在的答案。当然，我们不是让同学们去做瑜伽，而是希望你能知道，有一种能在安静状态下认识自己的方法，比如独处或者孤独时的静思。

还有一种有名的霍兰德职业倾向测验方法。在20世纪50年代，著名的职业生涯规划大师舒伯依照年龄将每个人人生阶段与职业发展相配合，将生涯发展阶段划分成成长、探索、建立、维持、衰退五个阶段。具体内容见第1章。

最后，再为同学们提供一种近年来很流行的利用思维导图来认识自我的方法。

什么是思维导图呢？

思维导图又叫心智导图，是表达发散性思维的有效图形思维工具，它简单却又很有效，是一种革命性的思维工具。发明人是英国人东尼·博赞，如图2-1，他因创建了"思维导图"而被誉为"大脑先生"闻名国际。

思维导图运用图文并重的技巧，把各级主题的关系用相互隶属与相关的层级图表现出来，

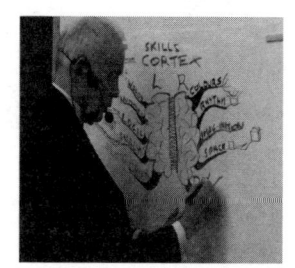

图2-1 东尼·博赞

把主题关键词与图像、颜色等建立记忆链接。思维导图充分运用左右脑的机能，利用记忆、阅读、思维的规律，协助人们在科学与艺术、逻辑与想象之间平衡发展，从而开启人类大脑的无限潜能。思维导图因此具有强大功能。

思维导图是一种将思维形象化的方法。我们知道发射性思考是人类大脑的自然思考方式，每一种进入大脑的资料，不论是感觉、记忆还是想法，包括文字、数字、符码、香气、食物、线条、颜色、意象、节奏、音符等，都可以成为一个思考中心，并由此中心向外发散出成千上万的关节点，每一个关节点代表与中心主题的一个联结，而每一个联结又可以成为另一个中心主题，再向外发散出成千上万的关节点，呈现出放射性立体结构，而这些关节的联结可以视为你的记忆，就如同大脑中的神经元一样互相连接，也就是你的个人数据库。

思维导图是一种图像式思维的工具以及一种利用图像思考的辅助工具。思维导图使用一个中央关键词或想法引起形象化的构造和分类的想法，它是用一个中央关键词或想法以辐射线形连接所有的代表字词、想法、任务或其他关联项目的图解方式。

怎么样画思维导图呢？可以参考图 2-2。

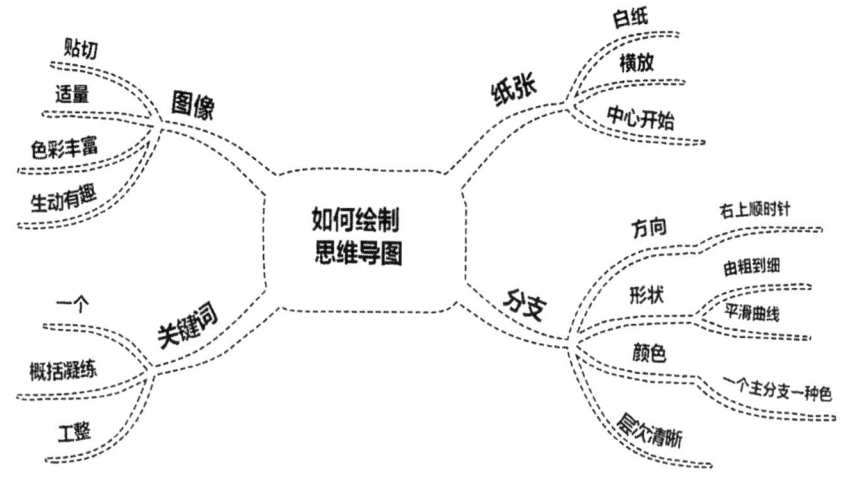

图 2-2　如何绘制思维导图

那么，运用思维导图怎样认识自我呢？其实很简单，就是把上面的一些方面运用到导图里就可以了。

当然，有些人可能会说：我画画不好。但是，画得不好，是不是就应用不好思维导图呢？其实"画"是一个说法，我们应用导图不是要当画家，而是通过应用与我们主题（集中）相应的符号、图片或颜色（发散），突出对主题的思考与记忆。

懂得思维导图原理后，绘制导图也就相对容易了。学习导图的方法就是掌握四个字：点、线、面、体。这就是我们导图运用的全部技巧。我们不要拘泥是用笔还是用软件，其实各有所长，因人而异。最关键的是：我们为何要使用思维导图？当我们不清晰为何使用导图，即使你的导图画得再美，软件使用再熟练也无法达成你的生命愿景。

请同学们运用思维导图来做一次自我认识。

【知识小链接】气质小词典

气质是表现在心理活动的强度、速度、灵活性与指向性等方面的一种稳定的心理特征。人的气质差异是先天形成的，受神经系统活动过程的特性所制约。孩子刚一出生时，最先表现出来的差异就是气质差异，有的孩子爱哭好动，有的孩子平稳安静。

它只给人们的言行涂上某种色彩，但不能决定人的社会价值，也不直接具有社会道德评价含义。

气质不能决定一个人的成就，任何气质的人只要经过自己的努力都能在不同实践领域中取得成就，也可能成为平庸无为的人。

各种典型气质特征如下：

多血质。灵活性高，易于适应环境变化，善于交际，在工作、学习中精力充沛而且效率高；对什么都感兴趣，但情感兴趣易于变化；有些投机取巧，易骄傲，受不了一成不变的生活。代表人物：韦小宝、孙悟空、王熙凤。

黏液质。反应比较缓慢，坚持而稳健地辛勤工作；动作缓慢而沉着，能克制冲动，严格恪守既定的工作制度和生活秩序；情绪不易激动，也不易流露感情；自制力强，不爱显露自己的才能；固定性有余而灵活性不足。代表人物：鲁迅、薛宝钗。

胆汁质。情绪易激动，反应迅速，行动敏捷，暴躁而有力；性急，有一种强烈而迅速燃烧的热情，不能自制；在克服困难上有坚忍不拔的劲头，但不善于考虑能否做到，工作有明显的周期性，能以极大的热情投身于事业，也准备克服且正在克服通向目标的重重困难和障碍，但当精力消耗殆尽时，便失去信心，情绪顿时转为沮丧。代表人物：张飞、李逵、晴雯。

抑郁质。高度的情绪易感性，主观上把很弱的刺激当作强作用来感受，常为微不足道的原因而动感情，且有力持久；行动表现上迟缓，有些孤僻；遇到困难时优柔寡断，面临危险时极度恐惧。代表人物：林黛玉。

【班会案例选】了解自己

1. 适合年级：高一年级
2. 活动主题（供选择）

（1）了解自我、把握自己的高中生活。

（2）认识我自己。

（3）我是什么颜色的？

（4）我是谁？

3. 活动目的

（1）初步了解自己的性格特征。

（2）分析自我的优势和劣势。

（3）提出自我管理的概念，讨论自我管理的方法。

4. 活动内容

（1）时间：班会（大约45分钟）。

（2）场地：教室。可以让学生坐成"U"形，留出活动的空间。

（3）参与者：全体学生和班主任老师（或心理辅导老师）。

（4）时间表：

表 2-1 班会时间安排表

活动	具体内容	时间
开场白	阐明班会主题	3 分钟
游戏：Who is who	老师介绍四种典型性格和象征性动物，包括力量型（老虎）、活泼型（孔雀）、完美型（猫头鹰）、和平型（考拉），并提出一些知名人物请大家判断。（可以有小奖品）	10 分钟
自我判断	将四种基本个性类型的名称和关键词列在黑板上，请大家凭自己的理解对号入座。可以让学生自由发表感想。展示一道性格测试的题目，让学生直观感受心理测评，了解心理测评与考试的不同。请学生自己判断属于哪一类，并按照类型分组。	5 分钟
小组活动	各班同学讨论本类型性格特征的优点与不足，主要涉及人际交往、自我管理的内容。	10 分钟
组间交流	各组代表阐述本组的意见。每组 3~4 分钟。	12 分钟
教师讲评	老师针对各组的结果分析和讲评。（可以评出表现最好的小组）	3 分钟
结束语	了解性格只是一部分，此外，人们的不同还表现在学习兴趣、活动兴趣、价值观等方面。阐明：了解自我并管理自我是成熟的开始。	2 分钟

（5）组织过程

开场白

提出"我是谁？"的困惑，引发学生自我了解的愿望。

游戏 Who is who

道具准备：老虎、孔雀、猫头鹰、考拉的卡通玩具或者卡通图片。

将四种动物的卡通玩具摆放在讲台上（或者图片悬挂在黑板上），同时将四种动物的名称写在黑板上。请同学们自由发言，用形容词来描述这四种动物的特点，并请发言的同学将这些形容词写在黑板上对应的动物名称后面。充分发言后，教师可逐条查看，同时抛出下面的核心词汇：

力量型（老虎）——独立、自信、坦率、果断、理性、控制

活泼型（孔雀）——活跃、乐观、好奇、热情、创造性、情绪化

完美型（猫头鹰）——内向、冷静、敏感、爱思考、高标准、有条理

和平型（考拉）——平静、耐心、友善、内向、传统、低调

同时在黑板上用红色粉笔标出已经被同学们说出的形容词，或者该词的近义词，完全没有提及的词汇，请教师手写添加。

观察同学们的认可情况，对同学们不理解的词汇可稍加解释，同时用黑板擦擦去非核心词汇。

进行完这一步，黑板上保留的是四种动物名称以及对应的四组词汇（每组六个）。

告诉同学们，这四种动物实际上代表着四种典型的性格：力量型、活泼型、完美型、和平型。介绍的同时，在动物名称前面添加这四种性格的名称。

教师提问：教师举出四位历史人物或名人，如丘吉尔（力量）、何炅（活泼）、林黛玉（完美）、特蕾莎修女（和平），请学生对号入座，选择他们对应的性格类型，进一步加深学生对四种基本性格类型的理解。

自我判断

道具准备：在小黑板上写下这样一道性格测试的题目（事先不要让学生看到）：

假如你去听一场音乐会，路上堵车迟到了，门卫告诉你需要等20分钟，中间休息的时候才能进场，你会：

A. 既然是这样，那就老老实实地等着吧（和平型）。

B. 想办法看是不是能有其他的门可以进去（活泼型）。

C. 听说是这样，一下子没了听音乐会的心情，郁闷地回家了（完美型）。

D. 顿时很愤怒，跟门卫大吵了起来（力量型）。

游戏完成后，向同学们展示这道题目，看看同学们在这样的情景下会作出什么样的选择。告诉同学们，通过几十道这样的题目的测试，就能找到自己属于什么样的类型，发现自己的性格特点。请同学们根据自己对自己的了解，判断自己属于哪个基本类型。这里允许同学之间进行交流。

小组活动

在同学们对自己的类型有了判断之后，教师组织同学们按照四种类型分成四个小组（为避免过于死板，小组仍然可以用动物名称命名），并请每个小组的同学选出自己的组长。告知组长的责任，要组织同学们进行小组讨论，讨论中每个组员都要发言。示意同学们安静，公布讨论的主题："请各组同学讨论本类型性格特征的优点与不足，主要涉及人际交往、自我管理的内容"。说明讨论时间为10分钟，讨论结束后，各组需要选出一位代表做总结陈述。

组间交流

讨论结束，每组代表做总结陈述。

教师讲评

强调各类型同学的优点和自我管理的方法（优点和自我管理方法可以有选择地使用）。

力量型（老虎）

闪光点：总是能保持一种积极的状态，比较外向乐观，充满自信，有很强的独立精神，有远见，在做事时对于目标非常执着，有很强的意志力和自控能力，行事果断，有较强的影响他人的能力，善于把控，组织能力强，精力充沛，想象力丰富，思维逻辑性强，乐于创新，比较理性，有很强的决策能力，善于调节自己的情绪，情绪稳定，有勇气，不畏阻力，敢于面对挑战。

自我管理方法：

社交方面——过于自信的你比较固执，也很挑剔，对他人的要求很高，所以要学会耐心宽容一点，尽量避免争论和发脾气；同时，还要学会必要的谦虚，勇于承认自己的缺点，学会真诚地向别人道歉。

学习方面——建议你在学习期间多积累一些有关经济、管理方面的知识，这将会有助于你今后的事业发展。

社会实践方面——你的性格中有比较急躁冲动的一面，因此在行动前一定要三思，增强自己的耐性。你的高效给自己或别人的压力都很大，需要你适当放慢自己的步伐，学会时时提醒自己要缓和下来，放松一些，还要给别人更多思考、计划和筹备的时间。

处理问题方面——你非常理智客观,有时会显得不太给别人留余地,所以要学会多考虑他人的感受。

活泼型(孔雀)……

完美型(猫头鹰)……

和平型(考拉)……

有些同学会觉得自己的性格不完全是这四种中的任何一种,可能某两种甚至更多的性格类型糅合在一起才是自己。想要知道自己究竟是什么样子的,需要通过专业的心理测评。

结束语

对整个活动做一个总结,表扬同学们通过这样的讨论有所成长。启发学生进一步思考自己高中三年的目标,如何做好自我管理,实现自己的愿望。

【班会案例选】

不一样的人生

——我的生涯彩虹

1. 活动目的:引发学生的生涯自主意识与责任感,引导学生进行"时间"和"角色"双重维度的生涯思考。

2. 活动原理:用生涯彩虹图来帮助学生具体思考不同的人生时期内,个人生涯角色的分配和变化。

3. 活动材料:桌椅、空白生涯彩虹图、彩笔若干、A4白纸(每人1张)。

4. 活动步骤

环节一:活动引入

(1)介绍本次班会的活动名称、目的。

(2)简单介绍舒伯的生涯概念,"生涯是一生中不同时期所扮演的各种不同角色的组合"。

环节二：正式活动

（1）发给每人一张 A4 白纸、彩笔若干（建议：可以事先把学生分成 6~8 人的小组，每组共用一盒彩笔）。

（2）向学生简单介绍自己对人生六大角色内涵的理解，包括："子女""学生""休闲者""公民""工作者""持家者"（建议：也可以组织学生自由讨论，由学生给出答案，班主任再补充说明）。

（3）引导学生思考：到目前为止，你在人生舞台上扮演过上面的哪些角色？未来你又将要扮演哪些角色？这些角色何时出现？这些角色在什么时候重要程度会加重或减少呢？在不同的人生时期，在每种角色上，你觉得应付出多少精力和时间呢？请在这张白纸上理清你的思路。

（4）指导学生在空白的"我的生涯彩虹图"上绘制自己的生涯彩虹图：

①每个圈代表了一种角色，角色的起始与结束年龄因人而异；

②用不同的颜色来描绘不同的角色，一种颜色只能代表一种角色，可以有喜好程度的分别；

③用粗细不同的线条来填涂各个角色的光谱，以反映出自己在不同时期需对不同角色付出的精力、时间，色带越宽，表示在这个角色上的投入程度越高。

（5）引导学生对自己绘制的生涯彩虹图作一番审视：是否有些时间段涂得太满，或留了太多空白？为什么会这样呢？是不是这段时间太过繁忙或过于空洞，要不要做些调整？

（6）组织学生自愿分享个人的生涯彩虹图，并加以解释。

建议1：可以用"击鼓传花"的形式指定个人在全班分享，也可以在小组范围内每个人轮流分享；

建议2：分享过程中，班主任可以引导学生重点说说在不同的人生时期，自己最重视的角色、可能发生的重要事件、自己必须面临的课题、不同角色上所要完成的目标等。

环节三：活动分享

（1）请几个学生谈一谈自己在活动中的心得体会；

（2）班主任总结（参考要点如下）：

①不同时期的不同角色组合构成了我们的生涯形态和全部；

②生涯彩虹图可以帮助我们具体地思考生涯发展与生涯型态的偏好；

③越敢于为自己勾勒生涯目标，其生涯自主意识和自我负责意识也越高；

④胸怀未来，立足现在。

建议：可以全班齐唱大家喜欢的歌曲来结尾。

【心理小活动】

下面60道题，可以帮助你大致确定自己的气质类型，请根据自己的情况在"很符合、比较符合、介于符合与不符合之间、比较不符合、完全不符合"五个答案中选择一个适合自己的。很符合2分，比较符合1分，介于符合与不符合之间0分，比较不符合-1分，完全不符合-2分。

题目：

1. 做事力求稳妥，一般不做无把握的事。
2. 遇到可气的事就怒不可遏，想把心里话全说出来才痛快。
3. 宁可一个人干事，不愿很多人在一起。
4. 到一个新环境很快就能适应。
5. 厌恶那些强烈的刺激，如尖叫、噪声、危险镜头。
6. 和人争吵时总是先发制人，喜欢挑衅。
7. 喜欢安静的环境。
8. 善于和人交往。
9. 羡慕那种善于克制自己感情的人。
10. 生活有规律，很少违反作息制度。
11. 在多数情况下情绪是乐观的。
12. 碰到陌生人觉得很拘束。
13. 遇到令人气愤的事，能很好地克制自己。
14. 做事总是有旺盛的精力。
15. 遇到问题总是举棋不定，优柔寡断。
16. 在人群中从不觉得过分拘束。

17. 情绪高昂时，觉得干什么都有趣；情绪低落时，又觉得什么都没意思。

18. 当注意力集中于一事物时，别的事很难使我分心。

19. 理解问题总比别人快。

20. 碰到危险情境，常有一种极度恐怖感。

21. 对学习、工作、事业怀有很高的热情。

22. 能够长时间做枯燥、单调的工作。

23. 符合兴趣的事情，干起来劲头十足，否则就不想干。

24. 一点小事就能引起情绪波动。

25. 讨厌做那种需要耐心、细致的工作。

26. 与人交往不卑不亢。

27. 喜欢参加热烈的活动。

28. 爱看感情细腻、描写人物内心活动的文学作品。

29. 工作学习时间长了，常感到厌倦。

30. 不喜欢长时间谈论一个问题，愿意实际动手干。

31. 宁愿侃侃而谈，不愿窃窃私语。

32. 别人总是说我闷闷不乐。

33. 理解问题常比别人慢些。

34. 疲倦时只要短暂的休息就能精神抖擞，重新投入工作。

35. 心里有事宁愿自己想，不愿说出来。

36. 认准一个目标就希望尽快实现，不达目的，誓不罢休。

37. 学习、工作一段时间后，常比别人更疲倦。

38. 做事有些莽撞，常常不考虑后果。

39. 老师讲授新知识时，总希望他讲得慢些，多重复几遍。

40. 能够很快地忘记那些不愉快的事情。

41. 做作业或完成一件工作总比别人花的时间多。

42. 喜欢运动量大的剧烈体育运动或参加各种文艺活动。

43. 不能很快地把注意力从一件事转移到另一件事上去。

44. 接受一个任务后，就希望能把它迅速解决。

45. 认为墨守成规比冒风险强些。

46. 能够同时注意几件事。

47. 当我烦闷的时候，别人很难使我高兴起来。

48. 爱看情节起伏跌宕激动人心的小说。

49. 对工作抱认真严谨、始终一贯的态度。

50. 和周围人的关系总相处不好。

51. 喜欢复习学过的知识，重复做能熟练做的工作。

52. 希望做变化大、花样多的工作。

53. 小时候会背的诗歌，我似乎比别人记得清楚。

54. 别人说我"出语伤人"，可我并不觉得这样。

55. 在体育活动中，常因反应慢而落后。

56. 反应敏捷、头脑机智。

57. 喜欢有条理而不甚麻烦的工作。

58. 兴奋的事情常使我失眠。

59. 老师讲新概念，常常听不懂，但是弄懂了以后很难忘记。

60. 假如工作枯燥无味，马上就会情绪低落。

记分参考：

胆汁质型得分：2、6、9、14、17、21、27、31、36、38、42、48、50、54、58 的得分之和。

多血质型得分：4、8、11、16、19、23、25、29、34、40、44、46、52、56、60 的得分之和。

黏液质型得分：1、7、10、13、18、22、26、30、33、39、43、45、49、55、57 的得分之和。

抑郁质型得分：3、5、12、15、20、24、28、32、35、37、41、47、51、53、59 的得分之和。

关于上述得分的解释：

A. 如果你在四种气质类型中某一项或一项以上的得分超过20分，则为典型的该气质。如，胆汁质得分超过20分，则为典型胆汁质型；黏液质和抑郁质的得分都超过20分，则为典型的黏液—抑郁混合型。

B. 如果某一项或一项以上的得分在20分以下，10分以上，其他各项得分低于10分，则为该项的一般气质。如一般多血质型；一般胆汁—多血混合型。

C. 若各项得分均在10分以下，但某项或某几项得分较其余项要高（相差5分以上），则为略倾向于该气质或几项的混合。如，略偏黏液质型；略偏多血—胆汁混合型。其余类推。

一般来说，正分值越高，表明测试者的该项气质特征越明显，反之，分值越低或越负，表明越不具备该项气质特征。

身在此山中，应知山色美

学校那些事，学长对你说

亲爱的同学们，你们好。首先祝贺你们升入了高中！进了高中，你有没有感觉到和初中的不同呢？你如果初中也在这所学校就读，你觉得母校的高中有什么不同，有没有发现"熟悉中的陌生"呢？如果你升入了一所新学校的高中，那么你发现周围的环境、身边的老师同学和丰富的课程方面，有没有让你高兴甚至兴奋的地方，或者有没有让你觉得不适甚至有压力的地方呢？如果你进入的是一所成立时间不长或者是新建高中的话，你又对学校成立的背景以及学校的特色和课程了解吗？如果你进入了一所历史悠久的学校，那你对学校的校史又了解多少呢，还是只知道比较有名而知之不详呢？……

以上所有的问题，其实都提醒我们，我们应该对自己的学校有所了解。作为过来人，我想提醒你们：你们对自己的学校了解得越全面，自己的高中规划就会越清晰，越合理，越有针对性，对自己的发展也越有利。

一、了解学校的历史和特色

校史，是一所学校办学育人的历史和发展轨迹的真实记录，是该校兴建、发展、壮大的历程,是办学经验、教训、智慧等方面的长期积淀,是学校文化的映射和风格特色的集中体现,是一本生动的教科书,是激励同学们勤奋学习的"鲜活"的校本教材。校史主要包括学校发展历程,改革与发展的情况,学校教学、科研、管理、服务的体系和特色。校史蕴涵着丰富的素质教育资源,校史教育在促进素质教育中有着独特优势。

意大利著名哲学家、历史学家克罗齐说过:"一切历史都是当代史。"每一代人,甚至每一个时代,都要对历史有自己的认识。历史悠久、人文遗产丰富的学校其校风应是其特色所在,是其多年来积淀演绎而成的一种精神特质。能否把握、继承、弘扬、发展这种精神,对学校的发展至关重要。每一所学校都有一段办学历史,有其指导思想、办学定位、办学精神。校训是学校的精神,构成校园文化的内核。学校师生与校训好比森林与山地的关系。倘若山地的土壤缺少水分又缺少有机化合物,森林是茂盛不起来的。

近年来,越来越多的学校开始认识到校史教育的作用,提出并实践了很多卓有成效的做法,例如:开展"校训解读",提炼文化特色的精神内核,每年对新生和新进校教师进行校训解读。通过校报、网站、广播台、宣传橱窗等宣传载体开辟解读校训专栏,组织"校训解读"征文,修建校史馆和文化广场,传承修业文化传统。有的还在其他办公楼外墙上悬挂著名校友的画像、生平简介、格言、亲笔签名,以表明其当年在本校的重要工作、生活场所;有的学校在通道两旁设置著名校友格言牌;还有的开设"修业讲坛",邀请有突出贡献的校友……

总之,以校史文化为核心开展校史教育,了解学校历史和校情,体现学校的办学风格,把朴素的爱校之情上升为崇高的爱国之志,把师生的自尊心、自豪感逐步上升为现代公民责任感。增强历史意识,明确校史与国运、传统与创新、个体与群体的关系,加深对校史上的以人为本、善待生命、关注人类命运的人文主义精神的理解。

因此,校史文化建设不能停留于浅层,必须理性认识其本义——立人。学习校史知识不是校史教育的唯一和最终目标,而是全面提高人文素养的基础和载体。校史教育不仅是让学生知晓校史、赞叹昔日的荣光、仰慕校史上的名流，世纪传薪重的是精神的传递，它更是要让学生在感知的基础上，汲取"修业精神"的营养，提升科学精神与人文精神，并将其内化为健全人格，奠定合格的现代公民的基础。

对于同学们来说，你升入一所新的高中，要对自己学校的历史有一定的了解，特别是那些杰出的校友，会让自己增加自豪感，会有学习的榜样，前进的动力；而对自己学校的校训的理解，会让自己领会学校文化的精髓，更能适应学校的特点，从而潜移默化影响自己的学习生活。因此，对于校史文化，同学们也应该采取积极主动的态度去了解。

二、了解学校的课程和安排

高一的同学们进入学校，学校会及时安排教务处等相关部门组织宣讲，让同学们对学校的课程，特别是校本课程有充分的了解，对校本课程的内容选择、实施程序、学分认定、学生选课要求、选课方法及步骤、年级课程时间安排等都有一个比较清晰的认识。有条件的学校可以将以上内容编辑成册，在宣讲时一并发给学生。

校本课程是相对于国家课程和地方课程而言的，是以某所学校为基地开发的课程。校本课程开发是指以学校为基地，以满足学生需要和体现学校办学理念与特色为目的，由学校采取民主原则，由校长、教师、课程专家、学生以及家长和社区人士共同参与学校课程计划的制订、实施和评价活动。

（一）校本课程开发的背景

校本课程开发，从 20 世纪 70 年代在英美等发达国家中开始受到广泛重视。现在美国、英国、俄罗斯、澳大利亚、加拿大、法国、以色列、日本、韩国等国家都在不同程度地实施校本课程开发计划。

我国《基础教育课程改革纲要（试行）》明确提出："学校在执行国家课程和地方课程的同时，应视当地社会、经济发展的具体情况，结合本校的传统和优势、学生的兴趣和需要，开发或选用适合本校的课程。"

随着各项改革的深化和经济社会的发展进步，我国校本课程的开发迎来了前所未有的机遇。社会政治生活的民主化与经济文化的多元化发展，对学校课程的需求日益多样化和个性化，这为校本课程开发提供了巨大的需求可能、政策支持和发展空间。

近年来的课程改革为校本课程的开发奠定了良好的基础。课程理论和课程实践不断丰富、完善。课程的多样化趋势日益明显，在课程计划中给学校预留了更深、更广的发展空间。

（二）校本课程开发的意义和种类

校本课程的开发更有利于实现师生真正的发展。校本课程的开发有利于学生特长的培养、教师专长的发挥和学校特色的形成。总之，在校本课程开发过程中，学生的个性发展是目标，教师的专业发展是条件，学校的特色形成是结果。

校本课程的开发内容一般可以参照以下类型。

1. 文学类：文学欣赏、新闻采访、阅读欣赏等。
2. 艺术类：实用美术、广告设计、摄影、插花艺术、舞蹈、乐器等。
3. 体育类：武术、游泳、跆拳道、其他特色体育项目等。
4. 科技类：机器人、电脑制作、网页设计、科学栽培等。
5. 研究性学习：学法指导、课题研究、发明技法等。
6. 生活职业技能：飞机驾驶、烹饪、服装设计、家电维修等。
7. 德育类：礼仪与交往、心理辅导、习惯养成等。
8. 学科拓展类：思维训练、经典诵读、学科前沿等。
9. 学校或社区实践、文化历史等。

也有学校把上述校本课程内容归纳为三类：基础性课程、丰富性课程和发展性课程。校本课程的开发应量力而行，因地制宜，循序渐进。

校本课程开发，除了立足于学校的物质条件，最重要的是要对老师进行培训，内容包括科学的课程意识、娴熟的课程开发技术、精诚合作的精神和行动研究的素养。课程开发也是课程不断完善的过程，是"开发—实施—观察—反思—开发"这一螺旋上升的过程，其核心环节是"反思"。对校本课程开发实践情境的不断反思，可以不断地提高校本课程开发的质量，从而提高培养人才的质量。

某所中学的课程结构由以下几部分组成，如图2-3。

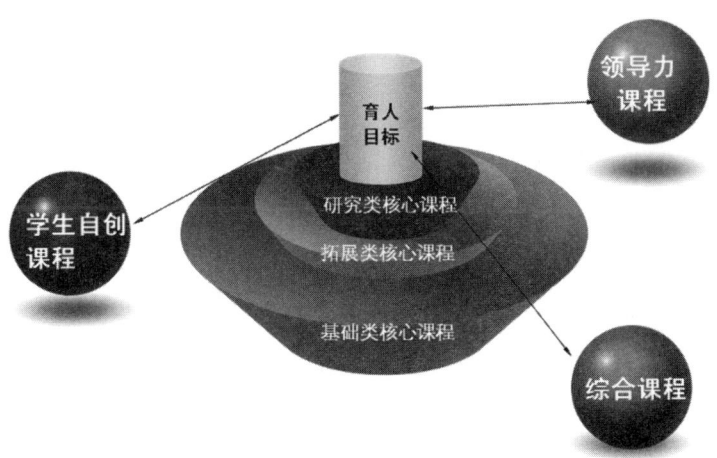

图 2-3　某中学课程结构图

1. 核心课程：学校新课程体系设计下的四类课程之一，是课程体系中相对独立完整的中心、主干，内容包含国家课程设置中八大学习领域的基础类及其相关拓展类、研究类内容。

2. 综合课程：以"有意识地运用两种或两种以上学科的知识和方法论考察或探究一个中心主题或问题"为取向的一类课程。

3. 领导力课程：着重学生的领袖意识的培养。包括面向全体同学的基础类必修课程、满足同学个性需求的拓展类选修课程和针对项目团队与个人的研究创造类选修课程三个类别。

4. 学生自创课程：完全是由学生自主开发申报，在教务部门统一审批、规范管理下，为学生搭建动手实践、探索研究、深度学习的平台。

在此，我们需要回顾一下近些年来的高考改革，可以对你在高中阶段的课程选择有些参考。

众所周知，高考改革的多项举措极大扭转了过去与"高考精神"背道而驰的一些趋势。十几年前开始的分省命题使得不同地域的人才遴选准绳不再一致，更加有地域特色。过去自主招生设置在统一高考之前，2015 年起已经改为统一高考，实现了"先粗筛，后细筛"。

此外，2017 年以来，减少和规范考试加分，高中招生取消体育、艺术特长生加分项目；完善和规范自主招生，严控自主招生规模；通过探索高中学生综合素质评价推动高中素质教育；深化高考考试内容改革；等等。这些设计来自多年的实践经验，加强了统一选拔的公正性，符合高考精神，有明确的进步意义。

当然，还有一项改革措施必须指出，那就是：科目选考和多次考试。改革后，新高考除了语文、数学、英语外，可以在物理、化学、生物、历史、地理、政治中任选3门科目考试。这样，学生可以选考的不同科目组合，达数十种之多，其中，英语考试可以一年两考，甚至多考。此项改革是出于尊重学生兴趣、减轻学业负担、文理不分科、改变"一考定终身"的局面，同时还附带培养选择能力等素质教育意味……

因此，按照教育部门的安排，从2017年及之后入学的同学，高中将不再文理分科，而是从高一起，就同时学习所有规定的国家课程，例如生物。

但是，当改革出于尊重学生和自主权、鼓励兴趣而给我们提供了众多选择权的时候，同学们要扪心自问：我真的有能力做出科目选择吗？我能判断自己的长处和短处吗？真的可以根据志向而非仅是兴趣进行选择，并且自行承担后果吗？

如果做不到，那么科目选考的放权只是加强了投机取巧、规划谋算的分量，科目任意选考看似终结了文理分科，其实是把两种偏科扩散成数十种偏科，因为可以不选考，所以会轻易放弃学习，又因为选考组合变得复杂、战线拉长，而弃学现象就会从高一开始出现。这种情况，在高考改革先行的上海、浙江地区已经出现了。对此，同学们要高度重视。

其实，文理分科本身不是问题所在，我们真正反对的是为了应付考试只学文、放弃理，或者只学理、放弃文的严重偏科学习。所以，当你对这个问题认识不清的时候，科目选考制度只会让你更加功利化、策略化地偏科学习。

三、了解学校的社团

学生社团是中小学生以相同或相近的兴趣、爱好、特长、信念、观点或自身需要为基础，自发形成的一种特殊的学生志愿型群众团体，具有参与广泛、内容丰富、形式多样、机动灵活等特点。学生社团对学生扩大求知领域、完善知识结构、丰富内心世界、培养兴趣爱好及丰富校园文化生活、推进素质教育具有重要作用。

有人说学校社团是学生自我意识的摇篮,自主发展的舞台,自我教育的阵地;还是青年学生了解社会的窗口,服务社会的通道,社会意识形成的催化剂……毫无疑问,这些说法都很有道理。因此重视社团的作用,关心社团的发展,积极主动地把社团建设和管理纳入工作体系是学校教育发展的趋势与时代要求。积极探索学生社团的管理体系,创新管理机制,使学生社团在学校育人工作中发挥越来越重要的作用,已经成为所有人的共识。

随着教育改革的不断深入以及学生学习生活方式的变化,学生社团日益成为学校具有较强影响力和凝聚力的育人阵地。社团的发展不仅适应于学校人才的培养方向和学生成长成才的需要,营造了培养学生综合素质的良好氛围,同时也成为学生课堂学习的有益补充、拓展素质的天地和心灵交流的家园。学生社团是校园文化建设中不可分割的一部分。学校和教师应注重学生社团建设,充分发挥社团的积极作用,活跃校园生活,丰富校园文化,营造良好育人氛围,从学生需要出发,倡导学生自发成立一些对自身发展有益的民间组织,把兴趣转化为动力,引导青年学生树立正确的价值取向和发展目标,培养自主学习的习惯和自我发展的能力,让社团成为学校精神文明建设的一支重要力量。

所以,同学们在进入学校、逐渐熟悉集体后,应当尽快了解学校的各种社团,并选择自己感兴趣的参加,这对自身的发展也是十分有益的。

那么,需要了解社团的哪些方面呢?

(一)了解社团建设和管理的原则

1. 把握时代性,强化导向性。把握社团建设的时代性特点,强化社团建设的导向性功能。社团建设要贯彻党的教育方针,坚持社会主义教育方向,遵循教育规律。

2. 坚持原则性,突出多元性。社团建设无论采用何种形式,育人宗旨必须始终坚持,不能改变。在把握社团建设的学识性、专业性、娱乐性的同时,还必须从学生、教师、学校、社会等多元因素综合考虑,增强社团建设的针对性和实效性。

3. 增强预见性，具有前瞻性。社团建设之初，教师应引导学生正确把握一个社团建团的宗旨，要挖掘社团中潜伏的未来性、预见性，社团宗旨的确立要具有前瞻性。为青少年学生将来顺利走上工作岗位，服务社会和一生的健康发展，奠定坚实的基础。

总之，既要坚持"鼓励发展、积极引导；严格管理，放开搞活"的指导思想，又要重点加强对社团干部和骨干力量的选拔、培养和监督，还要健全规章制度，建立科学有效的运行机制，提升社团的活动层次，使各类学生社团和社团活动永远是校园中一道靓丽而独特的风景线。

（二）了解学校社团的种类

过去中学社团多以文学社为主，其他社团少且活动开展不规律，现在的中学社团形式多样、名目繁多，除了有文学社、广播站之类的文学性传统社团，还有兴趣特长类、学科提升类、体育文化类等特色社团。

中学生社团大体可以分为五类：

第一类是专业学术类社团，如国学社、汉服社、计算机协会、地方史研究协会、海洋生物研究小组等。

第二类是健身体育类社团，如羽毛球协会、跆拳道协会、轮滑社、排球社等。

第三类是文学写作类社团，如文学社、诗社、小记者团、中国古诗词协会等。

第四类是艺术类社团，如吉他协会、劲舞社、合唱团等。

第五类是参与社会服务类社团，如关爱老年人社团、公益社、环保社等。

四、了解学校的其他方面

高一的同学们初入学校，在很多方面都很陌生，随之而来会产生很多生活、学习上的问题，虽然有老师和学长的告知，但还是有很多不太清楚的问题。因此，建议学校相关部门，组织师生编写一本类似《××学校新鲜人》这样的手册，待同学们一进校，就发给他们，让他们感觉到方便和温暖；如果有时间，最好组织学生集体学习。

手册可以从以下几个方面进行编写：

(一) **学习方面**

1. 怎样识别教室门牌号
2. 教研室及公用教室在哪里
3. 怎样使用学校的图书馆
4. 学校附近哪里可以复印资料
5. 高中三年里有哪些学科竞赛
6. 怎样才能拿到"社会实践"和"社区服务"的学分
7. 哪里适合上自习
8. 都有哪些选修课
9. 如何利用学校的电子阅览室
10. 班级用品损坏或缺少如何处理
11. 学习压力大怎么办

(二) **学校活动方面**

1. 学校每年组织哪些大型的学生活动
2. 学生会、校团委包括哪些职能部门
3. 学校里有哪些学生社团
4. 怎样参加校际交流活动
5. 怎样参加学校组织的科技活动
6. 怎样租借学校的体育器材
7. 如何使用校园网
8. 怎样参加学校组织的艺术活动
9. 关于军训的一些常识和建议

(三) **生活方面**

1. 学校的通信地址是什么
2. 哪些公交车可以到达学校
3. 怎样补办校内常用证件

4. 到哪儿吃饭好呢

5. 怎样才能拥有饭卡

6. 附近比较值得一去的购物地点

7. 附近的银行和 ATM 机（自动柜员机）在哪里

8. 附近哪儿可以买到手机充值卡

9. 个人的自行车和共享自行车的摆放位置在哪里

10. 突然生病或意外受伤了怎么办

11. 心情不好时怎么办

12. 住宿生常见问题

13. 附近哪儿能修理自行车

五、了解中学生综合素质评价系统

近年来，中学生综合素质评价系统是推动高中素质教育的重要举措。简言之，就是对同学们的评价不再是以分数为唯一手段，而是将每一个同学平时的兴趣特点和参加的各类活动记录下来，最后形成对每一位同学的实时的综合素质报告单。很显然，这样的改变，对一个同学的评价会更加科学全面；具体来说，有如下好处：

1. 能全面观察、记录、分析学生发展状况，是发现和培育学生良好个性，促进学生健康成长的重要手段。

2. 有利于促进学生认识自我、规划人生，积极主动地发展。

3. 有利于学生全面发展、个性发展、健康发展。

4. 有利于促进学校把握学生成长规律，切实转变人才培养模式。

5. 有利于促进评价方式的改革，转变以考试成绩为唯一标准评价学生的做法，为高校录取提供重要参考。

截至 2018 年，这套以北京市某所中学为主体开发的系统，已经通过北京市和教育部相关部门的验证，在全国很多地方如北京市、黑龙江省、河南省等许多省市开始大面积推广。因此，我们有必要细致地了解。下面是对该系统的相关介绍。

评价原理：学生成长过程中可考察、可比较、可分析的突出表现能够反映其综合素质的发展情况。

评价内容：思想品德、学业水平、身心健康、艺术素养、社会实践。

评价方法：具体活动、真实记录、材料佐证、有据可查。

评价原则：客观公正、严格规范、公开透明、有效监督。

评价主体：学生主体、多方参与。

评价结果：动态量化、分布呈现、真实可靠。

这套反映中学生综合素质发展情况的系统通过记录和积分来呈现，具有动态量化性。

评价方式多元选择。全国、省市、学校可以选择评价内容，在一定范围内可以统一调节赋分原则。评价结果多元展示。生成评价报告时，高校可以选择评价内容，可以统一调整赋分原则，满足不同高校对于人才评价和选拔的个性化的需求。高校可以对综合素质评价的学段进行选择（学段动态），利于高校更加准确地了解学生的发展、学习过程。本模块内容共计8个维度，学生本人不定期填写并且自行评分，培养学生的自我规划能力和自律意识。为保证学生的填写质量，每天学生至多可填写两个维度的各一条内容。该模块接受全校师生监督。

系统使用办法：以上内容每学期末结算一次总分，新学期重新计分。计划将本系统设计成类似"微信"形式的软件，老师、同学们都在一个朋友圈，同学随时可用手机发布内容，其他同学可以阅读、分享甚至好评（与得分无关）等，里面还设置有诚信记录功能。

同学们可以充分利用这套系统，让自己成为一个全面发展的优秀中学生。

六、建立家委会，促进家校沟通

毫无疑问，学校是校风建设、教育教学工作中的主体，但是在新的社会形势下，单一的学校教育已远远不能适应全面育人的要求，必须与家庭教育、社会教育密切结合，互相补充，形成合力，才能保证青少年的健康成长。近些年来，学校的家长委员会正是顺应这种形势的需要而产生的一种工作形式，是学校教育与家庭教育联系的纽带。

家长委员会的职责和功能是积极多面的，例如：家长代表积极参与学校管理和教育教学活动，了解学校的办学理念和办学状况，及时提出合理化的建议和意见。学校会定期向家长委员会通报工作，尤其是学校的重点工作，会及时向家长委员会汇报和沟通，部分年级活动将邀请家长参加，学校通过家长委员会深入调研，了解家长的呼声，通过协调使一些问题和矛盾得到合理的解决。

另外，家长委员会也可以在工作中开拓家庭教育的新思路，研究家庭教育的新方法，在社会上主动从正面宣传学校，动员更多的家长关注学校、关心孩子，重视孩子的教育和培养；引导家长们树立正确的人才观和教育观，积极学习，用科学的方法和自己的言行引导教育孩子，成为孩子做人的榜样，为他们营造和睦、温馨、文明、进步的家庭氛围，努力创建学习型、知识型、和谐型家庭。

总之，如果家长委员会能充分发挥家长和学校沟通交流的桥梁与纽带作用，进一步开发校外教育资源，联系社区形成教育合力，为学生综合素质的提高提供多种教育平台，那么必将形成家校联手、社区互动的良好家教格局。

当然，家长委员会的工作机制也要不断完善，例如：要健全家长委员会工作制度，并创造多元化联系方式，同时，建立家校工作邮箱，并不断提出家校工作新举措。

【校史讲座选】

走进××学校门，学做××学校人
——讲给××级同学的话

同学们：

　　大家好！

　　同学们经过艰苦的努力，终于考上了××学校，作为××学校的一名老教师，同时也是××学校的一个老校友，我在此向你们表示衷心的祝贺和热烈的欢迎。

今天我这个讲话的题目是"走进××学校门，学做××学校人"。也许有的同学会觉得奇怪，我们考入××学校，不就是××学校人了吗？怎么还要"学做"呢？大家知道，从建校到现在的××学校，是一所历史悠久的老学校了。在这么多年的历史中，它培养了几万名毕业生，为清华、北大等高校输送了一批又一批高素质的优秀后备人才，为新中国的建设和发展作出了积极的贡献。历届校友中，有中国科学院著名物理学家、著名力学家，有中国工程院著名水利专家，有国家领导干部，有音乐家、画家、作家、导演演员、电视节目主持人和国际级体育裁判，有中国大企业的老总，有一大批正在海内外求学的博士……从雪域高原的珠穆朗玛到地球的南极、北极，从广袤的北大荒到革命圣地延安，从航天技术研究院到生物基因实验室，从电视演播厅到人生的戏剧大舞台，到处都留下了我们校友的足迹，到处闪现着校友的英姿。所以，就有了"今天，我以××学校为骄傲，明天，××学校以我为自豪"的说法。这些人，不仅学识渊博，在各自的岗位上有突出的建树，而且心胸开阔，品德高尚，同时更有一个健全的人格、健壮的体魄。一句话，一定是德智体全面发展的人。

现在有些人，往往人为地把德育、智育和体育对立起来，认为学习好的同学，肯定是脸色惨白，高度近视，手无缚鸡之力，一阵风都能吹一跟头的书呆子。其实，这是一种十分荒谬的看法。我们××学校的三好学生，不仅思想好，学习好，在运动场上也一定是一个活跃分子。记得我们在学校上学的时候，每天下午两节课后，同学们都要离开教室，到楼下操场上去，当时学校有形形色色的代表队，前几年校庆的时候，我们班三十多个同学聚会，大家回忆了一下，居然找不出一个没参加过体育代表队的同学。参加体育锻炼，成为每个同学自觉的行动，大家都以不能加入运动队为耻辱。

……

我们尊敬的老校长说过："不懂体育，不能做中学校长。"而那时学校对三好学生要求的顺序是：身体好，学习好，品德好。

我想，这，就是××学校人的第一个特点：热爱体育运动，富有集体荣誉感，富有拼搏精神，能够为祖国健康工作几十年。

当年我们来的时候，学校只有一座教学楼，一座宿舍楼。两座楼之间是一个大坑，而在现在培训楼的位置上，是一座土山。入学之后我们首先要做的就是建校劳动。全校师生齐动手，硬是把那座土山搬过来，填平了两座楼之间的大坑，修起了一个相当标准的大操场。又在操场周围栽了松墙，松墙外面栽上白杨，经过大家的努力，原来荒芜杂乱的校园变得生机盎然。人，对于自己亲手创造的东西，往往格外地珍惜。大家都自觉地维护这个环境，决不允许任何人破坏这校园的美丽。当时学校里是没有雇用清洁工的经费的，班级、楼道、校园乃至厕所的卫生，都是由学生轮流负责的。大家对自己负责的工作非常认真，看到乱丢纸屑、损坏公物的行为，立刻就会出来制止。有了大家的共同维护，当时的××学校，和现在相比，虽然条件简陋，但环境幽雅、整洁，是十分理想的学习场所。几十年过去了，虽然操场早已东移，学校又新盖了实验楼、初中楼、高中楼，面貌已经有了很大的改变，但是当年的老校友回到母校，仍然会感到格外亲切，会从这一草一木之中看到当年的影子，因为这校园的每一寸土地上都洒满了他们的汗水。一场建校劳动，不仅美化了校园，更净化了我们的心灵，使我们真正体会到了"劳动创造世界"的道理。

××学校人的第二个特点，就是关心集体，热爱劳动，自立自强，学会独立生活。

清华大学的老校长蒋南翔在一次大学生毕业典礼上说："一个大学生进入社会，就好像一个猎人进入森林。我们不只要给他足够的干粮，还要给他一支猎枪。"这里，蒋校长是把学生比喻为猎人，把学校老师教给的知识比喻为干粮，把自学能力比喻为猎枪。他说，如果学校只给猎人干粮，干粮总是有限的，猎人吃光了干粮，就会失去生存的希望；如果学校给了猎人以猎枪，教会他打猎和在野外生存的本领，那猎人就可获得源源不断的食物，继续生存下去。如果一个学生在学校里，只知道积蓄知识，而不懂得掌握获得知识的方法，那么，他毕业后走上工作岗位就像猎人走进森林，只带干粮没带猎枪一样。没有猎枪，干粮带得再多，也会很快消耗殆尽。如果有一支猎枪，并能运用自如，那么还愁没有吃的吗？在××

学校,学习好不仅仅是看你能得多少分,而是看你是否具有获取知识的能力。很多校友的回忆中都提到了这一点,认为自己在××学校几年的最大收获是培养了良好的读书习惯,具备了较强的获取知识的能力。

前面说过,我是当年的学生,来到××学校,崭新的大楼,宽敞明亮的教室,和蔼可亲的老师,朝夕相伴的同学,一切都是那样的新鲜,特别使我激动的是,学校的图书馆和阅览室。我从来没有见到过这么多的书。一时间,我好像发现了新大陆,有工夫就往五楼跑,"三红一创,青山保林"等中国的当代文学名著,《钢铁是怎样炼成的》《牛虻》《悲惨世界》《基督山伯爵》等世界文学名著,都是在那个时候看的。读书不仅开阔了我的眼界,丰富了我的知识,更重要的是,激发了我的兴趣,养成了良好的读书习惯。由于众所周知的原因,我们失去了上高中的机会,但是,在离开校门参加工作12年后,我能以优异成绩考上大学,完全要感谢母校的培养。虽然缺了高中三年的学习时光,但在恢复高考制度后,我们班就有二十来个人考上了大学,有的同学读完了博士。学校对于课外阅读的提倡,使很多同学养成了读书习惯,作为一个偏重于理科的中学,"文革"后出现了许多位著名作家,这恐怕和××学校强调课外阅读不无关系。

总结这些,我想告诉大家的是,要做一个真正的××学校人,不仅要爱学习,而且要会学习。在学校学习期间,要学会读书,探索学习规律,养成良好的学习习惯,这才是使我们终身受益的东西。

这就是××学校人,他们求实、进取、生动、活泼,充满了青春活力;这就是××学校人,他们质朴、忠诚、勇毅、坚强,有着正直的品质、远大的理想。他们刻苦学习,一肩担起天下兴亡。

陆机的《文赋》里说道:"石韫玉而山辉,水怀珠而川媚。"山,之所以倍增光辉,不是因为它本身绽放光彩,而是因为其中蕴藏着美玉;水,之所以更加秀媚,不是因为它本身清秀,而是因为里面含着珍珠;我们学校,之所以成为知名学校,不是因为它设施完备、装饰豪华,而是因为这里一代代名师培养出了一代代杰出的人才。人,之所以魅力无限,不是因为他外表有多么漂亮,而是因为躯壳里有一个至善至美的灵魂。

历史在前进，社会在发展，学校也在不断地变化。我们当年的老师，早已经退休。走进××学校的门，永远是××学校的人，每位教师，每位同学，都有责任、有义务为我们学校的发展涂上一笔艳丽的色彩。对于学校来说，我们每一届同学，都是继往开来的一代。已经毕业的校友，应该想一想，我为母校的发展，做了些什么；现在在校学习的同学，应该想一想，我为母校的建设，留下点儿什么。我们都应该做无愧于前人的后人，也要做无愧于后人的前辈。我相信，这一级的同学一定会继承××学校人的光荣传统，全面发展，求实创新，在学校学习期间，打下坚实的基础，走上社会之后，拿出优异的成绩，为祖国建设添砖加瓦，为母校形象增光添彩，××学校就永远是我们的骄傲！

谢谢大家！

【社团小资料】

中学生关于学校社团的调查问卷

1. 我校社团有哪些？
2. 对于学校社团，你了解多少？
   A. 很多   B. 不了解   C. 有点
3. 你父母是否同意你加入社团？
   A. 同意   B. 不同意   C. 没表态
4. 在百忙之中，你是否会加入社团？
   A. 不会   B. 会的   C. 不知道
5. 你是否会为社团工作投入太多的精力？
   A. 不会，学习第一   B. 会，社团工作也是学习   C. 看情况
6. 是否有创办学习社团的必要？
   A. 有必要   B. 没必要   C. 我不知道
7. 加入社团的同学是否感觉对自身有益？
   A. 有   B. 没有   C. 有一点

8. 当社团工作与学习起冲突时，你会选择什么？

A. 选择学习　　B. 社团工作

C. 退出社团　　D. 投入大量精力在社团工作

9. 你是因为什么原因加入社团的？

A. 为了自身提高　　B. 一时心血来潮

C. 看朋友进我也进　　D. 其他

10. 你曾经争取过当社长吗？

A. 是　　B. 争取了没当上　　C. 没想过

11. 有老师反对你参加社团吗？为什么？

12. 你认为我校××社团创办的初衷是什么？

【学长经历选】

团委竞选心得

进进出出策划部，朝朝暮暮展宏图。

为之我愿劳且苦，愿君信我莫踯躅。

不知是正确还是错误，表单上我所填的是策划部。尽管原来觉得竞选部长像傻傻地去赌，但我没有犹豫，没有踯躅。

填表时有着宏图大志，填后感到后悔已迟。没有经验没有知识，我只凭一腔热血就上台赋诗，别人还不说我是白痴？

但我还是要好好准备，我不打算放弃这次机会。不管是团委还是学生会，我都要努力去拼搏一回。妈妈说得很对，学生不能除了读书什么也不会。

周二交表，周三才开始写稿。竞选演说真让人苦恼，我真的不知写什么才好。班里去竞选的人不少，可写好稿子让我参考的人可真难找。

但同学们都实在是伟大，帮我思考又帮我策划。从头顶到脚下，还告诉我嗓门要大。阮×与张××帮我换词改话，黄×将我的打油诗改得真不差。尽管最后没有实现计划，我还是十二分感谢大家。

张×有策划部工作的经验，这使我对策划部了解了不止一点。原来策划部策划的活动之一方面，就是大型的会议与汇演。

周四晚上，去了黄✕住处一趟。黄✕与室友的帮忙，让我不再为上台彷徨。两脚开立两旁，上身胸挺头昂，稳住目光，声音洪亮，做到气宇轩昂。回宿舍躺到床上，我仍然头在上扬。

周五中午，会场如世外的乐土，人人想当学校的新主，却没有杀机与萧肃。轮到我进屋，等候与观摩，我却有些糊涂。老师的提问让人快乐让人苦，但如何面对我心里真的没数。

我的演说开始了！我气宇轩昂上台却看老师冲我一乐。蓦地，我笑容可掬地开始了演说。刚到一半就被打断而夭折，我只好即兴发挥准备接受挫折。老师的问题却并无诘责，反而让我看到了希望的银河。

下台，回来。我大声感慨："唉！"

回到座位，问到的同学都说我有戏。其实我真的很有戏，强劲对手寥寥无几，我可能真的要"出人头地"！

老师点评：刚上高中，学校的课外生活丰富多彩，其中学生会和团委每年都会招新，本文就是小作者记述自己参加团委策划部竞选的一次过程，文中对新生活的向往，对自己心情的描摹，对同学的感谢，对过程的描述，都尽呈笔端。全文用语简练，笔调轻松，甚至不忘幽自己一默；更为难得的是每段押韵，换段换韵，出语自然，令人忍俊不禁，显示了较高的语言驾驭能力！

【优秀社团展】

国学社之社团规划

一、宗旨

以道会友　以思立言　以点带面

二、阐释

1. 为校内所有喜爱中国古典文化的同学们提供一个交流提高、展示自

我、开阔视野的平台

我校作为一所××市的知名中学，自然不乏热爱、追求古典精英文化的各行人才。这其中，或许有人通晓诗词，下笔即珠玑骈句，气贯长虹；或许有人读史多年，评论千秋功过头头是道，不亚名家；又或许有人喜爱兵法的千演万化，周易的数学原理，佛家的玄妙哲理；更有人欣赏书法的博大精深，国画的深远意境，古琴的浅吟低唱……

在学校的几年中我们有幸见识了学校里许多的"文化精英"，既钦佩于大家丰富的学识和高雅的情趣，又时常思考为什么不能创建一个永久性的平台，让志同道合的同学们有机会坐在一起，论道明理，纵横古今，共同进步。而今天，当我们终于坐在了高中楼里，我们决定用我们的行动，让这个愿望成为现实。我们或许并不是学识最渊博、能力最突出的人，但我们都希望我们的行动能使更多的人从中受益。

2. 在活动中培养作为新时代领袖型人才不可或缺的人文内涵和社会情怀

改革开放以来，中国的经济得到了极为迅猛的发展，人民生活水平也有了很大提高；但是在发展的同时，我们又不得不忧心于国民文化素养的有待提升。如果说四十年前的中国经济、科技刚刚起飞，需要一批目光长远、脚踏实地的理工人才，那么今天的中国需要的是对经济、政治、法律有深厚的学问功底，了解国情，能锐意创新的文化精英。在新的时代需求下，适应社会、发展自我，就成了当下学生们的新课题。

视野、深度、审美、情怀，优秀的人文素养以及合作探究的能力，这些都是新时代优秀人才不可或缺的素质。在国学社的活动中，引领大家认识中国传统价值体系与特点，了解国情，思考适合中国的发展模式，将是我们开办国学社的最终目的。

3. 在全校范围内推广国学，营造良好的文化氛围，培养对民族文化的认同感

如今的青少年正处在一个信息量空前膨胀、文化碰撞空前频繁的时代，各种外来文化耳濡目染的影响正动摇着这一代人心中传统文化的根

基。加上各种娱乐设备的空前普及，许多人已经很难再对"老掉牙"的四书五经、礼乐射御产生兴趣。然而不可否认的是我们的传统文化中蕴涵着丰富的养料，忽视传统文化将是一代人乃至社会的重大损失。因此作为校内首个国学社团，宣传推广国学，让同学们体会到国学的价值所在，是我们义不容辞的责任。我们旨在以丰富多彩的活动形式，唤醒大家对国学的兴趣，从而在校内营造高雅的文化氛围，加深对传统文化的认同。

三、活动

1. 读书沙龙

一般每月一次，每次有固定的主题和时间。分为"史海纵横茶话会"和"奇文共欣赏"，轮换举办。本活动面向所有注册社员。

2. 讲座

邀请校内老师和有优秀国学素养的同学现场讲授。面向所有注册社员，也欢迎非社员旁听。

本学期拟定主题：古典诗词写作方法谈、走近甲骨文（考古系列）、我看四大名著、兵法文化等。

3. 交流、参访和旅行

社团会组织与市内其他社团的交流活动，以及未来可能会有的夏令营类活动，届时将选拔骨干社员参加。

4. 娱乐活动

琴棋书画花茶剑都将会是我们接触的对象，此类活动每学期1~2次，面向所有注册社员。

5. 课题研究

每学期一次，面向骨干社员。成果写成论文后在校刊上展示。

本学年拟定备选课题：清华精神；国学表达；《周易》中的科学；国学中的民族性；国学研究的时代意义。

6. 各类竞赛

每学年1~2次，联合学生会各部门或各年级，面向全校或初/高中部或单个年级。

本学年拟定备选主题：象棋或围棋比赛；初中/高中国学知识竞赛。

【手册学习班会选】

《××学校新鲜人——学习服务指南（高中版）》手册学习班会报告

高一×班

今天下午，我们班的同学利用班会的时间集体学习了一下《××学校新鲜人——学习生活服务指南（高中版）》这本手册。虽然经过了一天的艰苦学习和有些劳累的生活，但当同学们翻阅起这本书的时候，大家都一下子充满了精神，十分激动地期待着开始。

我们采取的是由班长用幻灯片的形式讲解这个小册子上的内容的形式。在整个班会课上，班级的气氛都非常活跃且轻松，时不时有同学提出问题或者做一些补充，大家的讨论有时也很激烈。同学们主要对以下这几条比较有兴趣。

在学习篇部分，因为班中有些同学来自初中部，所以对学校附近及本校的教学楼的情况都比较熟悉。而讲到高中学科竞赛时，大家都一下子聚精会神起来。因为班里有些同学学习比较牛，对竞赛很有兴趣。各个学科的竞赛都在其中有提及，我们觉得非常到位。这指引了我们一个方向。在此要提的是因为有很多同学已经提前看过这本册子了，所以已经提前在为那些竞赛做准备了。社区服务对于我们高一的新生来说也是一件比较新鲜的事情，而且是每个人都必须去做的。可能是开学初听教务处主任讲这方面的时候没记下来，很多同学还不知道社会活动具体是怎么回事，而这本小册子上清晰明了地写了要求和得到学分的不同途径，非常有用。

在活动篇部分，大家主要是对学生社团和学生会的这一部分比较感兴趣。作为龙班的学生来说，每一个人的能力都非常强，也希望在学习的同时自己的其他方面能力有进一步的提高，加入学生会以及学生社团就成了我们的不二选择。手册中对各种学生社团的介绍也为我们选择社团提供了很多的参考，节省了招新时询问社团或部门概况的时间。虽然学生会的招新已经结束，但是对这些职能部门的介绍也是我们了解学校和学生组织的各个部门的宝贵的资料。

在生活篇部分，都是一些与大家息息相关的专题，大家的讨论最激烈

（俗话说嘛："民以食为天！"）。像现在物价飞涨，学校食堂也跟着涨价的年代，到哪里吃饭成了大家的一个重要的选择。而手册中也应时应景地对这个问题做了比较详细的介绍，连去哪里办卡、要用什么卡和去哪儿买东西都做了一一的介绍。这一方面方便了想吃饭的人，另一方面还为班委去哪儿买班级用品等提供了很好的建议。

总而言之，这本小册子，虽然看起来很不起眼，但是实际上却有很多的信息。它给了我们一个展望高中三年的空间，帮助我们更好更快地适应高中环境，并将学校这片宝地当作我们施展才能的一个广阔的舞台，让我们能够像彭×和丁×一样，潇洒地说出"Hakuna Matata"（意为无忧无虑），然后潇洒地向前走。

【家委会小资料】

家长委员会章程（草案）

第一章　总则

第一条　为进一步加强学校和家庭的沟通与联系，充分发挥学校指导家庭教育的功能，形成学校、家庭、社会协同教育网络，为学生营造一个和谐健康的成长环境，特成立家长委员会，并制定本章程。

第二条　家长委员会成员由家长自荐或选举。通过增进家长之间的团结互助，促进家长和教师的相互交流，让家长主动参与班级的教育管理，协助班级开展教育活动，与学校教师共同培养教育学生。

第三条　家长委员会与学校、班主任及任课老师之间遵循平等、互相尊重、互相信任的原则。

第四条　家长委员会的宗旨是：促进学生在家庭、学校和社区的幸福和健康；协调学校和家庭的关系，团结和组织学生家长，发挥家长、教师的智慧和力量，为班级建设献计献策，使学生在人格、个性上得到和谐健康的发展；团结公众的力量，营造学生健康成长的环境。

第二章　权利和义务

第五条　参与班级学生管理，定期听取班级工作汇报，发挥对班级工作的检查、督促作用，对班级工作提出意见和建议。

第六条 有权对班级的规划和发展、教育教学计划的制订和执行情况提出建议。

第七条 宣传班里的好人好事；解决学生中出现的问题；分析归纳学生、教师、家长所反映的问题，及时地提出有关意见和建议以解决问题。

第八条 协助班级处理偶发事件及有关学校、家长和学生之间的争议。

第九条 监督班级的收费情况，对班级教育教学工作中出现的问题，有权向班级，必要时向学校提出意见和建议。

第十条 积极学习有关的教育知识，尤其是家庭教育知识，参与班级组织的各项活动和培训。

第十一条 每学期组织家长会1~2次，组织学习家庭教育知识1~2次，通过家长学校、校长信箱、联系簿、网络等其他行之有效的家校合作方式，向家长宣传家庭教育理念、知识和方法，推广家庭教育的成功经验。

第十二条 家长委员会成员如不能按照章程履行自己的权利和义务，不积极开展工作，经委员会研究予以取消委员身份。

家委会成立邀请信

××家长：

　　您好！

　　在您的支持与协助下，××学校××级高一年级家长委员会已进入筹备阶段，为使家长委员会工作落到实处，现特邀请您于××年××月××日下午15:00至高中楼小会议室608室参与家长委员会筹备会，并共同商议年级各项工作。

　　恭候您的光临。

××学校高一年级组
××年××月××日

××学校高一年级家长委员会第一次会议议程

1. 介绍家委会成立意图（德育主任讲话）。
2. 公布班级家委会名单（家长报名和班主任推荐结合）。
3. 推选家委会常务委员（每班1位）。
4. 推选年级家委会会长。
5. 明确家委会工作职责：收集家长意见，反馈学校工作，建立家校沟通桥梁，更好地服务于学生（借鉴他校家委会工作经验）。

君子善假物，器利而事善

老师提醒你："学习"要学习！

下面我们一起说说关于学习和读书这个话题，一说起这个话题，有的同学就会说，我都学了十几年了，怎么还不会学习呢？我读的书也不少了，怎么可能还不会读书呢？

当然，你肯定在学习和读书方面有了一定的积累和经验，在过去的学习生活中也取得过不错的成绩；但是，上了高中，情况会有较大的变化，过去的一些做法、经验未必就很适应高中的生活；因为很多往届的学长都反映：高中学习的课程丰富，难度明显增加，学习的压力加大，阅读量成倍增加，在这种情况下，你还有信心能够轻松应对吗？你的学习和读书能做到高效吗？

毫无疑问，高中的学习对同学们提出了不小的挑战。仅仅以2019届高中语文的名著阅读为例，要求阅读《论语》《红岩》《呐喊》《边城》《雷雨》《红楼梦》《三国演义》《老人与海》《巴黎圣母院》《四世同堂》《平凡的世界》《欧也妮葛朗台》12本名著，而且这种阅读不仅仅是泛读，而是研读、细读，不仅要掌握基本的作家作品、情节常识，还要有专题、有深度地研究，比如写作章法、文化意义等。另外，当英语、数学、理化生、史地政等科目同时迎面而来的时候，高效的学习方法和阅读方法一定是你最为渴求的。

早在二十世纪八十年代，联合国教科文组织就把"学会学习"，作为现代公民应该掌握的基本素质之一；而近些年来，不断提高学习力，学习"如何学习"，成为方兴未艾的研究课题。因此，刚刚进入高中的同学们，如果能对此关注，并不断学习提高学习力，一定能顺利应对高中的挑战，成为学习上的领跑者。下面为同学们介绍一些方法。

一、思维导图学习法

我们在前面已经介绍过思维导图的基本知识了，相信同学们已经对这种科学的思维方法有所了解了。思维导图不仅可以用来"了解自己"，还可以应用到许多领域和学科。请看图2-4：

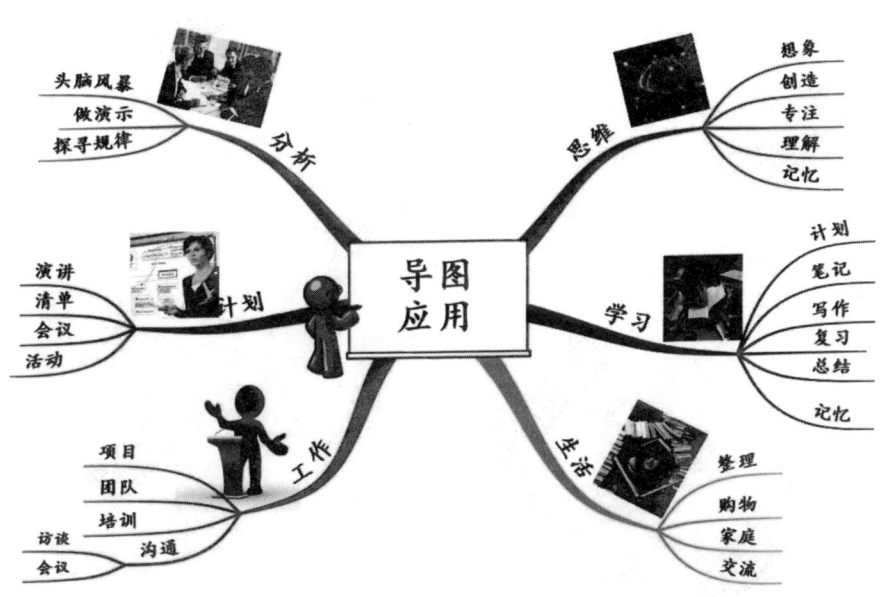

图 2-4　思维导图的应用

例如将思维导图运用到名著阅读上，关于《论语》中"论诗礼乐"的导图如图 2-5 所示：

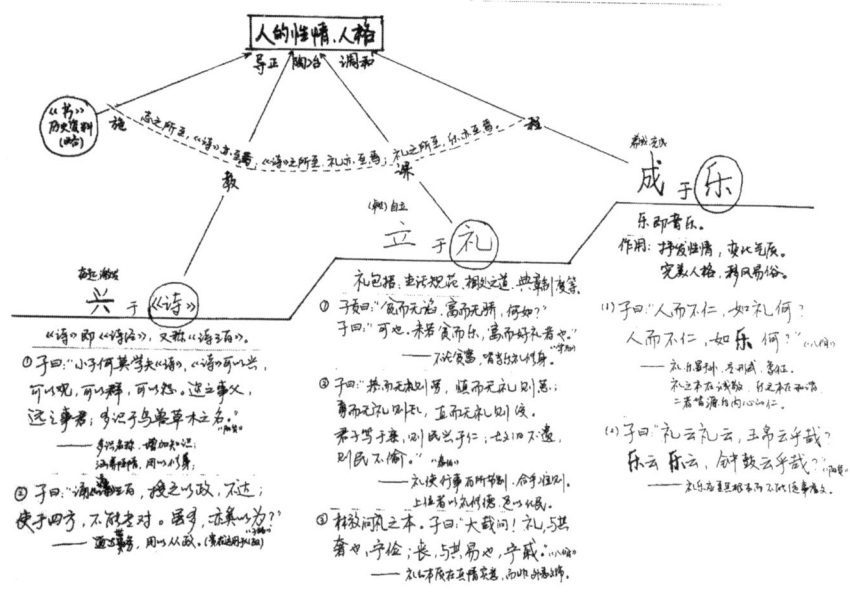

图 2-5 "论诗礼乐"思维导图

再如,图 2-6 为利用思维导图软件做出的《四世同堂》人物关系图。

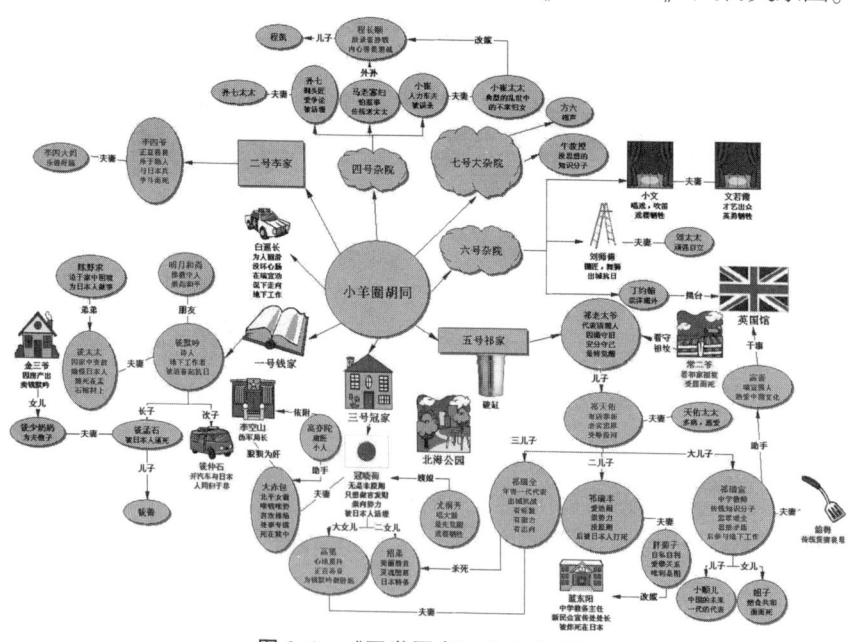

图 2-6 《四世同堂》人物分析图

建立思维导图的好处是有利于同学们对其所思考的问题进行全方位和系统的描述与分析，非常有助于对所研究的问题进行深刻的和富有创造性的思考，从而有利于找到解决问题的关键因素或关键环节。另外，思维导图的制作是非常灵活的，没有很多严格的限制原则，其关键点在于能够体现制作者自己的思考特征和制作目标，并发展其思考能力和提高其思考水平。思维导图简便易学，作用巨大，希望同学们能尽快掌握这种科学的思维工具。

二、概念图学习法

概念图是一种用节点代表概念，连线表示概念间关系的图示法。这个概念最早是康奈尔大学的诺瓦克（Novak）教授提出的，被广泛用于教育以及商业中。

概念图的理论基础是美国著名的心理学家奥苏伯尔（Ausubel）的有意义学习理论，即知识的构建是通过已有的概念对事物的观察和认识开始的。学习就是建立一个概念网络，不断地向网络中增添新内容。为了使学习有意义，学习者个体必须把新知识和学过的概念联系起来。奥苏伯尔的先行组织者主张用一幅大的图画，首先呈现最笼统的概念，然后逐渐展现细节和具体的东西。

概念图是一种知识以及知识之间的关系的网络图形化表征，也是思维可视化的表征。一幅概念图一般由节点、连接和相关文字标注组成。

1. 节点：用几何图形、图案、文字等表示某个概念，每个节点表示一个概念，一般同一层级的概念用同一种符号（图形）标识。

2. 连接：表示不同节点间的有意义的关系，常用各种形式的线连接不同节点，这其中表达了构图者对概念的理解程度。

3. 文字标注：可以是表示不同节点上的概念的关系，也可以是对节点上的概念详细阐述，还可以是对整幅图的有关说明。

概念图可徒手绘制，如采用粉笔、黑板、纸和笔等，也可用平常的办公应用软件绘制。但根据概念图的特点，国外研究出了概念图的制作工具，如：Inspiration，MindManager 等。不论采用何种方式制作概念图，所遵循的基本思路和步骤是一致的，都是要阐述概念和概念的联系，表达对概念的理解，图 2-7 即为一个概念图。

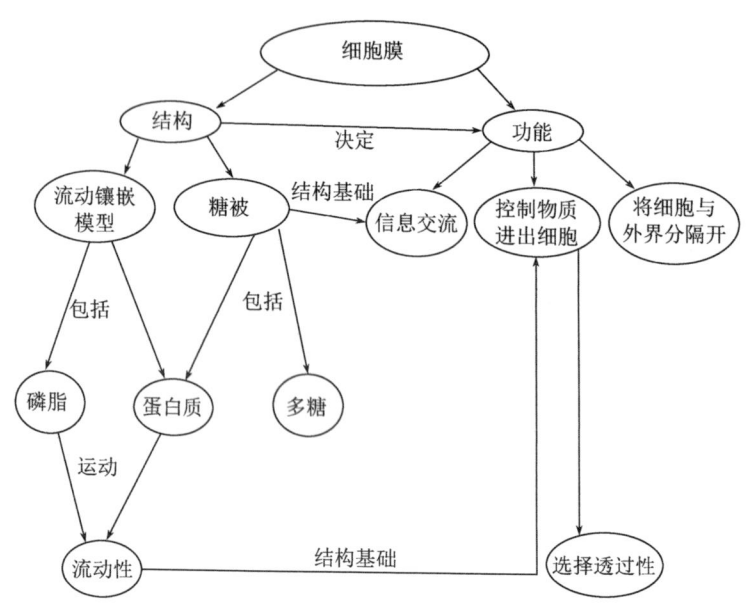

图 2-7 概念图示意

下面是概念图制作的一般步骤。

1. 认定中心主题：确定你希望利用概念图理解的问题焦点、知识或概念，并用这个焦点主题做导引，找出与中心主题相关的概念，并罗列出来。

2. 将列出来的概念排序：把一般、最抽象和最具涵盖性的概念放在最高位置。在拣选最高层概念时可能会遇上困难，反思中心主题的引导方向可以帮助为概念排序。这个过程可能需要反复思考、修正或乃至重新确定概念图的中心主题。

3. 将其余的概念按层级排放在列表上。

4. 开始制作概念图：把一般、最抽象和最具涵盖性的概念放在最高位置，在最高层的位置通常只会有两至三个概括性的概念。

5. 随后将往下的二、三、四层的子概念放置在概念图上。

6. 概念间用线连上。在连接线上写上合适的连接词。连接词必须清晰表达两个概念之间的关系,使之成为简单、有效的命题。由连接制造意义。当大量相关的概念连接起来并形成层次后,可以看到对应某一知识、命题、中心主题的意义架构。

7. 重新整理概念图的结构。这包括为概念图进行概念的增减或改变上下层关系等。这可能需要进行多次的整理,但也正是这些整理的过程能带来新的启示和有意义的学习。

8. 在不同分支的概念之间寻找有意义的"横向连接",并在连线上用连接词标明关系。横向连接能有效地帮助大家在某一知识范畴内看到新的关系。

9. 仔细、具体的例子可以用简图或代表符号附在概念上。

10. 知识或问题的表达不止有一种形式:对同一系列的概念,可以运用不同结构的概念地图来表现。

图 2-8 是手绘的《论语》中"论士与君子"的专题概念图:

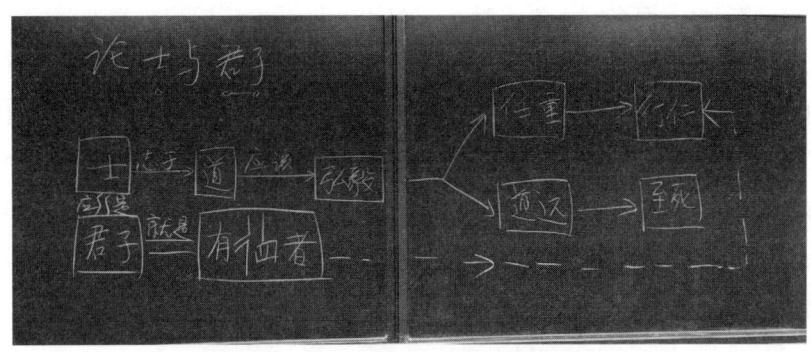

图 2-8 "论士与君子"的专题概念图

随着学段的升高,知识越来越抽象和复杂,就更加要强调"理解的深度"而非"记住的速度"。也正是基于这些原因,思维可视化研究就把知识树、问题树等图示方法的优势特性嫁接过来,同时将结构化思考、逻辑思考、辩证思考、追问意识等思维方式融合进来,提出了"学科思维导图"。

学科思维导图的概念是由曾受聘于华东师范大学现代教育研究所,思维可视化教学实验中心主任刘濯源首先提出,它是广泛应用于思维可视化教学体系中的教学思维工具。学科思维导图作为一种基于系统思考的知识建构策略已被很多所课题实验学校引入应用。

因为学科思维导图非常强调概念之间的逻辑关系，因此要绘制出高品质的学科思维导图必须从逻辑思维训练入手，然后再结合各学科的知识结构及发展规律进行训练，如果想要运用学科思维导图来快速提高成绩，还要把考试规律及解题策略等融入学科思维导图。例如绘制数学学科思维导图就必须从深度解析数学概念开始，厘清数学概念中的要素及要素之间的关系，明确数学概念的本质，并将数学公式、定理、母题、子题联系起来，才能起到加深理解的效果。

如果同学们长期运用学科思维导图，必将在提高学习成绩的基础上，把自己的思维训练得更科学、更严密。

希望同学们尽快了解，大胆运用，早日掌握这种高效的思维工具。

三、时间安排方法

上了高中，很多同学觉得时间不够用，每天忙忙碌碌，又要学习，又要读书，又要社团，又要运动，又要竞赛，还有兴趣爱好……一天恨不得有 48 小时。其实，这是每届高一同学普遍面对的问题。一些同学因为不善于安排时间，不会排列做事的顺序，而搞得焦头烂额。那么，面对一大堆事情，怎样才能合理安排，做到井井有条，忙而不乱呢？这还真是一门学问呢。下面，我们看一篇文章，引自北京师范大学赵国庆教授的《别说你懂思维导图》一书，一定对你有启发。

谋定后动
——思维导图辅助个人时间管理

思维导图只是一个可视化工具，具体实施时还是要依靠具体的思维工具（在这里表现为时间管理方法）。下面我们就来介绍这些时间管理方法，并用思维导图帮助实现。

根据不同的需要，我们可以选择不同的时间管理方法，比较常用的时间管理方法有备忘录法、计划法、四象限法和二八原理法。

1. 备忘录法

好记性不如烂笔头，备忘录是最简单也最常用的时间管理方法。备忘录法人人可用，以一位普通的老师为例，每周的什么时间要上课，什么时间要开会，什么时间要参加重要的活动？如何不耽误或遗忘这些活动呢？最有效的方法就是使用备忘录。纸质的日历、手机日历、Outlook 软件等都是非常好的备忘录工具。

当然，用思维导图做备忘录也是不错的主意，根据不同的情况还可以制作年度备忘录（一年中重要的大事）、月备忘录和周备忘录。用思维导图制作的备忘录能更清晰地展现事件和事件之间的关系。

2. 计划法

备忘录适用于管理时间相对固定、事务比较少的情况。当事务逐渐多起来并且时间具有一定的灵活性时，备忘录就不再适用了。此时，你就需要对事务进行整体的规划，对时间进行合理的安排。此时我们就用到第二种时间管理方法——计划法。比如在每个星期开始前，提前想一想这一周都需要做一些什么事，这些事都分别安排在什么时间做。如果说备忘录法是被动的时间管理的话，那么计划法就是一种主动的时间管理方法。

运用思维导图做计划具有较大的优势：一是整体感强；二是调整起来非常方便。

3. 四象限法

在事务总量进一步增加以后，你会发现要把每件事情都安排到时间表上越来越困难，这时就需要思考应该优先做什么，以及在时间不够的情况下应该舍弃哪些事务。

四象限法就是一种有效应对大量事务的思考方法。四象限法将我们要做的工作按照它的紧急程度和重要程度划分成 4 种类型，用二维坐标系来定位，正好位于 4 个不同的象限。

如图 2-9 所示，第一象限是重要紧急型任务，这类任务包括紧急会议、临近的考试等。第二象限是重要不紧急型任务，如学生要准备 3 个月以后的期末考试，读大一时为大四的考研或者出国做准备等。第三象限是不重要也不紧急型任务，这类任务包括逛街消磨时间，或者漫无目的地刷刷微

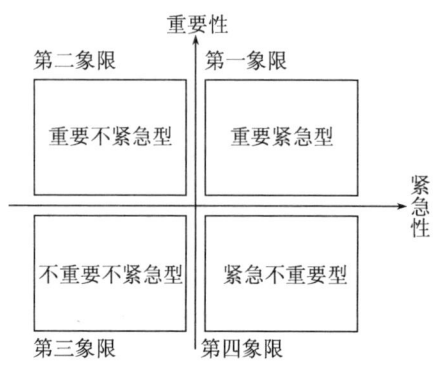

图 2-9 时间管理的四象限法图

信朋友圈和微博等。第四象限是紧急但不重要型任务,如别人的骚扰电话、不速之客的拜访等。

当然,同样的事情对不同的人来说可能被归入不同的类型。同样是不速之客的拜访,对一位深耕的作家来说是紧急不重要型,但对一直苦苦等待机会的人来说却是非常重要的机会。

那么问题来了,当四类任务同时发生时,它们在你心中的优先级顺序是什么?很多人会回答第一象限—第四象限—第二象限—第三象限,因为第一象限和第四象限的任务看上去都是要马上着手做的,第三象限的任务显然是可有可无的。那么如果问题换成:你的时间如何在这四类任务上进行分配?不同于上一个问题是面对众多事务的应对策略,这个问题是日常任务的处理策略。

那么我们需要看一看偏重不同的任务会有哪些结果?当我们把大量时间用于处理重要紧急的事情时,会感受到压力巨大,常常筋疲力尽,忙于处理各种危机,总是在收拾各种残局;但是,当我们把精力多花在处理重要不紧急的事情上的时候,那会成为一个有远见、注重平衡、守纪律且自制的人,这样的人很少会有危机。那么有人就会问,我每天要处理的重要紧急的事情那么多,哪有时间去做重要不紧急的事情呢?要知道,所有的重要紧急的事情都是从重要不紧急的事情转变过去的,如果你能逐渐把自己的注意力放到重要不紧急的事情上,那么重要且紧急的事情就会越来越少。

那么我们对待这四类任务的态度应该是什么样的呢?对于重要紧急型

任务，我们要努力控制，避免其扩大化；对于重要不紧急型任务，我们要多投资，因为只要我们多做一点，将来就会有回报；对于紧急不重要型任务要尽量减少，而对于不重要不紧急型任务应该尽量避免。重要不紧急型任务好比石块，重要紧急型任务好比碎石，不重要紧急型任务好比细沙，不重要不紧急型任务好比作水。假如我们把有限的时间比作一个大水缸，那么把水缸装满的智慧方法就是先装石块，然后装碎石，再装细沙，最后灌满水。思维导图无疑是帮助我们完成四象限分析的有效工具。

当有些人的重要紧急的和重要不紧急的事情太多，用四象限法仍然力不从心时，这时候有了二八法则，也叫作帕累托时间管理法则。二八法则是意大利经济学家帕累托提出的，其核心内容是生活中80%的结果几乎源于20%的活动，如世界上80%的财富是被20%的人掌握着，世界上80%的人只掌握了20%的财富；又如，你拥有一款功能强大的智能手机，但是你在大多数情况下只会用到它不到20%的功能。那么对于我们的时间管理来说，我们可以把要做的事情分成两大类：一类是占用80%时间的琐碎的多数事情，但这些琐碎事情只带来了20%的成效；另一类是占用20%时间的重要的少数事情，但这少数重要事情却带来了80%的成效。

所以，时间管理的目标是从自己的工作时间表里找出那最有价值的20%的时间，并努力将它扩大到40%、50%甚至更大的份额，在这个过程中不断优化你的时间，总之，要尽量压缩低价值时间。

虽然二八法则是一个高效的时间管理方法，但是过度使用也会带来问题。比如会被认为过于功利，从而导致人际关系恶化。

思维导图就能够快速地帮助人们分清主次，安排日常事务，并找出易于浪费的"隐性时间"。例如，思维导图用于计划法，如一周工作计划，我们可以用它很清晰地明确一周的工作任务；思维导图用于四象限法，可以帮助我们把众多任务进行归类，便于我们直观了解到哪些任务需要投入精力，哪些任务可以舍弃；思维导图用于二八原理法，可以帮助我们确定不同事情的投入和收益关系，从而提高效率。

以上四种时间管理方法没有谁比谁更优越的问题，更不存在谁替代谁的问题。在实际操作过程中，我们往往综合采用多种时间管理方法。

【时间管理小词典】

火车晚点效应

我上大学时一直坐绿皮火车来北京，那时火车晚点的概率非常高，从合肥到北京原定17个小时的火车常常晚点到24个小时。我惊讶地发现火车晚点的趋势其实是不断增大的，从一开始晚点1个小时、2个小时的广播通知不断增加到最后晚点7个小时。我就在思考，为什么火车晚点的趋势是不断增大的呢？后来想明白了，因为晚点的火车必须为正点的火车让路。

我们完成工作任务也是一样的道理，总觉得明天再完成也不迟。但到了明天有明天的工作，今天耽误的工作就会一直耽误下去。这些被耽搁的工作就成了停在铁轨上永远到不了站的火车。时间管理的一个重要目标就是要让火车少晚点，同时让那些已经晚点的火车尽可能早到站。通过梳理任务，找出时间空当，让拖延着的事情尽快完成。

时间管理是计划将来，还可以用思维导图记日记来总结过去。将两者结合是提高执行力的重要步骤。

【时间管理小练习】

1. 罗列一下今天要做的事情，把它们按照四象限法分类，分成重要紧急、重要不紧急、不重要紧急和不重要不紧急四类，并试着去做一做。

2. 想一想自己有没有"晚点的火车"，应怎么找出"时间的缝隙"，争取让它（们）早点到站呢？

【大师的引领】

大师的读书之法

自从有了书籍，就有了读书法。好的读书法能事半功倍，而大师的读书之法，更能带来一种心境，一种文化的味道。

梁启超强调不动笔墨不读书。他说："若问读书方法，我想向诸君上一个条陈：这方法是极陈旧的、极笨极麻烦的，然而实在是极必要的。什么方法呢？是抄录或笔记。"他进而解释说，大抵一个大学者平日用功，总是有无数小册子或单纸片，读书看见一段资料觉其有用者，即刻抄下。资料渐渐积得丰富，再用眼光整理分析它，便成一篇名著。这种工作，笨是笨极了，但真正做学问的人，总离不开这条路。他自己无论精读还是泛读均做笔记，只不过方式略有不同而已。

陈寅恪倡导为人治学当有"独立之精神，自由之思想"。他读书时，习惯将自己的考证、注释、心得，写在书籍的书眉上。他的文章有独特的风格，他总是习惯于先引上若干条史料，然后再加上一段按语的做法。给人的感觉，他的文章更像是没有经过加工的读书札记。胡适在日记里曾经这样评价说："寅恪治史学，当然是今日最渊博、最有识见、最能用材料的人，但他的文章实在写得不高明。"

胡适注重读书方法，指出"精"和"博"是读书两个要素。他将这个看法编成两句口号："为学要如金字塔，要能广大要提高。"胡适说他的"大胆假设，小心求证"的这种治学方法，是在哥伦比亚读书时，翻阅《大英百科全书》偶然发现的。胡适还有读书三好：一好夜读；二喜在厕上、电车里读书；三好连贯式读书。胡适读书自己规定，每日读书不少于6小时。他还说"读书非毕一书勿读他书"。胡适所谈虽是常识，但却能够不落俗套，常中见奇，自具慧眼。

朱自清主张通读，强调"读"的功夫。他推崇清人姚鼐"放声疾读，久之自悟"和曾国藩"非高声朗读则不能得其雄伟之概，非密咏恬吟则不能探其深远之韵"的观点。读古文如此，读白话文也是；诗词需要吟诵，经典著作也需要反复熟读。对此，他说："经典给人知识，教给人怎样做人，其中有许多语言的、历史的、修养的课题，有许多注解，此外还有许多相关的考证，读上百遍，也未必能够处处贯通，教人多读是有道理的。"

马一浮十分重视读书的方法，他曾撰《读书法》，论述和总结了读书的方法和经验。他说："欲读书，先须调心。心气安定，自易领会。若以散心读书，博而寡要，劳而少功，必不能入。以定心读书，事半功倍。随事察识，语语销归自性。然后读得一书，自有一书之用，不是泛泛读过。"他还认为读书的终极目的，在于明理修德。明理之旨，终归还是养德。明理践性为历代大儒者所提倡，更为马一浮终生所实践。

许多人说钱锺书记忆力特强，过目不忘。实际情况是，钱锺书不仅读，还做笔记，所以他读的书虽然很多，也不易遗忘。他做笔记的习惯，是在牛津大学图书馆"饱蠹楼"读书时养成的。那里的图书概不外借，书上也不准留下任何痕迹，学生们去读书，只能携带笔记本和铅笔，边读边记。钱锺书做一遍笔记的时间，大约是读这本书的一倍。他觉得一本书读第二遍，总会发现读第一遍时会有很多疏忽。最精彩的句子，要读几遍之后才发现。

读书百法，或精读，或博览，或慎思，或好问，或质疑，或笃行……好的读书法，能洞察社会，了解人生，使人从中获得知识、智慧和才能！

【时文选读】

排名在前 1% 的学生是靠天赋还是靠努力？

排名在前1%的学生，既不是靠天赋，也不是靠努力。真正决定性的因素是习惯。我知道，很多人对学习的理解如图2-10：

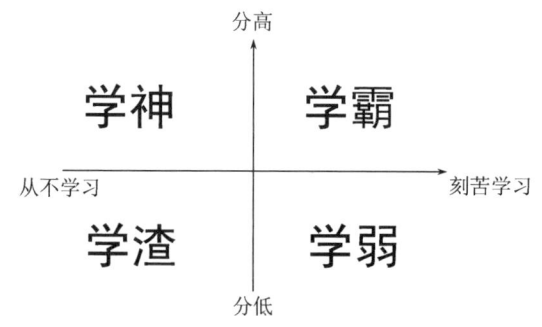

图 2-10 对学习的理解

在他们看来，天天上课睡觉打游戏，然后考前翻翻书，最后考试九十多，就是天赋高；认真听课挑灯夜战，结果最多六七十，就是天赋低。在他们看来，面对同样的问题，一看秒懂就是天赋高，苦思冥想也一头雾水就是天赋低。在他们看来，天赋完全是基因决定，生而有之，不可逾越，永久保留的。天赋低的人再怎么努力，也无法弥补这种差距。天赋是勤奋的功率。总而言之，很多人的学习观就是："成绩=天赋×努力；天赋=成绩÷努力；努力=成绩÷天赋"这套简单的公式，真是一种非常肤浅的学习观。

我认为，天赋的差距是存在的，并且这种差距在学习中的作用也是存在的，我没有完全否定天赋的重要性，但是，大多数人高估了这种天赋的作用。人们对学习现象下意识的肤浅认知，会导致我们把很多其实源于后天习惯但比较隐蔽的因素，归因于天赋。

（1）学习本身是自带加速度的

其实，在很多情况下，我们所谓的"天赋"，应该叫"伪天赋"才对。那些让"学神"们用更少的付出，得到更好的成绩的因素，可以归结为两类：学习习惯与思维习惯。这两者的作用是如此广泛，如此隐蔽，以至于渗透到了学习的每一个细节中，体现出来就是一种"天赋"的错觉。

学习习惯有多重要？一个学习习惯差的人，可能在幼年缺乏管教，"放弃枯燥的事物而寻求娱乐"的经验更多，于是，神经突触的建立，让他习惯于从中获得快感，适应了高刺激的事物。一个学习习惯好的人，可能被教育得好一些，从小适应了枯燥的钢琴舞蹈书法绘画，于是追逐刺激的经验更少，适应了低刺激的事物，更习惯于在枯燥中坚持下去。并且，随之而来的好成绩正向激励了这种亲和枯燥的习惯。于是，同样是看书遇到枯燥的章节，前者在低刺激的环境中，更倾向于走神，花了两小时在随时袭来的走神中，走走停停，勉强推完了这个坎；而后者更倾向于专注下去，二十分钟就能推完。并且两人对该章节的印象深度天差地别。

事后，很多人就会觉得这是天赋，是智商。

一个学习习惯差的人，可能在早期，生活在一个节奏缓慢的教育环境中，更多地体会了拖延学习来开小差的快感，于是神经突触的建立，使其习惯于拖延。而习惯好的人可能相反，在每一次立即行动后，获得了巨大的奖赏。于是，这种正向刺激的积累使其养成了毫不拖延的习惯；于是，同样是上课讲到稍微艰难的点，前者更倾向于打算拖到课后再消化，然后开起了小差，后者则更倾向于直接正面应对，当下解决问题。结果，前者不仅上课的时间完全浪费，课后还要以加倍的时间，以更低的效率消化，造成极其恐怖的时间亏损；而后者则能在一马平川的课后时间自由地平推进度刷熟练，由此多出三四倍的有效学习时间。

事后，很多人就会觉得这是天赋，是智商。

学习，本身就是一种积累的过程。很多人误以为学习这个动作只是在积累路程，大错特错。学习也能积累学习的速度——换言之，学习本身，是自带微小的加速度的。越学习，就越适应学习，越在"放纵/学习"的艰难抉择中，选择后者，你对后者的突触建立就更强一分，下次选择坚持学习，也就不那么痛苦一些。所以，我一向认为，那些说什么"能够努力也是一种天赋"的，不是思维过于简单，就是在为自己的懒惰找借口。

(2) 学习效率高的人往往都有极好的阅读习惯

我知道，很多人会举×××天天上课吊儿郎当，回宿舍就打游戏，照样年级前十的例子，来反驳我"学习效率高的人一定拥有好的学习习惯"这一点，接下来，我就说一下这群人身上的另一种——思维习惯。这种因素更重要，也同时更隐蔽。

思维习惯有多重要？我们在学习一个新事物，往往是依靠其与已知的事物进行比较与联系。比如我们见到一个由几根木棍支撑的木板，会马上判定这是一张"桌子"，因为我们在后天见到的所有具有类似特征的东西，都被我们分类为"桌子"了，于是，这一类物品就和"桌子"这个词语联系在一起。类比到学习，当概率论讲到大数定律的章节，一个听说过价格回归、价值定律的人可能秒懂，一个听说过"路遥知马力，日久见人心"的人可能更容易理解；当物理课上讲到匀减速直线运动的规律，听说过"强弩之末，不能穿鲁缟"的人可能更容易理解……

这种思维习惯的获取，相当大的途径就是阅读习惯的养成。按照《如何阅读一本书》中的分法，书籍的作用有两种，一是提供经验，二是教授理论。比如一部小说，就是一系列经过高度整理，高度有序化的经验；一本科普杂志，除了经验之外，还有一系列浅显通俗的理论。

一个热爱阅读小说新闻的孩子，在早期可能就通过阅读这种可以最快提升自己经验丰富度的途径，拥有了远超其他同龄人的早期经验积累，而人总有从已有经验归纳理论的倾向。这个过程好比核裂变里中子的释放一样——物质体积越大，发生中子撞击的可能性也就越大。人的经验越丰富，平时突发灵感，从经验归纳出理论/联系的可能性也就越大。面对新知识时也就更容易触类旁通，举一反三。一个热爱阅读科普杂志或者浅显理论的孩子，则更容易养成锻炼出自己接受外来理论与整理既有经验的习惯。同时，一个个由以往经验整理出理论的成功案例，很可能会在价值观上激励他们思考，并养成强烈的思考倾向。

你仔细观察那些学习效率高的人，就会发现，其小时候或多或少都有爱阅读的习惯。无论是何种阅读，都有产生精神愉悦的可能。而这种愉悦将成为宝贵的早期正向激励，使其爱上吸收外界经验、接受外界理论，或者开始看到一道难题就忍不住思考，忍不住推敲的习惯。细分起来，他们可能也因此爱上数学/物理/天文/历史等等具体的领域。所谓兴趣，很大程度上也是后天的。而兴趣对一个人学习的作用，不言而喻。

（3）做题本质上的好处是熟悉逻辑通路

而即便是大家所公认的天才，其成就也源于常年思维习惯的锻炼。比如高斯，他说自己学会说话之前就会计算了，这说明，在高斯的幼年经常接触到各种数字，无意间让他很小的年龄就掌握了初等算术。高斯的计算强度有多大呢？1818 年，高斯开始从事测地工作，整个工作持续了 8 年，高斯白天测绘，晚上计算，野外实测数据汇总后，全部计算工作由高斯负责，总计算量需要这个人一天不休地计算 10 年！

这种后天的思维训练的魔力是巨大的。比如说，同样解决一道难题或理解一个难的概念，需要经过至少七层嵌套的逻辑，一个经过高度逻辑训练的人，前三层逻辑早已烂熟于心，第四、五层逻辑又在他以前做过的题目、看过的书中熟悉过，剩下的工作只不过是推出剩下的两层逻辑而已；而一个没经过高度逻辑训练的人，可能只能熟悉前两层的逻辑，要解决这个问题，他就要占用极大的工作记忆空间，经历无数次试错，承受大量不熟悉逻辑的痛苦，才能推出那高达五层的逻辑树。于是解不出来就是很正常的事了。

我们每做一道题目，每理解一个概念，每尝试一次思考，就是在不断地熟悉其内容底下的一个个逻辑通路。这种逻辑通路的熟悉，会迁移到我们未来遇到具有类似底层逻辑的问题中去，从而举一反三。

换言之，做题本质上的好处，就是熟悉逻辑范式，缩小推理的"可能性空间"，从而让自己的逻辑习惯能更好地拟合实际问题的路径。

（4）习惯的上升空间太大了

以上所列出的每一个具体习惯，都只是习惯、天赋、努力、环境、经历、方法等诸多因素的因素集合之一，一个人可能只需要十中得五，就已经很了不起了，十中得七八的"天才"，也会有二三短板。但总的来说，最根本性地决定学习效率的，仍是后天习惯。

无数的学生依据其从小到大的一个个习惯，积累下的一点点经验，纷繁复杂的成长环境，人尽不同的个人经历，高低不平的天赋和主观能动性，上上下下地分布在这个国家的每一个学生身上。

而那些排在前1%的学生，或是在天赋上突出，或是在习惯上突出，或是方法努力等突出，又或者平均而都不错。而在这个分布中最右端的那些人，往往在所有变量上都至少做到了"优秀"这个层次。

我知道，很多人会反驳说，到了最顶尖的水平，只能拼天赋。换句话说，就是流传得很广的所谓"努力决定下限，天赋决定上限"。但是，我们也要明白，在无数个变量产生的高斯分布中，越往极端靠近，短板效应就越严重。在最顶尖的位置，习惯、天赋、努力、方法等已经是缺一不可。此时，所有的高权重因素基本都会成为必要条件，天赋在其间并无什么不同之处。

曾经认识的一个成绩优异的人，她身上就集成了顶尖的天赋，强大的规划能力，最优秀的教育资源，从小刻苦的才艺训练，对特定学科的热爱，每天精确6小时睡眠的作息等优秀的因素，才有了最顶尖的成绩。

所以说，所谓"天赋决定上限，努力决定下限"也是不准确的，所有的因素共同决定上下限。天赋唯一的特殊性就是不可改变。以大多数人的习惯之差，习惯的上升空间不知有多大。

（5）智商带来的能力差距比习惯小多了

我从来都不否定天赋的重要性，智商带来的能力差距确实是存在的。但你的归纳能力再高，也抵不上爱阅读的孩子积累下可观的经验与理论存量；你的反应速度再快，也抵不上意志强的孩子听课从不走神的耐力；你的工作记忆再强，也抵不上家教好的孩子轻易专注两个小时的好习惯。

但这篇文章，不是来给你灌鸡汤的。我想说的是：学习习惯与思维习惯，是另一种形式的"阶级固化"。无数的习惯，就像一道道坚固的高墙，在从小的钢琴绘画与电子游戏之间，在一本本数理启蒙文学名著与网络爽文无脑漫画之间；在巧妙的引导鼓励与粗暴的填鸭灌输之间，在科学的言传身教与无度的溺爱之间；在周游世界博览群书和无所事事游手好闲之间，在从小热爱推理痴迷编程与热爱游戏痴迷逛街之间；在一贯的三好学生与起起落落的吊儿郎当之间；在竞赛班的灯火通明与普通班的嘻哈玩乐之间……悄然建立。等你发觉这一切之时，高耸在普通人和学霸学神之间的，已是一道道无形而万难贯穿的壁垒，残酷地分隔出强弱有序，不可僭越。

我相当反感当下流行的一种"鄙视链"的风气：我们不谈对学科的热爱，不谈对学习的坚持，却偏偏要攀比成绩除以努力的那个"商数"是高还是低，拿来排出一二三四，论出甲乙丙丁。一个人好好学习而成绩一般，就该鄙视，这个人成绩不错还能天天打游戏，就更要奉为至高无上的大神——这是一种何其病态的风气。

当然，学习效率还有另外的因素，例如学习环境：在一个进入冲刺状态的重点高中的晚自习课，学习效率当然比离期末考还有大半个学期的大学日常，要强得多。在一个好的环境中，许多习惯上的缺陷可以得到补偿。所以，选择一个好的环境也是非常必要的。

蓝图绘一张，高中我做主

本章阅读到此，你可能对了解集体、自己、学校等都有了比较清晰的认识，也对如何高效的学习和读书有了一些思考，同时，对时间的安排可能也有了一些方法了,那么,怎么度过高中三年这美好又珍贵的时光呢?请赶快行动起来,为自己写一份高中生活的规划吧。

入学之初的生涯规划

(一) 高中生涯规划课程的初衷

出于多年经验的积累、高中新课改带来的契机、对高中阶段学生知识能力迅速攀升的了解以及对人的多样性的尊重,我们感觉迫切需要解决下面四个问题。

1. 让学生学会认识自我,找到生涯规划的起点。
2. 及时回应学生内在的心理需求。
3. 引导学生形成正确的人生观、世界观。
4. 培养学生"持续发展"的能力。

在这样的需求下,学校一般会设置生涯规划选修课程,聘请大学教授、本校名师、成功人士做生涯辅导报告;往届学长座谈讨论,让同学们制订自己的第一份生涯规划;将生涯规划的概念纳入高中三年的教学活动中。

(二) 生涯规划的课程目标

1. 培养了解自己的能力,如兴趣、价值观、性格、专长等,了解个人发展与生涯规划的关系。
2. 收集有关环境资源的信息,如专业前景、能力要求、发展趋势等,进行个人与生活环境的探索和选择。
3. 发展适应环境的能力,如人际和谐、承担责任、工作学习表现等。
4. 发展生涯决定的能力,为自己确立可操作的目标并且努力实现,在实现的过程中可以灵活调整。
5. 培养宏观及具有前瞻性的生涯态度和信念。

素质提升大课堂

高一是高中起始年级,学生在高中阶段的学习习惯、文明素质、个性观念等都没有成型,因此,学校应该抓住契机,利用这一年的时间,制订完善的计划，培养学生良好的生活和学习习惯，让他们认识到"细节决定成败，习惯成就人生"。另外，随着教育改革和高考改革对学生人文素养要求的提高，为了更好地提高全体学生的审美情趣、文化品位、人文素养和科学素质，培养学生的良好学习习惯和思维品质，引导学生树立坚实的社会责任感和使命感，构建文明和谐的校园文化，并在德智体等方面均衡发展，年级组应该制订"学生素养全面（人文+体育）提升计划"。

高一年级工作的关键词是"习惯、素质、奠基"，培养优秀习惯，全面提升素质，为未来奠基，这应该是全体老师的共识和追求！

新课改着眼于学生学习自主性的提升，"学生素养全面（人文+体育）提升计划"应以"培养"二字为主："培"重在教师的指导，"养"重在学生的心智积淀。各科的学习，都少不了学科基本素养的提升。面向全体高一学生、依托各学科教师打造的"提升计划"，应历时一年，内容涵盖文史、涉猎外政、辐射视听、取材体脑。年级组的这一计划，是彼此历练、施行教育、共创辉煌的第一步。

【生涯规划之规划】

高一生涯规划课程设计简案

1. 学校高一年级生涯规划课程启动大会。
2. 班主任接受德育处老师培训霍兰德职业倾向测验使用方法。
3. 建议班会主题："我和我的高一×班"，可以通过"滚雪球""回旋沟通"让学生推销自己、了解同学，增强班级凝聚力。

  （1）班级成员自我介绍；
  （2）分小组推销自己；
  （3）直接任命或自荐成立临时班委会，制订班规；
  （4）班主任提出生涯规划课程要求。

4. 高一年级生涯规划课程——校本课程介绍（教务处）。
5. 与往届生座谈，学习《学校学生日常行为规范》。
6. 高一年级生涯规划课程——主题报告：校史教育。

7. 生涯规划：相当于生涯规划小结。

（1）讨论后写高中学习计划——准备在高中如何成长；

（2）准备给学校留点什么；

（3）写出对个人未来生活的设想（各班收齐后将优秀稿件复印并交到德育处）。

【生涯规划课程展示】

表2-2　生涯规划高一部分的课程设置

课程内容	课程目标	实施方式	具体时间安排
第一单元 了解生涯规划	了解个人成长与生涯发展的关系	团体辅导，家长学生共同听取报告了解学校、了解高中生活	8月8日 家长学生大会
第二单元 认识自我 找到起点	从能力兴趣、性格、价值观、生涯信念、自我肯定等方面了解自己	小组活动，通过自我介绍和互助分析认识自我/分小组推销自己/直接任命或自荐成立临时班委会	8月18日 主题班会：喜相逢
	了解各种生活角色及性别角色内涵，了解角色间关系，面对自己、接受自己	问卷调查	8月19日 霍兰德职业倾向测验
		团体辅导	8月19日 生涯规划主题报告
第三单元 环境资源的探索	学会高中学习	校本课程介绍	8月20日 校本课程介绍
	了解高中教育发展	团体辅导 由优秀学长分组进班进行	8月21日 生涯规划班会：了解高中生活
		主题报告 校史教育	8月22日 生涯规划主题报告

表 2-2（续）

课程内容	课程目标	实施方式	具体时间安排
第四单元 生涯决定	梦想激励	小组讨论，走出不确定和不熟悉的状态	8月23日 主题班会：我的生涯彩虹
	生涯评估与决策	为自己确立可操作的目标并且努力实现	8月23日 个人作业

【年级学科规划展】

高×年级学生素养提升大课堂

1. 课程目标

按照学校教育教学工作要求，结合高×年级工作实际，本课程旨在让学生深刻领悟"自强不息、厚德载物"的内涵，引导学生在德智体等方面均衡发展，树立坚定的社会责任感和民族使命感。

2. 课程计划

本课程由两大部分组成：人文提升计划和体魄提升计划。

人文提升计划，包括语文、英语、政治、历史等学科：语文经典阅读系列，含《论语》《巴黎圣母院》《红楼梦》等；英语素养培养，奥巴马讲话、英文电影欣赏、英文电影配音大赛等；政治有"充当世界货币的摄影影像"等；历史有"中国古代选官制度史""欧洲中世纪历史""中国近代政治制度的新陈代谢"等。

人文提升计划之语文经典阅读系列（分两个学段）

[第一学段]

阅读时间：第一周到第五周每周五下午第三节课。

阅读内容：必读《论语》，选读《大卫·科波菲尔》。

开展方式：

(1) 两周泛读，第三周划定范围背诵，用稿纸抄写范围。

(2) 十一继续背诵，"书法""心得"作业，回来后百句《论语》默

写比赛。（计划 10 月 13 日班会后检测）

(3) 十一后"书法""心得"手抄报完成，并做优秀展示。

(4) 明礼仪，爱学校，看《孔子》，做新人。（9 月 15 日看电影《孔子》，了解孔子的生平及《论语》成书的基础）

(5) 观看《百家讲坛》有关《论语》的视频，拓展视野，提高认识。

[第二学段]

阅读时间：第十一周到第十五周每周五下午第三节课。

阅读内容：必读《巴黎圣母院》，选读《家》。

开展方式：

(1) 用 2~3 周时间阅读文本。

(2) 利用某一周班会后时间看电影《巴黎圣母院》，分享形象艺术感受。

(3) 制作《巴黎圣母院》读书报告，选取优秀作品宣讲。

(4) 制作《巴黎圣母院》电子报，择优展出。

人文提升计划之英语素养培养

表 2-3　英语素养培养

日期	内容	时长要求	负责人
9 月	高中英语学习习惯养成计划 作业规范 查词典 初高中语法知识衔接	长期	全组
	全年级统一活动：奥巴马对全美中学生的讲话	1.5 小时	老师
10 月	英语课外阅读，书写读书报告	1.5 小时	全组
	全年级统一活动：英文电影欣赏	1.5 小时	老师
	英文手抄报展：Lifestyle，Heroes		老师
	模块 1 考试	1 小时	全组
11 月	读书报告汇报展	1.4 小时	老师
	期中考试　英文书法展		全组

表 2-3（续）

日期	内容	时长要求	负责人
12 月	全年级统一活动：英文电影配音大赛	3 小时	老师
1 月	模块 2 考试	1 小时	全组

人文提升计划之政治素养培养

在当今众多的艺术门类中，视觉艺术独领风骚：多媒体艺术（如网游）、电影、录像艺术、绘画、建筑、摄影，不一而足。相对而言，静止的摄影作品比较容易讲解和研究，运动的电影等则较为复杂，更不用说建筑了。

如何理解照片？众多思想家给出了自己的回答。学生在听讲座前，宜预习一些入门资料，如阅读柏拉图《理想国》关于"洞穴的寓言"部分、了解新闻摄影真实性的争论，或观看电影《天堂电影院》中作为道具的照片与电影胶片的叙事功能等。

"充当世界货币的摄影影像"讲授时间，将安排在春夏学期。

人文提升计划之历史素养培养

1. "中国古代选官制度史"扩展阅读、讲解与思考。
2. "欧洲中世纪历史"故事阅读、讲解。
3. "中国近代社会的新陈代谢·圆明园之前世今生"讲座、交流思考（聘请老师讲解）。

1、2、3、4、5 班：11 月 17 日周四班会，14:40 开始，大阶梯教室。

6、7、8 班：11 月 24 日周四班会 14:40 开始，大阶梯教室。

体魄提升计划

9 月份活动：北京市新推广的武术操《英雄少年》年级比赛。计划 9 月 22 日周四班会时间举行。

10 月份活动：篮球绕障碍运球比赛（每班男女生各 10 人参赛，计时比快）。计划本月最后一个周四举行。

11 月份活动：年级拔河比赛（抽签单轮淘汰赛），或校园长跑。时间待定。

12 月份活动：年级跳长绳比赛（每班男女各 15 人，5 分钟计时比多），或校内红旗接力赛：400米×20人（每班男女各10人）。

3. 课程评价

本课程评价的指导思想是：分科展开，不拘一格。

如语文学科：(1)活动获奖作品将在展板中展出，并红榜表彰；(2)获奖者可获得一定的物质和精神奖励（图书、笔、本子、表彰会等）；(3)优秀作品结集成册，并希望学校给予印刷支持。

4. 课程活动方式

教师讲解，学生阅读，学生讨论。

【生涯规划大家谈（一）】

我的高一生涯规划

初中三年的生活转眼间已经结束了，但初中时光还依然历历在目。我很成功地考取了自己理想的高中，对高中生活满是期待，也计划了不少。

在我看来，高中是人生中最珍贵、最难忘、最有意义的一段时光，因此，我要好好利用高中三年的时间提高自己各方面的能力，为以后的人生打下坚实的基础。

1. 环境适应方面

目前我还没有完全找到状态，有时看见初中楼心中还不免几分伤感。但我要尽快和过去的时光说再见，踏上新的征程。我会全心投入高中生活，上课认真听讲，课下认真写作业，并和同学、老师尽快熟悉。

2. 学业发展方面

在初中我一直是个学习成绩总体还不错但理科不够优秀的孩子，未来我要选择理科、更宽广的人生，我要学好数学、物理。首先，我会上课专心听讲，然后课下有不懂的立即去问老师，不会再像初中一样一直拖着，当然还要多和老师同学探讨以尽快找到最适合自己的学习方法。在新增的学科中，我会紧跟老师的步伐，不想让那些学科成为我的绊脚石。英语方面我要扩大词汇量，为了以后出国学习打下牢固的基础。

我的高中阶段学业的最终目标是争取保持年级前150名，考取国内一流大学或国外有奖学金的大学。为此我会在高一时尽快适应高中学习，在高二时，努力提升自己，高三时，为人生拼搏一年！

3. 人际交往方面

我希望在高中能够一样和同学和谐相处，拥有好的人缘。为此，我目前会努力认全新同学，和他们结交，帮助同学。当然我也会尊敬老师，和老师及时交流沟通。

4. 社团活动方面

在高中，我想继续我的初中生活，在学习之余，担任班干部。发挥我的组织能力，尽自己微薄的力量为班级作出贡献。我认为当班干部不仅是为班级做事，更重要的是能够打磨自己。除此之外，我还想要加入学校的社团，在其中锻炼自己的活动能力，增长知识面，为我以后的职业梦想奠定基础。当然，我很渴望为班级服务、作贡献，因为我觉得从中获得的成就感、满足感让我十分欣慰。

5. 身心健康方面

我向来乐观向上，可能有的时候会有小小的不自信，但我从来不会轻言放弃。我打算继续培养自己的积极心态走完高中生涯。在身体方面，我会锻炼身体来应对高中紧张的学业。

6. 休闲生活方面

我很热爱生活，很爱组织活动。我想我会在高中初期通过各种有益的方式提升自己的内在修养，我会坚持读各种书，坚持练书法，让生活更有意义而不是碌碌无为。我也想在业余和同学们交流、聚会，增进感情，共同探索人生之路。

以上就是我高中生活的简单规划。父亲常和我说"做规划就如同导航一般，没有导航总会迷路"，在高中刚开始的时候我做了这个规划，但愿我能一步步完成，三年之后收获属于自己最饱满香甜的果实！

【生涯规划大家谈（二）】

我的高中生涯规划报告

对于未来，我的初步理想是学企业管理学、经济学或建筑设计。我本身就喜爱冒险、竞争，并且精力充沛，拥有很好的人际关系，有责任感，也能在集体中很好地工作。我的职业价值观是，能够找到一份人际关系良好、能发挥我的特长并且工资福利高的工作。恰好通过测试证明，我是一个企业型、研究型与社会型兼具的人，和我的目标十分一致。而且，我以后非常想去美国上大学，学习他们的先进教学理念并感受异国文化，虽然，我知道也许会有许多困难，但是我相信通过我高中的努力，一定可以实现自己的目标。因此，我高中三年将在以下方面作出努力。

首先，是要学会融入一个新的环境。这点其实我并不担心，因为班里绝大部分的人早在初中就认识，而通过八天的军训，也让我对一些外校来的同学有了一定的了解。我相信通过与同学有意识地增加交流，人际关系方面能初步稳定。对于高中的新老师，希望自己通过非常认真地听课从而掌握老师的授课风格，并且遇到困难主动与老师沟通，与老师建立良好的师生关系，从而为以后三年的高中学习打下基础。

其次，要学会根据兴趣有效利用社团活动。为了成功学习经济与企业管理，我初步决定参加模拟联合国和经济与企业管理（简称JA）这两个选修课。参加模联，是为了锻炼自己的胆量，以及更好地与人沟通相处的能力，使自己站在一个更大的舞台上学习，这对于一个企业家来说是十分重要的。参加JA，是为了初步了解自己的职业兴趣，以充分确定自己是否真的打算为其努力。当然，参加这些必须要注意的是要在有余力的情况下，一定不能丢下主要的学习。所以我对于社团的目标是，尽力参与，有收获。

然后，再来谈一下休闲生活与身心健康。为了大学能够去美国上，我已经开始在新东方报了周六、周日两天的英语课，并且决定在高一的暑假考完托福。目标110分以上，虽然十分困难，但从现在开始的积累一定十分关键。如果还有时间，仍要坚持体育锻炼。因为我的胃不是很好，经常胃疼，所以还要注意饮食并有好的生活作息时间。

最后要说的是，最最最最重要的学习方面。虽然我初中的底子还算不错，但是，我不得不非常羞愧地承认自己这一个暑假几乎就没碰过课本，而且，现在高中这个班是非常优秀的，大家都会十分努力地学习，想要取得好成绩变得更加不容易，所以，我对自己的初步定位大概在班级25名左右。当然，我并不会安于现状，希望通过以下的计划，争取在每次考试中都能取得微小进步，相信通过长时间的积累会有很大的回报。

1. 9~10月通过认真听课、勤做笔记、仔细完成作业等各种初中养成的好习惯，适应高中紧张的学习生活。当然，一定要努力发扬自己不懂就问的好精神，因为大家都很厉害，所以没必要觉得没面子。并要提高记笔记的速度，不要什么都记，学会抓重点。争取在每次考试中都有提高，哪怕只进步一名。另外，要养成勤复习和预习的习惯，改掉爱偷懒的毛病。

2. 对于数学，我觉得自己数论方面很差。多做题是个方法，但是也要通过做一道题掌握一种方法，不能盲目浪费时间。最好建立一个错题本，将不会的题进行归纳和总结，延续初中的好习惯。当然我发现班里数学厉害的人很多，所以可以多问他们，或者直接请教老师。当然，对于几何辅助线的原理，也要多寻找方法，多尝试。总之，就是要在基本概念理解的基础上多多做题，并且都总结在错题本上，坚持不懂就问。对于竞赛，我觉得自己可能不太擅长，可能是因为初中下的功夫少，没有达到老师的目标而灰心丧气，但就像老师说的，假如有余力的话，我非常愿意积极尝试。

3. 在英语方面，上课外班时一定不能还是初中时的懒懒散散的态度，要努力认真起来。主要方法是，通过一切方法背单词，练听力。必须要利用好一切时间，面对SAT（学术能力评估测试）、托福10 000左右的单词量，我现在最多也就3 000~4 000，差距非常大，而且单词量上不去，看不懂的话就什么都没戏了。平常在学校上课还是要努力听也要多练，提高口语水平，利用一切好的资源。

4. 对于物理和化学，我都认为自己在初中学得不错，但是我也听说高中的物理和化学会很难，所以仍是不能掉以轻心。最主要的是上课要认真听，努力控制自己，尽量不走神。记笔记一定要快。对于非常多的新知识和概念，还要通过不断理解，大量做题来巩固。

5. 对于语文，我觉得多背文章、多花时间看名著一定会有提高。我以前并不是很爱看名著，所以，要从高一开始，努力减少自己的上网时间，可能无法一下子减到很少，但是可以每周少上十分钟，挤出时间看书，慢慢养成好习惯，通过加大阅读量、背好的词句段落来丰富自己的内涵。

虽然企业管理学和经济学都归属文科，但是实质上是交叉学科，所以不能只注重单方面，我还是要注意全面发展。当然，这些只是我暂时一个非常模糊的计划，我相信通过以后不断地学习，与同学和老师不断的交流都会使我改变，并可能影响计划。因此要随时根据自身条件调整计划，要多与父母和老师沟通。

希望自己在高中三年取得优异成绩！

【名著阅读心得选】

《论语》阅读心得

十月的天空，天高云淡，独伫旷野，侧耳聆听，有一个声音从几千年前飘来："学而时习之，不亦说乎？有朋自远方来，不亦乐乎？……"声若洪钟。时光越千年，真理亘古不变。早在两千五百年前由孔夫子三千弟子辑录而成的《论语》，带着他的人生经验，穿越沧桑，依旧代代相传。

在我眼中，孔夫子的《论语》并非高不可及，一如所有的真知，《论语》亦是朴素的。然而，《论语》——这部曾被誉为治国之本的著作，究竟讲述了些什么？对于我们现代社会，我们现代人的生活，还有什么实际意义？我想，若是一定要为其找个恰如其分的喻体，那么，《论语》便是那人生航海旅途中的指南针，它不会教你任何航海技巧，却只是缄默地微笑着，轻声告诉你：莫要错了方向。

在我眼中，《论语》不是板着面孔的生硬的说教，更不是规则的强行灌输，而是把每一个心灵内在的良知唤醒。子贡问曰："有一言而可以终身行之者乎？"子曰："其恕乎！"意思如下：子贡问了老师一个很大的问题："您能告诉我一个字，使我可以终身实践，并且永久受益吗？"孔夫子听后，以商榷的口气说："如果有这么个字，那大概就是'恕'字了吧！"恕就是宽恕、谅解，它并非言语上的不在乎，'恕'中有'心'，宽恕源于内心、源于爱，是一种从心所欲的行为。常听人劝言："原谅他吧，宽恕了别人也是宽恕了自己。"人生既然是航行，便难免碰上些风浪，遇上了，是怨天尤人，斤斤计较，还是该放下就放下，继续掌舵前行？夫子的观点是宽容、放下。这样做并不仅仅是对别人，同时也是为自己，因为宽容背后为自己留下的将是一片海阔天空。

在我眼中，《论语》二十篇，篇篇都指向人生的成功之道，那就是让我们有限的人生能在智慧光芒的照耀下，提高效率，缩短历程，直达理想的彼岸。有这样一句大家都熟悉的话："子在川上曰：'逝者如斯夫！不舍昼夜。'"这句话很含蓄，但其中却饱含人生的沧桑。一如刘克庄之言："人世几回伤往事，山形依旧枕寒流。"夫子眼中的滚滚江河水，不止是一种自然的存在，其中流淌的还有挽不回、留不住的光阴。人生有限，自然永恒，在幽幽天地中，每个人都是一个渺小的、转瞬即逝的生命。因而泛舟于人生沧海上的我们，常常会在茫茫的大海中迷失了自我，只待老之将至时才发现自己离梦想的港湾还差了好远、好远。所以，我们需要有一种人生规划。子曰："吾十有五而志于学，三十而立，四十而不惑，五十而知天命，六十而耳顺，七十而从心所欲，不逾矩。"这是一个漫长的人生旅程，却有起点、有终点、有坐标，这是孔子一生的写照。然而我们要把自己的这段生命镌刻成什么样子，则需要我们一步一步地思考，其实人的一生不过是从光阴中借来的一段时光，分分秒秒都异常珍贵，过去了便是过去了，即使懊悔也回不来了。也许，并不是每个人都能成为孔夫子那样的圣贤，但只希望，在自己的垂暮之际，回望自己一生的航途，既有坚定的航向又有始有终，便足矣。

我想圣贤的意义便在于用最简朴的言语点出人生之道，不为虚浮的所谓道理，只是让我们每一个人真正建立起有价值、有效率的美妙的人生，大概这就是《论语》带给现代人的最珍贵的意义吧。

【问题与思考】

1. 高一学生一般有哪些心理特点？
2. 第一次班会可以用什么样的形式让学生更快彼此熟悉？
3. 设计一个以"认识自己"为主题的班会。
4. 校史教育有什么重要作用？
5. 高一年级如何进行高中生涯规划的设计？
6. 学校、年级如何在生涯规划方面加强和家长的沟通？

第 3 章

高二有点"乱" 繁忙+过渡

【开篇故事】 十七岁给我一首诗

《十七岁给我一首诗》是我高二时拍的一部微电影。之前常常在骑车上学的路上，想象一路的风景都配上背景音乐变成电影的画面，于是有了拍一部纪录片的想法，就拍上学路上普普通通的风景。微电影题目的灵感来自一本书和一部电影。书是冯唐的《十八岁给我一个姑娘》，写的是九十年代的北京。电影是姜文的《阳光灿烂的日子》，拍的是七十年代的北京。它们都带着浓烈的青春气息以及淡淡的慵懒，是我很喜欢的作品。受益于这两部作品，有了我的这部反映现在北京的微电影——《十七岁给我一首诗》。

图 3-1　微电影

第 3 章　高二有点 "乱"　繁忙+过渡

高二这一年，除了拍电影，我还读了好多书。不止写有文字的书，电影是书，社会是书，大自然也是。多看看这个世界，毕竟世界上绝大多数的美好，不需要花多少钱就可以得到。当然这世界上有很多的黑暗，但是直面黑暗之后，你会发现世界并不是非黑即白的，而是充满了矛盾。就像我从拍电影的时候开始关注城中村，后来每到一个城市，都要看看那里的城中村的样子，那些地方破旧而温暖，落拓而充满朝气，一般是一个城市中我最喜欢驻足的角落。又比如那时爱上了绿皮火车，后来专门去坐最便宜的班次里面最便宜的硬座，甚至专门去体验春运里的列车。的确，这是中国最混乱，环境最不宜人，也最廉价的交通工具，但是这里的众生百态，又每每让我感动。

高二多玩一玩吧，拍电影只是我挑的一种玩法，算是一种多动加上表达的欲望促成的一种玩法吧。根据自己的性格找一些喜欢玩的事，不用玩得很好，毕竟能够玩不好还志得意满，被人瞧不起还能胆大妄为的年纪，也就是这时了，瞎胡闹的十七岁。就像那一部微电影，不用怕赚不到钱就得不到投资，不用怕别人不喜欢，自己做了自己开心就好。

高二这个阶段，或许还留着些"中二"的情怀，又已经初具一些关于世界的认知。也许最适合实现儿时那些拯救世界的梦想，甚至只是做一些自己觉得很牛的事情的时候，就是现在。长大之后会更有能力，却不一定还有这时候的热情。但是如果现在做了一些对得起自己的事情，也许这热情能留得更久吧。

我觉得高二最重要的意义还在于，它是高三之前的一年，好好把知识的基础打牢，否则高三去补漏洞会很痛苦的。其次，就是我之前说的，多看看世间百态，简单说就是读书行路吧。行路不需万里，身边就有许多你想也想不到的故事在发生。第三，抓住机会尝试着追求一些奇奇怪怪的梦想，趁着十七岁，做得多么失败都没什么大不了。

最后有一点想说的，如果在十七岁有了自己一生想做的事，已经可以当真了。哪怕一时看起来很难实现，也可以先放在心里了。我当年读侯仁之先生的《北平历史地理》，一见钟情。现在兜兜转转，做科研找导师的时候，又找到了侯先生的学生，就当作是成了侯先生的再传弟子了。正所谓,念念不忘,必有回响。十七岁的事,可以念一辈子了。

高二学生　李××

十七岁,风华正茂,处在人生最靓丽的驿站——青春。这个阶段该如何度过才能无怨无悔呢?心理学家斯特朗曾将兴趣、能力与成就间的关系比作一艘带有舵和马达的船:马达代表着能力,决定船的行进速度;舵代表着兴趣,决定着船的行进方向;而成就好比是这艘船在一定时间、一定方向上行进的距离,这是由马达和舵的共同作用决定的。开篇故事中,李××的"舵"是"玩",很爱玩也很会玩。高二时他自编自导自己摄像拍的《十七岁给我一首诗》这部微电影,获得××中学学生节多项大奖。唯美的电影画面全是他梦中的风景,充满了诗意。李××的"马达"是大功率的,在学校,他忙里偷闲"读万卷书",节假日他去爬野山探险"行万里路",兼具孩童般的天真和深邃的思想。他在高中三年的成就也是不一般的,除做了很多自己满意且有影响的事之外,他还是这一届考试拿"年级第一"次数最多的学生,2016年高考,他以705分的实考分成为北京市"探花"。看得出来,李××的十七岁是充满诗意而且成就斐然的。每个人都有属于自己的十七岁,这样的美好阶段,你做好迎接它的准备了吗?你将如何规划并在这个舞台上展现自己呢?

忙而不乱　做好过渡

你可曾听说过"逢二会乱"这样的告诫和提醒?这里的"二"对于高中阶段指的就是"高二"。高一刚到一个陌生的环境,可能还有些"林黛玉进贾府"的谨慎,高二时对身处的环境已经摸了个"门儿清",想想距离高三还有较长的一段距离,于是就可能产生终于松口气的想法,心浮气躁起来。如果大家都这样,班级能不乱吗?那么,高二到底可能发生什么故事呢?我们先听听一位班主任对她即将进入高二的学生所说的话,从中感受她的语重心长吧!

同学们,很高兴与你们共同度过高一美好时光。这一年来,从同学们身上，我收获了很多快乐。我们高××班的同学整体来说素质不错，阳光向上、积极乐观、富有热情。班干部有能力、有魄力，工作讲求方式方法；同学们从心底里热爱班集体，有集体荣誉感。一年来，作为班主任，我努力去发现每个同学身上的闪光点，和风细雨地及时鼓励同学，做大家前进的主心骨，领路人，帮助同学树立自信；在班级活动方面，完全放手，锻炼班干部的组织协调能力，给有热情、有才华的同学提供了充分展现自己的机会。回想我们获得的学校各种奖项，大家是不是有着沉甸甸的满足感呢！是的，我们没有浪费青春，没有年华虚度！

  学习方面，从成绩来看，我们在逐渐进步。但是，我们应该看到自身存在的问题：有的同学目光短视，眼里只有"分数"，只重结果，不重过程；只重视"主科"，不重视"副科"。殊不知，综合实力的提高，有时候"功夫在诗外"。有的同学三心二意，一边想着将来出国留学，一边又心怀侥幸，想着将来考好可以考虑国内上大学，弄得两头不能兼顾，哪头都弄不好。行为上表现为过度重视外语，使别的科目成为点缀，综合实力每况愈下。有的同学学习缺乏持久的动力和激情，状态时好时坏，情绪波动较大，又性格偏内向，不善于与人沟通，导致没有达到自己应该达到的程度。甚至有个别同学，企图照搬初中模式，妄想三个月搞定"高考"，平时三天打鱼两天晒网，结果知识不牢，漏洞很多，将来后悔时已无力回天。

  同学们，马上高二了，应该思考思考自己的前途，好好规划一下自己的人生了。将来我们绝大部分人不可能停留在本科学历上，我们都要往上念，向上或向外发展，那么，我们要有足够的文化积淀，所以我们要多读书，读好书，充实自己。只有这样，将来才能"腹有诗书气自华"。读书是终身好习惯，一旦养成，受益良多。读的书多了，课堂上学有余力的时候就不会再浮躁、没事干、说些不着调的话了。读的书多了，言谈举止就会大方得体。读的书多了，考完试就不会无所事事，靠打游戏来消磨时间了。希望大家能制订个读书计划，多读一些书，将自己提升一个档次。

  所以，准备在假期沉迷于网络、游戏的同学赶快刹车；只流于表面"用功"而内心浮躁的同学赶快调整自己，静下心来；困惑于感情纠葛不能自拔的同学赶快正视现实,再也不能消极逃避;屡战屡败遭受沉重打击的同学一定要坚信,一分耕耘一分收获,成功最终会属于你!容易"得意忘形"的小伙子们,记住,能人背后有能人!最后,希望同学们在家里一定要和父母和睦相处,融洽的家庭氛围可以使自己和家人拥有一份快乐的好心情,学习效率也会提高!别忘了,外出一定要注意安全!提前祝大家节日快乐!

高二班主任 ×××

重新认识你自己

经过高一一年的学习和生活,进入高二的你在生理、心理方面都成熟了许多,兴趣爱好得到了拓展,思想境界也得到了提升。但是,你可能也会产生各种各样的问题。不知你是不是仍然处在"当局者迷"的境地,请你赶快静下心来,对照表3-1,审视一下自己吧!

表3-1 高二学生自我评价表

	学习方面	社交方面	理想信念方面	……
存在问题	1. 2. 3. ……			

填表的过程,是一个自我反思的过程,是一个总结过去展望未来的过程。在这里,温馨提示你注意以下几点:

1. 你在学习上肯定会遇到很多困难和问题,这并不代表你笨或无能

黄武雄先生说过:"教育是消除恐惧的过程。"从无知到有知需要一个过程,因此在学习过程中遇到困难是很正常的事。没必要因为学习上遇到困难,或因为考试成绩不好而感到自卑,认为自己笨、比别人差,遇到不懂的问题就得向老师或同学请教,积极大胆去表现和锻炼自己。你的老师

和家长一定会引导你正确定位自己,以积极、乐观的态度,正确地看待学习过程中的困难和挫折。正是在克服这些困难的过程中,你慢慢地完成了从无知到有知的蜕变,最终化茧成蝶。

2. 你学习的目的不是打败别人,而是提高自己

进入高二阶段,由于同学之间的竞争更加激烈,你可能会有意或无意地将周围的同学当成自己的对手,非常在乎同学之间的比较。看到别的同学成绩比自己高,看到同学某一方面表现得比自己好,心里就会感到失落和难过;得知自己成绩时伤心,并不是因自己考不好而伤心,而是因自己的成绩排在别人后面。过于在乎同学之间的比较,过于强调竞争,会使你背上沉重的心理包袱,容易受到周围同学的影响,而难以专心学习。

别人优秀,并不妨碍你也优秀。不一定要通过超过别人、打败别人来显示自己的实力和价值。你要正确看待同学之间的竞争,将精力放在怎么改进自己、提高自己上面,而不是放在怎么打败别人上面。假如过于强调竞争,你会不愿意与别人合作,那不但会使你的目光变得狭隘,而且会使你在知识、资源共享上也变得狭隘,这都不利于你的发展。想一想,自己哪些方面还有更大的提升空间呢?

3. 你可能不是最棒的,但你肯定是独一无二的

每个人都希望自己是最棒的。但是,你有没有可能就是最棒的呢?"第一"只有一个,大多数同学都排在中间位置,是不是他们的成绩不拔尖了,就说明他们不优秀了呢?即使在学校是最棒的,走出自己学校还有没有可能是最棒的呢?一个人不可能每一方面在任何时候都是最棒的,总会有人比我们好。所以,你要知道,即使你是人群中很普通的一个,但你也是独一无二、不可替代的。你肯定有缺点,但是你也有很多优点,只有发现自己的不足,努力加以克服和提高,并且明确自己的优点和长处,知道自己所拥有的能力与潜力所在,把它们放在最有价值的地方发展,这样才能保持永远的自信。苏轼有诗,"不识庐山真面目,只缘身在此山中",自己的优点有时候自己可能并没有意识到,不妨真诚地请你周围的朋友帮你发现一下吧,给他们递个如图3-2这样的纸条:

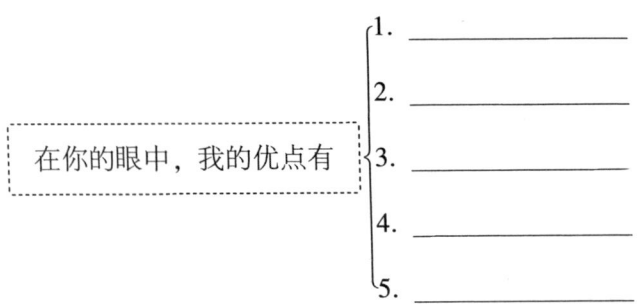

图 3-2　发现优缺点的纸条

你会惊喜地发现，在朋友的眼里，自己还是可圈可点的，是不是对自己有信心了许多呢？

握好青春的方向盘

有这样一则故事：一天，一个年轻人在沙滩上散步。无意间，他转了一下头，却发现自己走过的两行脚印弯曲不直。他很不解，刚才自己明明走得很直，脚印怎么会弯弯曲曲？这时，他看到不远处有一块礁石，于是朝礁石的方向走去……等他再回头看时，发现沙滩上印着两行清晰笔直的脚印……

一粒种子的方向是冲出土壤，寻找阳光；而一条树根的方向则是伸入土层，汲取更多的营养。上述故事告诉我们，人生也是如此，有明确的方向才能走出笔直而坚实的脚印。当然，选择方向很重要。正确的方向引领你迈入成功之门，错误的方向则会让你误入歧途。因此，对于宝贵的青春来说，努力固然重要，但是更重要的是握好青春的方向盘。锚定方向，你就有了良好的开端。

李××的十七岁绚烂如花，她在高一第一学期加入了校学生会体育部，高二正式成为××中学学生会体育部的部长，一个学期组织了三项联赛——3V3篮球赛、G17男足联赛、G17女足联赛。她还是班长、校足球队成员。校运会上一人打破两项校纪录，还是各项文艺演出中闪亮的明星。她的青春为何如此多姿多彩呢？除了自身的天赋，李××对待青春的态度肯定会对同龄人的你有所启发，听听她的肺腑之言吧——

第3章 高二有点"乱" 繁忙+过渡

在××中学最深刻的体会,大概就是非毕业年级丰富的课余活动了。而我因为兴趣涉猎比较广泛,说在活动中有着较为突出的成就。

我在高一第一学期加入了校学生会体育部,高一上学期主要负责G16羽联的赛场管理工作和G15女篮联赛战报书写和后勤等工作。工作虽然简单,但是每一次都尽心尽力去做和每次比赛就仅仅去逛一逛是完全不同的收获。在此期间,上一届部长和G15的各位干事帮助了我很多,我也在一个学期之内掌握了体育部的运作机制,各项工作也渐渐熟练起来。到了高一第二学期,整个部门的各位同学都投入到G16足联的筹备上来。我不是主要负责人,但是场场比赛必到,摄像、技术台、联系裁判,哪里需要就去哪里,没有派活自己找活。这一个学期,虽然没有主要负责什么赛事,但是不断进步的过程、高涨的工作热情,都是其他人看在眼里的,于是我申报了管理实习生,在学期末进行了下一任部长的面试。

高二上学期述职完毕后,我正式成为了××中学学生会体育部的部长,女生做体育部部长自然是罕见,但是我证明了没有什么是不可能的。一个学期,三项联赛,同时开幕,怎么搞?整个部门29个人,我把年级的束缚打破,不再沿袭之前本年级的比赛几乎只有本年级的部员参与的格局,而是以个人的特长和兴趣优先,安排到各个联赛。如此安排,使得以老带新的工作不是仅以开会时干巴巴的经验分享来呈现,而是在平时工作的交流和工作中言传身教。而联赛的宣传从开赛前精彩的前瞻开始,推送跟随着联赛进程火热升级,各年级的观赛热情日益高涨。一个学期下来,团委学生会的推送小一半都跟体育部的活动有关。

高二第二学期已经开始了三项大型联赛——3V3篮球赛、G17男足联赛、G17女足联赛。到现在为止,各个联赛的关注度也是各位有目共睹的,3V3和女足都是从未举办过。赛制如何?分队方式如何?各种问题接踵而至。做完策划之后,联赛过程当中难免会与理想状态有出入。一年半的体育部工作带给我的除了经验之外,更多的是随机应变的能力。有困难就克服,有问题就解决。女足开赛之后,场地的线被撕过多少次,我们几个人就厚着脸皮去管器材室老师要过多少次胶条,比赛前打仗一样重新贴好。3V3一天四场,裁判从部内调不出那么多人,直接把已经毕业的G14级体育部部长请回来裁。"车到山前必有路，船到桥头自然直"，说的就是这个意思。

学生会的工作到这儿差不多也说完了，简单总结一下，两个词：认真、灵活。

因为本人在军训中的出色表现，从高一一开始便做了班长，一直连任到现在。

先说说运动会。因为我生性好动，平时又属于那种没事就跑跑的类型，所以体育这方面还不错。高一那一次运动会，我拉着我们班跑4×100的姑娘们中午和下午到操场上练交接棒、加速跑，到了正式日子不出所料地拿了冠军。其他项目的同学也都过来找我帮忙训练，早早准备总比临阵磨枪要好得多，最后我们班拿到团体总分第二。而我一直以来的身体素质造就了我两个校纪录、三块金牌的成绩。高二的结局与高一非常相似，同样是女子4×100冠军，同样是团体总分第二，我拿到两块金牌，破了一项纪录。

运动会后，附中女足的刘老师找到我，邀请我参加女足。我在高一的第二学期开始参加训练，现在已经是××中学女足队的队长，一直以来的坚持，从来不落训练，比赛场场必到，每一次都全力以赴，是成就我现在这个高度的所在。高二上学期的海淀区学区足球联赛，××中学代表上地学区拿到海淀区第三，我贡献了两粒进球。高二下学期的海淀区学区足球联赛进行到现在，已经结束了两场小组赛的较量，我已经打入了五粒进球。一年以来付出也得到了回报。

××中学大型的文艺活动有很多，以班级为单位来说吧，比较体现演技和班级凝聚力的有这么两项：高一的"一二·九"革命短剧和高二的英语短剧。"一二·九"我可以说是从头忙到尾，从最开始定角色写剧本，到一次次排练，到最后演出，每个环节都参与。拿到"赵一曼"这个题目的时候是在期中之前，当时大家都在紧张地复习，各位导演组的同志们就只在期中前确定下了各个角色的归属。期中后的游学是"一二·九"的关键时刻，编剧们连着三个晚上，熬出了一本可以上台的剧本，各位演员在回京的火车上由导演带领，排完了全剧。之后每天中午、放学，紧张地排练，演出结束后没有遗憾，一等奖。高二的英语短剧，困难重重，面临日益接近的高三，各位同学都在发奋学习。当时"一二·九"导演接下了这个任务，定了要拍排音乐剧 Hamilton，导演几乎是求着我们班唱歌好的同学来担任主演。我有幸被选中，作为剧组的一员，成功地添了很多乱子。当时两派人意见不合，对歌曲的顺序产生了众多分歧，然而最终我们这一方妥协了。最终舞台上的呈现近乎完美，我们如愿拿到特等奖。

说完了集体来说说个人。我从小学开始学过一段时间京剧，初中没再系统地学过，就偶尔遛遛嗓子，保持着之前的水平。到了高中，身边听戏的人少，会唱的更是寥寥无几。高一下学期支教面试，凭着京剧入选了××中学支教团主讲教师，在滦平期间教授孩子们京剧知识，带着他们唱《说唱脸谱》。高二第一个学期的中秋晚会我拿起了原来的功夫，唱了一段著名的《打龙袍》，也就是狸猫换太子。G16级在高二下学期开学初有一次《三国演义》的启动会，在对三国有深入研究的各位同学开讲前，我在报告厅，摘了麦克风，来了一段《定军山》。三次活动平台面对的人群都不一样，但都博得了满堂彩。

在我看来，作为组织者，能够担起责任是第一位的，然后才是个人能力是否足够强；作为参与者，就要珍惜每一次在台上、在人前的机会，拿出自己的真本事，惊艳全场。

我对于文体活动的宗旨就两点：学生工作用心做，大型活动积极参与。每做成一件事情的时候，满满的都是成就感。

经过高中第一年的磨砺，想必你已经体会到了：在生活中，不论我们做什么事，心中都要存有一个目标。只有这样，才会少走弯路。生活中如果没有了目标，就好比水上漂浮不定的浮萍，积累不到智慧和力量，同样也不会创造出丰富充实的人生。因为对于我们每个人来说，目标就好比是一座大楼的地基，只有把地基打好，大楼才会牢固、坚实，不至于半途倒塌。因此，刚刚进入高二的你一定不要忘记给自己一个目标，哪怕是一个小小的目标。

让目标落地

当然了，目标确定是第一步，重要的是如何让你的目标实现落实在行动中。在这里，推荐你用"目标倒推法"来引导你的行动。下面是著名节目主持人白岩松的目标倒推法：

  高三的生活在我的生命历程中有一个很重要的转折。其实，在进入高三之前我在我们班排名是倒数，在那个时候想考上大学是不可能的事情，但是就像我参加一场足球比赛，上半场0∶3落后，在下半场，我完成了逆转。我在高考的时候是我们班的第八名，考进了北京广播学院（现中国传媒大学）。那么，这一年发生了什么，不过就是在我进入高三之后，有了一次没有语言的和自己的对话，"我怎么办，我要做什么？"所以，经过和自己对话之后，我列了一个详细的计划，我把我所有的书钉在一起，然后计算它们总的页数是多少，全部算完之后，我计算了一下到高考那天还有多少天，接下来计算我要看完多少遍，那么就很清楚地知道了每天我要看每个学科的页数。从那一天开始，我每天严格地按照我的计划在进行，而且非常得幸福。所以，可以看到那段时间我没有什么太大的变化，只不过是每天认认真真完成计划，却在结果点上有一个巨大的成功在等着我，这难道不是一种启示吗？当你要对自己负责的时候，不是要做多大多大的事情，而是让你每一天做一个小小的改变。

  白岩松明确目标之后又制订详细计划，明确每天的任务的做法就是"目标倒推法"。你有没有像白岩松那样想过自己的目标和阶段性的任务呢？

表3-2　高二学生确立阶段性目标及任务

你的目标	你的任务
你的人生目标是_____	你每个月需要完成的任务是_____
你的高考目标是_____	你每星期需要完成的任务是_____
你高二一年的目标是_____	你每天需要完成的任务是_____

  根据目标确定阶段性任务，是不是觉得可操作性强了许多呢？

无独有偶，曾经在国际马拉松比赛中杀出的"黑马"——山田本一，他的成功与白岩松如出一辙，有异曲同工之妙。看完后，不知你会不会产生"成功的奥秘人人相似"之感。

1984年，在东京国际马拉松邀请赛中，名不见经传的日本选手山田本一出人意料地夺得了世界冠军。当记者问他凭什么取得如此惊人的成绩时，他说了这么一句话：凭智慧战胜对手。

当时许多人都认为这个偶然跑到前面的矮个子选手是在故弄玄虚。马拉松赛是体力和耐力的较量，只要身体素质好又有耐性就有望夺冠，爆发力和速度都还在其次，说用智慧取胜确实有点勉强。两年后，意大利马拉松邀请赛在意大利北部城市米兰举行，山田本一代表日本参加比赛。这一次，他又获得了世界冠军。记者又请他谈谈经验。山田本一性情木讷，不善言辞，回答的仍是上次那句话：用智慧战胜对手。这回记者在报纸上没有再挖苦他，但对他所谓的智慧还是迷惑不解。

十年后，这个谜终于被解开了，他在他的自传中是这么说的：每次比赛之前，我都要乘车把比赛线路仔细地看一遍，并把沿途比较醒目的标志画下来，比如第一个标志是银行，第二个标志是一棵大树，第三个标志是一座红房子……这样一直画到赛程的终点。比赛开始后，我就以百米的速度奋力地向第一个目标冲去，等到达第一个目标后，我又以同样的速度向第二个目标冲去。40多公里的赛程，就被我分解成这么几个小目标轻松地跑完了。

明白了吧？放弃往往不是因为难度较大，而是觉得成功离我们远，确切地说，我们不是因为失败而放弃，而是因为倦怠而失败。在人生的旅途中，我们稍微具有一点山田本一的智慧，把一个大目标科学地分解为若干个小目标，落实到每天中的每一件事上，一生中也许会少许多懊悔和惋惜。

同龄人中，你的榜样就在身边！

【他山之石】 规划，从细节做起

我是一个"出国党"。真正开始准备是从初三毕业之后的暑假。从那时起，我对我高中三年的生活开始有了详细的规划。如果想去到国外优秀的大学，单单只有好的分数是不够的。我需要在申请之前的两年多的时间之中，真正做到所谓"德智体美劳"全面发展。这意味着除了在学校的学习之外，我还需要花大量的时间做课外活动、自己的学习和研究。

高二是整个高中三年最忙碌、最关键的一年，也是我正在经历的阶段。这一年，我的主要考试任务就是完成 SAT、SAT2、三门 AP 和托福。更重要的任务是参加更多的活动和比赛，比如一个天文的科研和一个"太空城市设计大赛"。我对自己时间的安排是这样的：8～12 月全心全意准备 SAT 考试，争取一次过关，12 月、1 月做活动，关注校内学习，寒假学 AP，参加一个冬令营，3 月份做活动。4、5 月准备 AP 和 SAT2，6 月专心做活动（其实活动这个事情是穿插在一年当中的）。在高一的上半学期，我同样是战略性放弃了期中考来准备 12 月的考试。这就给了我连续几个月时间，使得我能够准备得很充分，最终一次过关。在这一段时间里，我也花时间准备了学生会竞选，当选副部长，并且组织了我们部门的工作。除此之外，我参加了刚才提到的科研项目。12 月之后主要是准备期末考（但由于没有能很好地调整状态而考砸了）。在寒假，我也是学了两科 AP，并且参加了一个花旗银行的金融项目。开学回来，我一直在狠抓学校的课程，而且利用 3 月准备两个月底的比赛。4 月份、5 月份准备两个大考。同时，我的科研和太空城市设计大赛也会进入发力阶段。这个学期，我也开始研究各个美国的大学和专业，开始确定自己未来的学习路径。

我对于自己的高中生活的规划，主要是明确自己每个阶段要完成的任务。一旦我对我的任务和目标有了明确的认识，就可以坚定地、有动力地开始为之努力了。每天的时间安排等，都是建立在明确了阶段性目标之后才能达成的。

出国留学近年来吸引了越来越多的高中生，既要完成国内的学业，又要准备国外学校的申请，不少高中生无暇兼顾，弄得身心俱疲。薛××基于目标的细致规划，想必会给你(如果打算出国的话)带来有益的帮助或启示。

资料链接 化蝶时——留下青春的足迹

【活动准备】

1. 设计班徽、学唱班歌；
2. 收集班级老师和父母的青春照片和对学生的寄语；
3. 邀请几位父母和年长老师介绍自己青春奋斗历程；
4. 收集往届美术班高中三年的学习生活照片和高考成绩；
5. 收集有关奋斗和青春的诗歌名言；
6. 准备蝴蝶风筝和彩笔；
7. 制作班会 PPT。

【活动过程】

环节一：导入——欣赏配乐诗歌《青春》

教师在音乐声中朗诵诗歌《青春》；感谢家长朋友们能在百忙之中参加"化蝶时——留下青春的足迹"这个主题活动。化蝶是蚕宝宝破茧而出，羽化成蝶的过程，那么蚕宝宝在冲破束缚的那一刹之前都在做什么呢？青春是人生中最美好的时光，我们如何才能留下不悔的青春足迹呢？

【设计意图】诗是最美的语言，寥寥数字，却是四两拨千斤，字字千锤百炼，勾勒出恢宏或清雅的画卷，其内涵的美是无法用语言来形容的。诗歌《青春》通过简单的比喻，将感性的物象与抽象的人生思考紧密结合，形成了巨大的艺术张力，给学生留下了深刻无穷的思想启示意义，表达了要有永不停止的理想追求和积极进取精神，永远乐观奋发，自强不息，保持思想上的青春，所以，在音乐声中欣赏诗歌，不仅是为了营造一种严肃又温馨的课堂氛围，而且是为了巧妙地引出本次班会的主题——热爱青春，珍惜青春，充实青春。

环节二：读故事——理解破茧成蝶的密码

1. 老师讲故事：一个小男孩在草丛里发现了一个蛹，幼小的蝴蝶正拼命想从中钻出来。看到它异常艰辛，男孩于心不忍，就帮忙把蛹剪开了。幼小的蝴蝶抖动着翅膀想飞，却发现翅膀无力根本飞不起来。一阵风雨袭来，蝴蝶无法躲避，最后以死亡告终。

2. 学生讨论:"蝴蝶是如何破茧而出的呢"?

学生自由讨论,之后集体分享。班长说,由毛毛虫变成茧,再破茧而出,羽化为蝶,是一个漫长而痛苦的过程。在这个过程中不仅需要奋力抗争,不断挥动翅膀,使之富有飞翔的力量,而且要忍耐在黑暗中长久等待的痛苦煎熬。

A 同学说,在痛苦中蜕变,在忍耐中修炼,在煎熬中提升,经过长期的力量积蓄、心性磨炼才能实现自由飞翔的质变,这就是"破茧为蝶"给我们的人生启迪。

家长和其他同学都非常认真地倾听,不时若有所思地点点头,表示赞同。

【设计意图】小故事,大道理。一则"破茧成蝶"的故事将人生哲理以最简单、最朴实的方式呈现给学生,让学生能抛开理论的迷雾,直入心灵,获得人生感悟,成长是一辈子的事,想要成蝶必须经过破茧的蜕变。而破茧的意义,并不在于飞翔的自由,而是在于突破束缚,前往更广阔的世界挑战和探索。

环节三:父辈们的青春足迹

1. 教师引入:今天在座的有许多父辈级的嘉宾,有在教育事业上一干就是 20 多年的桃李满天下的老师,也有辛勤工作,在事业上取得了巨大成功的我们的父亲和母亲。20 年前,我们的父辈们,也曾怀梦,也曾青春,他们对"破茧成蝶"的历程,对青春和奋斗,有着最深刻的体会、最刻骨铭心的记忆。他们的青春是如何度过的呢?大家想不想知道?

2. 邀请任课教师代表 Q 老师讲话

Q 老师首先展示了自己年轻时的照片,学生们异常兴奋能有机会看到这么珍贵的照片,同时感慨岁月的流逝。

Q 老师讲到自己少年时就热爱画画,尽管生活条件艰苦,仍然克服万难,坚持了下来。后来到艺校学习,行走于祖国的大好河山,在生活中历练沉淀,并很荣幸成为一名美术老师,帮助更多热爱绘画的学生实现心中梦想。

3. 教师总结:感谢 Q 老师精彩的青春奋斗故事,其实他还有很多感人的故事，希望 Q 老师以后能多跟我们的孩子们分享。我们的家长也是藏龙卧虎，有很多值得我们学习的故事。

4. 邀请家长代表（Z 同学的妈妈）讲话

Z 同学的妈妈提到 Z 同学的爸爸（画家）小时候的故事。当时他家就住在松花江边，他每天都去写生，有浓厚的兴趣，所有边江的风景都画过。当时没老师，凭着记忆力好，有画得好的，就在旁边看他画不同的地方调什么颜色。第二天他就按人家的方式画一遍。后来高中毕业，尽管没有考上大学，他没有气馁，花了三年时间考上了鲁迅美术学院，后经过不懈的努力，在绘画界颇有名气，并最终来到××美院工作。

5. 教师总结：蝴蝶若非经过蜕变的剧痛，又怎会有芬芳中美丽的飞翔？我们的父辈用奋斗书写青春，用坚强做翅膀，用行动去坚持，让自己的青春之梦高飞。他们为我们做出了最好的榜样。让我们用最热烈的掌声感谢所有的老师和父母，为他们的青春历程喝彩！

6. 播放家长和老师的照片和寄语，让学生了解自己长辈们（父母、老师）的青春奋斗历程，进一步加深学生对不经历磨炼、挣扎就不能茁壮成长的道理。

【设计意图】听自己身边最亲最亲的人讲故事，是那么得真切，那么得震撼。不管是老师，还是父母，他们的人生经历都不是一帆风顺的，但他们都用奋斗诠释了青春，为学生们树立了最真实的榜样。同时，通过观看父辈们青年时的照片，阅读父母对自己的人生寄语，学生们不仅入眼，而且入心，起到了良好的教育作用。

环节四：我们自己的青春足迹

1. 教师引入：那么正值青春花季在座的每一个同学呢？你们是如何挥洒青春，又将如何挥洒青春呢？

我们的身边一定还有许多用坚强，用奋斗战胜困难的小故事。我给出了许多关键字，大家每个人挑一个，说一个小故事好吗？

2. 学生自由发言，讲述自己或身边同学克服困难取得成功的事例。

L 同学说，昨天，课间操时间大家一起练跳绳，学校要求每班两人摇绳，16 人上场。全班 25 人克服万难，不管会不会跳全上了。有同学跳绳有困难，大绳跳得总不连贯。大家都很心急，跳不好的学生也是一脸的愧色。老师为大家捏一把汗。中午 1 点 20 分，大家又自发组织，楼下练起了跳绳，我为大家永不服输和热爱班级的精神打动了。

S 同学说，女子 1500 米长跑，咱们班的××和××同学虽不擅长体育，却勇敢了报名参加比赛，并顽强地坚持了下来。我为她们的勇气打动，要向她们学习做一名意志力坚强的孩子。

3. 全班齐唱班歌，结合幻灯片展示全班这一年走过的路，留下的足迹。我们留不住青春，但我们可以留下走过她的足迹；青春本身是空洞的，但我们可以用辛勤的劳动去充实她。让我们高歌我们的班歌，重温我们的精彩瞬间。

4. 内化班会效果，邀请参会老师和家长在蝴蝶风筝上写下对同学们的青春寄语。

5. 班主任总结：

青春是人生中最美的季节，即使偶尔也会夹杂着风暴。奋斗为青春播下种子，我们走过青春的足迹因奋斗而留下。随时调整自己，让自己慢慢长大成熟，默默等待破茧的那一刻，因为你要相信，化茧成蝶一定会来临。

实现理想的路途充满艰辛，每个人只有目标+意志力+行动力，才能战胜困难。我们实现梦想的路途并不孤单，我们是一个团结的集体，所有人协同作战，有父母老师的关怀和支持，攻无不克战无不胜。希望所有同学经过艰苦努力，化茧成蝶，各自飞上属于自己的天空。

【设计意图】这个环节承接上个环节，是本次活动的高潮部分。上几个环节中，学生充分了解了父辈和同龄人青春奋斗的故事；在这个环节中，学生回归自我，反思自己的青春奋斗过程，真正做到从心理和行动上珍爱青春，做出一番成就。

【延伸活动】

学生的理想信念教育是一个连续的过程，为了增强活动的实效性，帮助学生不断深化已经获得的经验和情感体验，在本次班会后，班主任要继续开展有关挫折教育、目标教育等主题班会，对每个学生作出积极的反馈，帮助学生在人生的关键时期得到良好的教育。

【活动反思】

青少年应该怎样度过青春——人生中最美好的季节？在我们成长的过程中，有太多难忘的回忆。有困难过后坚强的微笑，有拼搏过后收获的果实，更有团结过后长存的友谊。点亮青春的美丽，奏响青春的号角，是青春让我们快乐而幸福地成长；是青春让我们在感动中学会了自立和自强；是青春让我们有了放飞梦想追求理想的激情与冲动；是青春让我们增添了书写历史创造辉煌的胆量与勇气。

本次活动遵循直观性原则和生活性原则，通过听故事、讲故事、做活动等形式，唤起学生已有的生活经验，激起美好的情感，让学生意识到青春犹如夜空中划过的流星，美丽却转瞬即逝，而奋斗是那滑过的痕迹，唯有播撒汗水，辛勤劳作，才能真正地拥有青春，才能拥有丰硕的果实。学生在活动后的感言中写道，这是中学以来感触最深的活动之一。以故事贯穿始终，改变了传统的空洞说教，我们在聆听身边人的亲身经历中，理解了父母和老师，理解了成长与责任，理解了青春和奋斗。

这次活动也取得了家长的信任和支持。活动结束后，有不少家长发来短信，认为这次活动是学生、家长和老师一起受教育，一起成长的心理历程。

设想你是这次活动的一员，置身于当时的情境中，你是否也会感同身受，使自己热血沸腾，也来一次心灵的洗涤呢？

稳扎稳打　学业精进

经过高中一年的深思熟虑，想必你已经选好了侧文和侧理，或者说选好了高考要攻克的那些学科。也就是说，近两年的目标你已经确定。根据白岩松的"目标倒推法"或者山田本一的"目标分解法"，接下来你要做的就是给自己制订科学合理的学习计划（仰望星空），然后不折不扣地执行计划（脚踏实地），随时随地诊断自己的学习效果。只有这样，你才真正入了学习之境，深度的学习才真正发生。

计划制订讲原则

1. 计划要考虑全面：学习计划不是除了学习，还是学习。"文武之道，有张有弛"，学习有时，休憩有时，娱乐也有时，所有这些都要考虑到计划中。计划要兼顾多个方面，学习时不能废寝忘食，否则有害身体健康，这样的计划是不科学的。

2. 长远计划和短期安排：在一个比较长的时间内，比如一个学期或一个学年，你应当有个大致计划。因为实际中学习生活变化很多，又往往无法预测，所以这个长远的计划不需要很具体。但是你应该对必须要做的事情心中有数。而更近一点，比如下一个星期的学习计划，就应该尽量具体些，把较大的任务分配到每周、每天去完成，使长远计划中的任务逐步得到解决。有长远计划，却没有短期安排，目标是很难达到的。所以两者缺一不可，长远计划是明确学习目标和进行大致安排，而短期安排则是具体的行动计划。

3. 安排好常规学习时间和自由学习时间：常规学习时间指学校规定的学习时间，主要用来完成老师布置的学习任务，消化当天所学的知识。而自由学习时间指除常规学习时间外的归自己支配的时间，你可以用来弥补自己学习中欠缺的，或者提高自己对某一学科的优势和特长，或者深入钻研一件有意义的事情。

4. 利用好自由学习时间：时间的安排是制订学习计划的重点。抓住并合理利用自由学习时间，对自己的学习和成长都会有极大的好处。所以你应该提高常规学习时间的效率，增加并正确利用自由学习时间，掌握自己的学习主动权。

5. 抓住重点，兼顾一般：学习时间是有限的，你的精力也是有限的，所以学习要有重点。在这里，重点一是指你学习中的弱科，二是指知识体系中的重点内容。只有抓住重点、兼顾一般才能取得更高的学习效率。

6. 从实际出发来制订计划：制订计划，不要脱离学习实际，要符合自己现在的学习压力和水平。实际可以分成三个方面：（1）知识能力的实际，即每个阶段计划学习多少知识，培养哪些能力；（2）时间的实际，即常规学习时间和自由支配时间分别有多少;(3)教学进度的实际,即掌握老师教学进度,妥善安排常规学习时间和自由支配时间,以免自己的计划受到"冲击"。有些同学制订计划时,满腔热情,计划得非常完美,可执行起来却寸步难行。这便是因为目标定得太高,计划定得太死,脱离实际的缘故。

根据这些原则,不妨初步制订一下你的计划,然后根据实际进行调整。

落实计划有法宝

有了计划,要想落实到位,还要有三件法宝:科学的方法、良好的习惯、积极的心态。

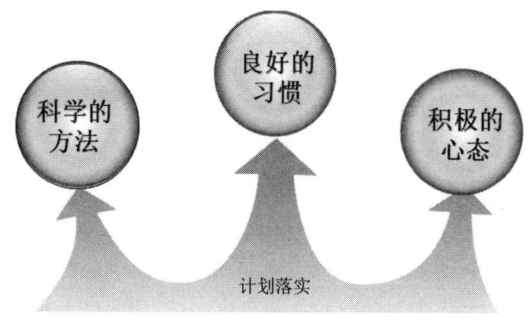

图3-3 计划落实的三个法宝

有正确的学习方法,学习效率就高,思维也变得灵活流畅;有良好的习惯,有积极的心态,学习中的困难就更容易克服,学习就会变得轻松。经过高一一年的适应,你可对自己的学习状态进行过自我检测:

第一,是否掌握了正确的学习方法。其实很多学生并没有自己独立的学习方法,只是教师布置的作业完成得好而已,至于自己如何学,基本是心中无数。对于学科难点,更是无从下手,不会解决。

第二,是否有良好的学习习惯。所谓习惯,就是经过重复练习而巩固下来的思维模式和行为方式。学习习惯,就是在不间断的学习实践中养成的那种自然而然表现出来的学习上的习性。学习习惯一旦养成,它便会以不自觉的方式持续下去,犹如物理学中的惯性力量。良好的学习习惯是一种自觉的学习行为，因而能提高学习效率。

习惯的养成大致有三个阶段。第一个阶段是最初的 1~7 天左右，这个阶段的特征是"刻意，不自然"。你需要十分刻意地提醒自己去改变；第二个阶段是 7~21 天左右，这一阶段的特征是"刻意，自然"，你已经觉得比较自然、比较舒服了，但是一不留意，你还会回到从前，因此，你还需要刻意地提醒自己改变；第三阶段是 21~90 天左右，这个阶段的特征是"不经意，自然"，其实这就是习惯。一旦跨入这个阶段，你就已经完成了自我改造，这个习惯已成为你生命中的一个有机组成部分，它会自然而然地不停为你"效劳"。

第三，是否有积极的心态。这方面包括竞争进取心态、坚强的意志品质等。

确实，在人生长河中，我们不能决定自己的遭遇，却可以控制自己的心态；我们不能掌握别人，却可以改变自己。其实，人与人之间并无太大的区别，真正的区别在于心态。

监控效果循章法

1. 注意效果，及时调整

每一个计划执行结束或执行到一个阶段，就应当回顾一下效果如何。如果效果不好，就应该找找原因，进行必要的调整。

下面是一份简单的回顾列表：

（1）是否完成了计划中的学习任务？

（2）是不是按照计划去执行任务的？

（3）学习效果如何？

（4）如果有任务没有完成，那是什么原因？（安排过紧还是太松？）

回顾之后，要记得补上缺漏，修订计划。你也可以通过日记来记录一天的学习计划进度，便于改进和回顾。

计划要留有余地，不要太满、太死、太紧，要留出机动时间，使计划有一定的机动性。毕竟现实不会完美地跟着计划走，给计划留有一定的余地，这样完成计划的可能性就增加了。

2. 脑体结合，文理交替

学习对脑力消耗非常大，所以不要长时间学习，要适当安排休息时间。而且在安排学习计划时，不要长时间地从事单一活动。学习和锻炼可以交替安排，因为锻炼时运动中枢兴奋，那么其他区域的脑细胞就得到了休息。比方说：学习了两三个小时，就去锻炼一会儿，再回来学习。安排科目时，也要文理交替安排，相近的学习内容不要集中在一起学习。

3. 提高学习时间的利用率

早晨或晚上，或一天学习的开头和结尾的时间，可以安排着重记忆的科目，如外语。心情比较愉快、注意力比较集中、时间较完整时，可以安排比较枯燥或自己不太喜欢的科目。零星的、注意力不易集中的时间，可以安排做习题和自己最感兴趣的学科。这样可以提高时间利用率。

时至今日，人类已经进入了以大数据、云计算、人工智能、物联网等先进信息技术快速发展为鲜明特征的"互联网+"时代，它为人类提供了前所未有的能够突破时空限制、满足个性发展的数字生存环境，你要与时俱进，充分利用这些技术，不断充实和提高自己。

如果你已经很努力了，但是成绩还是不尽如人意，那你就应该检查一下自己的"方法、习惯和心态"这三个方面哪里出了问题（对照图3-4，叩问内心）。

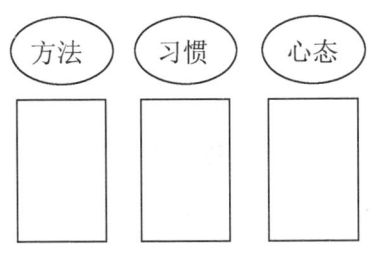

图 3-4　自我检查图

如果是心态出了问题，那就调整心态；如果是习惯不好，就想办法培养好习惯；如果是方法出了问题，那就改善学习方法。找到问题的症结所在，然后解决它，你薄弱学科的成绩才会有改善的可能。

给学习正确归因

学习过程中，大大小小的测验、考试不可避免，它们起到了良好的诊断、反馈和评价作用。既有利于教师改进教学，同时更有利于你不断对自己的学习状况进行审视和调整，以顺利地向理想的目标迈进。

一个人遇到挫折和失败时，常常会听到一句耳熟能详的名言："失败乃成功之母。"失败一定是成功之母吗？不一定。要使失败成为成功之母，首先必须对失败进行正确归因，然后调整对策，重整旗鼓，这样才能走向成功。

归因的领域很广，涉及工作、学习、生活等各个方面。这里我们缩小范围，专就学习来谈。

【个例分析】

小张是一名高一学生，初中时尽管父母很少顾及他的学习，可他的成绩总是名列班级前茅。上了高中以后，他的成绩处在中等水平，对此他感到压力很大。平时他非常用功，看书、做作业经常到很晚，电视很少看，文体活动也很少参加。可第二个学期的期中考试他还是没有考出自己期望的好成绩，为此他感到失望、自卑，晚上甚至出现了失眠，不知怎么办才好。

请你帮小张分析一下成绩下降的原因，并告诉他以后该怎么办。下面几点，你想到了吗？

表3-3　高二学生成绩下降的原因及对策分析

原因	对策
（1）竞争加剧，各路"高手"云集一处	（1）适当降低自己的期望值，不能继续以初中的名次标准来要求自己，现在的同学毕竟都是初中的精英，聚到一起来，排起名次总会有先后之分。
（2）虽然用功，但方法可能不当	（2）改进自己的学习方法，不能照搬初中的一套。高中不但课程多，难度也加大了，初中的学习方法已不再完全适用。

表 3-3（续）

原因	对策
（3）因文体活动很少参加而导致体质下降，精力不足	（3）调整自己的学习时间，劳逸结合，不打疲劳战
（4）由于初中时成绩一直优秀，上了高中以后可能期望过高，自我要求太严	（4）取得家庭的配合，不给太大的压力

这个虚拟的例子是不是让你觉得似曾相识，有点自己的影子在里头？下面干脆不绕弯子，请你对自己的考试成绩进行归因分析：

这次期中考试你考得如何？请你按表 3-4 对自己进行归因分析。

表 3-4 归因分析

归因	对策
1.	1.
2.	2.
3.	3.
……	……

或许你考得不够理想，原因来自几个方面：学习方法不好，上课不善于摘记难点疑点，课后也没有及时复习和整理；对老师的依赖性太强，一旦自习课没老师在就不知该干些什么，没有形成自主学习、独立思考的习惯；自我期望过高，总想和初中一样领先，思想包袱太大，结果偏偏就考不好；还可能是上了高中以后，总觉得可以松一口气了，先玩玩再说，结果成绩也就下来了。甚至进入高中以后，高手如林，你有种"鸡立鹤群"的自卑感……

心理学家张铁忠教授等人把中学生对学习成败的归因主要分为以下六种类型。

1. 把失败归之于自己脑子笨、能力差等稳定的因素。这种归因会使自己丧失信心，自暴自弃，放弃努力。

2. 把失败归之于自己不努力等不稳定的因素。这种归因会使自己重燃希望，变得努力。

3. 把失败归之于学习难度大等稳定因素。这会使自己学习积极性受影响，甚至会对相应学科失去信心。

4. 把失败归之于运气不好等不稳定因素。这可能会使自己重新树立信心。

5. 把成功归之于运气好等外在因素。这会使自己产生侥幸心理，下次不一定会努力。

6. 把成功归之于自己能力强、努力程度高等内在因素。这既可能使自己满意、自豪，也可能使自己产生骄傲、自负等情绪。

对学习进行正确的归因分析，是为了自己下一步学得更好，使现实自我进一步靠近理想自我。在现实自我走向理想自我的过程中，会出现三种类型：

1. 自知之明型。特点是：理想自我比现实自我稍高一些，因此，理想自我对现实自我有导向、激励作用。表现为：（1）能正确地认识自我，合理地要求自我（即正确定位理想自我），通过努力就能实现目标，每次努力都会获得成就感的满足。（2）能正确地对待成功与失败。知道自己的优点，也知道自己的不足，所以成功时不会沾沾自喜，知道自己还有不足，与理想的自我还有距离；失败时也不气馁，能冷静地分析原因。（3）能和谐地与人相处，不会老是想着与别人比高低，比名次。不骄傲，也不自卑，以平常心与人相处。

2. 自我贬低型。特点是：自我评价过低，与理想自我差距太大，即使通过努力，也因目标过高而受挫失望，理想自我成为苛求自己的"紧箍咒"。表现为：（1）拼命地与他人比较，以自己之短比他人之长，看不到自己的优点，越比越感到自惭、羞愧。（2）对失败或生理上的不足（比如长得不高或不美等）感到自责。（3）失败归因错误。总将失败归因为自己脑子不灵，智商不高，觉得努力也没用，丧失信心，对前途悲观失望。（4）有时为超越他人而强迫自己做乏味的事，结果学习效果很差，并因此对学习失去兴趣。

3. 自我夸张型。特点是：对现实自我评价过高，以致出现了虚假的理想自我。表现为：（1）好夸张自己的成绩与能力。好炫耀自己，表现自已。(2) 好他人表扬、赞许,听不得别人的批评。(3) 好说一些不中听的话,常常伤害别人。

听了以上介绍后,请你认真思考一下,你的现实自我是怎样的?理想自我又是怎样的?要从现实自我顺利走向理想自我,现在该做什么调整?

还记得开头的那句名言吗:"失败乃成功之母。"面对失败,只要能够正确归因,就可能走向成功,从低谷走向高峰。但是,面对成功,假如不能正确归因,也会从高峰摔入低谷,将"成功"转化为"失败之母"。所以,不管是在失败时还是在成功时,都要学会正确归因,这样才能使"失败乃成功之母"永远成为真理,使自己不断进步,顺利地从现实自我走向理想自我,最后完全到达理想的彼岸,实现自己的理想。

当然了,在高二阶段,你们学校也会对你进行学法等方面的指导,一定要珍惜这样的机会!

资料链接 "学风建设与学法指导"系列活动

【活动时间设定】活动定在第一学期期中考试后的一个月内。之所以将时间定在期中考试后,是因为考试成绩出来后,同学一般都会对自身的学习状况进行反思,此时学习上存在的问题易于显露,解决疑难的需求更强烈,这是倡导学习、推动学习的难得契机。活动以系列方式进行,可以更有效地营造研究学习的氛围,要让同学们感觉到研究学习不是一股风,而是一个长期的习惯。时间定为一个月,因为一个好习惯的养成周期大概是 21 天,一个月的时间可以让有心的同学基本改变不良的学习习惯。

【活动口号设定】勤学习、会学习、爱学习。

【活动动员倡议书】

亲爱的同学们:

期中考试刚刚结束,随着考试成绩的陆续公布,很多同学的情绪也开始阴晴不定。成功的喜悦和失败的痛苦都是人们最正常不过的情绪,但沉浸在情绪之中出不来,不但失败不可能转变为成功,怕是成功也不能延续;明智的人往往会在庆贺或愁苦之后总结成功的经验或失败的教训,发扬优点,改正不足。

那么，你开始对期中考试进行反思了吗？你开始对升入高中以来的学习状况进行反思了吗？

本月10日至下月10日，咱们年级将举办"学风建设与学法指导"主题系列活动，在此期间将举办一系列与"学习"相关的活动，目的就是让每一个同学在这个月中抛开杂念，整顿思想，端正学风，研究学习。

我们的口号是：勤学习、会学习、爱学习。

之所以将"勤"列于首位，目的是要告诉大家：学习是件艰苦的事，不付出努力，没有坚定的意志是不可能在学业上有成就的。俗话说："一勤天下无难事。"有些同学在学习上投机取巧，不下功夫，考试考得不好，不在主观上找原因，却强调客观条件不充足，这样的做法一定要改变。

然而，有些同学的确在学习上下了许多功夫，但学习进步总不明显，这就要在学习方法上动动脑筋了。在做事和做学问上都有"磨刀不误砍柴工"的道理，"会学习"的同学在学习前大多会制订出计划，对一天的学习、一周的学习甚至一月的学习进行统筹安排，对时间进行合理分配，充分利用一切主客观条件，以期求得最高的学习效率、最好的学习效果。目前，网络上和书店里关于学法指导方面的资料可谓铺天盖地，适当找些来做些研究是有益的。但要记住，"学习有法而学无定法"，每个人有自己的学习习惯，别人的学习方法用在你身上未必适合，所以不能盲目照搬别人的做法，否则不但不能提高自己的成绩，还会让自己陷入学习的被动局面中。在本次活动月中，我们也为同学们安排了四个学科的学法指导讲座，在阅览室的电脑里为同学们拷贝了各学科的"学法指导"录像资料，希望同学们充分利用这些资源，努力寻找到适合自己的学习方法。

将"爱学习"放在最后，是想改变一个错误认识。有一句话，"兴趣是最好的老师"，所以在学习中，很多同学是凭兴趣来学习的。一问他为什么不努力，就会说"我对……不感兴趣"或"我不喜欢……"。这些同学犯的错误是：他们只强调兴趣是学习的动力，却不知道兴趣往往是学习的结果。不论是哪一个学科，在你没真正了解它之前，就无法断定是真的喜欢或不喜欢。你要先去努力学习它，在学习中增强对它的认识，如果你在学习中不断品尝到了学习的收获，你自然就会对这一学科产生兴趣。兴趣需要在勤奋学习中努力培养，不要把兴趣当作不学习的借口。

在 11 月 14 日，我们年级会举行班级学业成长小组成立仪式和小组会诊活动。成立学业成长小组的目的是要让同学们在互帮互助的氛围中尽快地了解自己，让自己的优点影响别人，让别人帮助自己改正缺点，让小组的成员成为学习的伙伴，相互激励，共同成长。希望同学们在"会诊"前，对自己升入高中以来的学习习惯、学习状态、意志品格和疑难困惑进行思考整理，写成不少于 1 000 字的书面总结。只有这样，你才能在"会诊"时给你的伙伴提供更多的帮助，也好让老师和同学为你解答疑难，帮助你改正缺点。总之，希望同学们能珍惜这样的机会，让自己在活动中有尽可能多的收获。

在年级宣传展板中有一个空白的区域，是"学子质疑"区，你可以把你在学习中的困惑用标签纸写下来贴在上面，我们会请年级里的老师为你解答。为了方便联系，请你一定在问题下面注明姓名或学号。

最后祝愿你通过此次活动真正地提升自己，让自己成为学习的主人！

你的朋友×××
高二年级组
××年××月××日

【活动的具体内容和达到的效果】

1. 建立年级答疑室和阅览室

为了满足学生答疑的需求，年级对答疑时间进行了调整，增加了答疑科目，并专门建立了答疑室。另外，为了培养同学们良好的阅读习惯，年级建立了一间小型阅览室，课间或晚自习期间学习疲倦的同学可以到阅览室读书看报，观看教师课件，调整一下学习的节奏。阅览室平均每天接待学生三四十人次，阅读秩序良好，受到广大师生的好评。

2. 设立学法论坛

年级利用通告栏设立"学法研究总论坛"，各班以墙报和展板的形式设立"学法研究分论坛"。年级总论坛设置"活动倡议""学子质疑""名师解惑"等栏目。物理老师撰写了《我们为什么学习》一文，文章结合自身求学经历，深入探讨了学习的意义，启迪人心，在"名师解惑"栏张贴后，同学们积极阅读，受益颇深。各班分论坛内容以学法介绍为主，自行设计，要求主题突出，读之有益。年级共设立了九个班级分论坛，内容涉及学习方法、学习习惯、学习态度、学习感言等多方面，设计新颖，各具特色。课间时同学们经常聚在展板前"取经"，为形成良好学风创造了很好的客观环境。

3. 学法指导讲座

举办学法指导讲座之前，年级委托班主任在学生中进行了学情调查，最终确定了学生最亟需指导的数学、英语、物理、历史四个学科先进行第一轮学法指导。各备课组准备充分，邀请了校内外德艺双馨的老师为同学们进行了生动翔实的讲解。这些老师经验丰富，师德高尚，对学科知识、对生活都有着独到深入的理解，他们的讲解深入浅出，针对性强，师生们反映收获极大，很多学生在听完讲座后第二天就制订了学习计划。

4."学风建设与学法指导"主题班会

在活动期间各班都召开了一至两次以"学风建议与学法指导"为主题的班会。班会形式多样，有专题讲座、座谈讨论、演讲辩论等，可谓异彩纷呈。同学们在积极参与的过程中，不断地对学习习惯和学习方法进行着反思和调整。

5. 成立学业成长小组并召开小组会诊会

年级要求班主任认真做好小组会诊的前期准备工作，如分组、指定小组负责同学、邀请任课教师和家长委员会家长参加等，其中一项重要工作是布置学生写"上高中以来个人学情反思总结"（不少于1 000字，内容包括学业目标、学习态度、学习习惯、学习上的困惑等项目，重点反思自己上课听讲、作业完成、业余时间的利用等情况，并制订下一步学习规划）。小组会诊前，班主任先进行动员，讲明成立学业成长小组的目的、意义和实施方法，再由三四位同学宣读自己的"学情反思总结"，以起到示范引领和激发热情的作用。之后进行小组会诊，一人宣读自己的总结后，小组成员依次发言，指出该同学的优点，并针对该同学在学习上的困惑给出建议。在会诊的最后半小时，班主任老师发给每组一张白纸，要每个组制作一份成长宣言（内容包括组名和每位组员的高中学业梦想，可以配上简单明快的装饰或设计富有寓意的图案），并将此宣言在教室墙上张贴，最后每组组长总结小组会诊情况。

小组会诊会结束之后，参加会诊的老师、同学和学生家长都给予此次活动以充分的肯定，很多同学很激动，感觉还没谈够，希望多组织一些这样的活动。

一次小组会诊不能解决很多问题，建议班主任在以后的学习中要定期或不定期多次组织小组会诊，直至高三毕业，让小组成员成为患难与共的朋友，成为学习共进的伙伴，让他们在友情中成长，在互相激励中前进。

6. 学情分析会

各班召开由班主任带头、任课教师参加的学情分析会，分析本班的教学情况，最终将学生分配给全体任课教师，分头做好学习习惯和学法指导的个别辅导工作。

7. "学品标兵"评选

活动结束后年级进行了"学品标兵"评选表彰，所谓"学品"主要是对学习风气、学习习惯、意志品质、合作精神等方面的评价。"学品标兵"的评选由任课教师和学生进行综合评价认定。最终，全年级有三分之一的同学获得了"学品标兵"称号，表彰名单在全年级张贴，并在年级博客上公布。在整个评选的过程中，全年级同学的学习热情受到极大的鼓舞。

和谐关系　成功保障

人不能脱离环境（他人）而独立存在，与环境（他人）的相互作用构成交往。所谓人际交往就是人与人之间通过一定方式进行接触，从而在心理上和行为上发生相互影响的过程。人不可能脱离他人而独立存在，或多或少地要与他人发生关联，在交往的基础上形成的人与人之间的心理关系称为人际关系。良好的人际关系可以使自己永远保持愉悦的心情，可以使自己获得他人切实的帮助，也可以使自己在帮助他人的过程中充分实现自身的价值。

我们的人际交往对象主要是三类：朋友和同学（包括异性）、老师以及父母。如何与他们建立融洽的关系呢？

青春好做伴，友谊花常开

崔永元说："朋友是那么一批人，是你容易忘掉的人，是你痛苦时第一个想到的人，是给你帮助不用说谢谢的人。"进入十七岁，想必你也越来越希望得到更多同学的肯定和认同，在此基础上形成自己的朋友圈。

朋友之间的情谊为友谊，它是建立在理想、兴趣、爱好等一致和互相依恋基础上的一种感情关系。研究表明，人在儿童时期情感上最依恋的是父母，朋友则处于相对次要的地位。随着年龄的增长，这种情感依恋便逐步由父母转向了朋友，并日益得以确定和加强。有研究表明，大多数人都认为自己结交朋友最多的时候是在中学时期。如果你想获得珍贵的友情，那么提醒你注意以下几点：

1. 谨慎地选择朋友

在现实生活中，你和谁在一起真的很重要。和勤奋的人在一起，你不会懒惰；和积极的人在一起，你不会消沉。积极的人像太阳，能把你内心的阴暗照亮。有句话说得好，你是谁并不重要，重要的是你和谁在一起。古代的"孟母三迁"，足以说明和谁在一起的重要性。如果你想如雄鹰一样翱翔天空，那你就要和群鹰一起飞翔，而不要与燕雀为伍；如果你想成为狼，那你就要和狼群一起奔跑，而不能与鹿羊同行。正所谓"画眉麻雀不同嗓，金鸡乌鸦不同窝"，这也许就是潜移默化的力量。想象一下，如果你身边的朋友都是一些对生活抱怨消极的人，那总有一天，你满怀的胸心壮志也会被他们的负能量感染；但是和一些拥有进取心的朋友在一起，你也会有所改变，你也想有所作为，因为他们都在变得优秀，自己没有理由不去努力，要知道，能量是互相传染的。

古人有云："近朱者赤，近墨者黑"。松下幸之助说："一个人的成功就是他人际关系的成功。"当你和玫瑰在一起，你也会变得芬芳起来；和具有正能量的人在一起，他会引导你的灵魂和行为，潜移默化中，你会变得更加优秀，这比任何财富更能长久地滋养你的心灵。

2. 真诚地对待朋友

当一个学生感到周围的同学对他十分关心时，他心中便会有一种温暖、安全的感觉。"投我以桃，报之以琼瑶。"你接受了同学的关心，你也同样会关心他，这样相互之间就容易产生一种友好、亲密的关系了。"真诚"的含义还包括朋友做错了，要及时规劝，而不是任由其发展或是帮朋友做错的事情。当然了，"良药苦口"，有时候朋友可能会对你的规劝表示不理解甚至还可能埋怨你，但是只要你是真心为对方着想，终能获得朋友的谅解和对你们之间友谊的珍惜。不过，即使是朋友，也要注意说话的方式，常言道："良言一句三冬暖，恶语伤人六月寒。"真诚的善心和温暖贴心的话语会使你们的友谊之花开得更加绚烂。

3. 宽容地理解朋友

俗话说得好："退一步海阔天空，让几分心平气和。"人与人之间需要宽容。宽容是一种美德，它能使一个人得到尊重；宽容是一剂良药，它能挽救一个人的灵魂；宽容就像一盏明灯，能在黑暗中放射出耀眼的光芒，照亮人的心灵。

芸芸众生，没有人的思想是完全一样的，也不会主动地去改变自己的意见或是看法，所以当你和朋友的意见不同时，要设身处地地为朋友着想，先让自己平静下来，想好要表达的意思，再去找朋友沟通，就事论事地讨论问题。而不是一味地抱怨朋友不理解、不给面子。如果你这样做了，会让自己也陷入被动的境地，让双方失去回旋的余地，也降低了自己的层次，不但让朋友被动难看，同样也让自己给朋友留下斤斤计较的印象。

生活中充满了矛盾，你要宽容对待你的朋友。理智行事，遇事多一些思考，少几分冲动，可以遏制过激情绪，避免不良后果。所以，当发现自己情绪泛滥的时候，提醒自己深呼吸，做些其他事情转移一下注意力，把压抑的情绪转移走，把负能量释放出去。学会处事灵活，不要一味地激进，有时退让也是一种"以退为进"的积极方式，给朋友一个空间，也是给自己一个空间。注意：不能让友谊的小船说翻就翻！

真正的友谊是需要用心去交换的，但同时也需要时间的考验。所谓"路遥知马力，日久见人心"。只有真正的友谊才会在时间的考验下愈发光彩，而不是暗淡。有一帮志同道合的朋友是你一生的财富，你们一起刻苦学习，一起发展爱好，一起远足旅行，一起相互扶持，幸福愿与他们分享，困苦愿与他们分担。真正能够让友谊之花长开的最大秘诀是始终保持一颗正直、善良的心，让朋友因你的存在而感到幸福！

4. 敞开胸怀接纳新的朋友

新的课程改革和新的高考方式背景下，你的学校可能采取了"走班"模式，那么共同的科目选择可能使你与一些原来陌生的面孔不期而遇。与这些新同学该如何相处呢？形同陌路？还是彼此接纳？其实，相逢何必曾相识。我们完全能够做到结识新朋友、不忘老朋友。除了"走班"，高二这一年，你也可能会参加新的社团，会遇到不少"志同道合"的同学，敞开胸怀彼此接纳，真诚、宽容地与他们相处，会使你的路越走越宽。毕竟，未来社会需要的人才不仅能够充分发挥自己能力、更要能够团结他人，调动他人一起合作完成既定的任务，靠个人单打独斗很难成就大事。为了使未来的自己能够游刃有余，平时就要有意识地锻炼自己。

青春好做伴，友谊花常开！

你的朋友圈，屏蔽自己父母了吗

进入青春期，子女与父母沟通难一直是家庭教育中备受关注的话题。不少高中生都觉得与父母难以沟通，有话宁可与朋友讲，也不愿对父母说。在价值观念、交友方式、生活习惯乃至着装打扮等方面，都容易与父母产生摩擦，不断加剧与父母间的心理隔阂。因此，许多高中生和父母之间不常沟通，甚至从未有过沟通，有的高中生因此自我封闭，成绩直线下降。

你与你的父母经常沟通吗？你认识到与父母沟通的重要性了吗？

与父母间良好的沟通是十分有益的，这种益处体现在：

1. 良好的沟通可以使父母及时了解我们的需求、状态，并能及时给予帮助、指导。如父母可以通过倾听、谈心，了解我们的兴趣爱好、情感困惑等，找出解决问题的最佳途径。

2. 良好的沟通能在家庭中建立亲密的亲子关系，给我们安全感和归宿感。有效的沟通，使我们能够感受到自己受到重视，时时感受到父母的理解与关爱。同时让我们对家庭、对父母有稳定的情感寄托，自然而然产生安全感和归宿感。

3. 良好的沟通有助于缓解我们的逆反心理，特别是家长以朋友身份和我们沟通时，容易使我们敞开心扉，畅所欲言，这样会起到很好的沟通效果。

4. 良好的沟通可消除代沟的负面影响，有助于两代人的相互谅解，消除矛盾，使我们的身心都得到健康的发展。

如今，微博、微信等几大网络社交平台几乎成了人与人交往的主要渠道，拥有一个社交账号，几乎成了"标配"。微信"朋友圈"作为社交平台的一种，其特点在于大部分微信好友都是互相认识的亲人、朋友、同学，等等。那么，父母属于你"圈里"的人吗？

如果把与我们关系最亲密的父母"拒之千里"，心里是不是多少有些不忍呢？当然，你可能担心父母对于朋友圈内容的过度敏感，担心某些内容会引来父母的太多唠叨。如何让我们的朋友圈对父母更"友好"些呢？看看下面几个小方法对你是否有帮助吧！

1. 首先你要想通一个道理。总说想保留一点自己的隐私，但是朋友圈里能让自己的好朋友们看到的内容，为什么父母就不能看？难道我们与父母之间的隔阂真的有那么深吗？

2. 想清楚了第一个问题，你就可以进行下面这个步骤了——与父母"约法三章"。讲清楚自己平时在朋友圈喜欢发些什么，告诉他们年轻人在网上"晒"心情、"晒"美食、搞笑、逗趣等是很正常的，让他们不必过于担心。

3. 让父母给自己把把关。有时在网上，因为面对的是一个虚拟平台，所以所思所感或多或少会比现实中更加偏激。当你把激动、生气、失落等不良情绪夸张地表达出来时，朋友们也许不会说什么，但父母一定能够帮你指正，适时地调整你的心态。

4. 让朋友圈成为拉近与父母关系的助推器。随着年龄慢慢增长，有些话可能不好意思当着父母的面讲，这时你完全可以通过在朋友圈抒发胸臆，让父母从侧面了解到你想对他们说的话。又或者哪天与父母闹了矛盾，你想主动认错又拉不下面子，可以通过朋友圈"间接"向父母道歉。

5. 你也可以去看看父母的朋友圈。平时父母的心思大多花在了工作、生活以及子女身上，我们总是单方面享受着来自他们的爱，而很少去关注他们的想法。有时间可以浏览一下父母的朋友圈，给他们点个赞，或者留个言，他们一定会很惊喜。

"朋友圈"，顾名思义就是好朋友组成的圈子，大家在一个成员相对熟悉的交际圈里，互相分享着喜怒哀乐。父母，我们最亲近的人，不应该在这个"圈子"之外，只要处理得当，他们会与你的关系更亲密。你觉得呢？

不管怎么说，父母也是从我们这个年龄走过来的，他们也经历过"疾风骤雨"时期，以他们几十年的人生经历，看问题要成熟得多。我们在慢慢长大，应该学着独立，但独立和成熟有个过程，不是一蹴而就的。如果能安静地坐下来，和父母诚恳地交流，你可以得到很多有益的启示。不要认为跟父母谈心是"没长大"，善于沟通正是你越来越成熟、独立的表现。在交流沟通中，说不定父母也会受到你的影响，接受一些年轻人认可的新生事物，那样，会无意中缩小代沟，增进家庭亲情。父母是爱我们的，只要我们同样以爱的方式对待父母，沟通的障碍就会大大减少。赶快结束"一句起，两句止"的现状（如果你有的话），多了解父母、尊重理解父母，多进行换位思考，你的家庭关系会更和谐、更幸福。

亲其师信其道

除了父母恩、同学情，还有一种恩，叫师恩。师恩深如海。老师毫无保留地向你传授知识，教会你做人的道理，无微不至地关心你。她照亮你前行的道路，成为你人生中的一盏明灯。与老师该如何相处，也是学生面临的重要问题。毕竟学校是由老师和学生组成的，我们学习的过程中总是有老师的参与，与老师相处如何，对学习、校园生活有着直接的影响。

想必你也有这样的体会：与哪个老师关系比较融洽，喜欢上哪门课，哪门成绩就好；如果与哪个老师关系不和谐也会殃及那门课，这大概也是爱屋及乌的反映吧。学生的大部分时间在学校里，就免不了和老师交往，你懂得如何和老师相处吗？温馨给你支几招吧！

1. 尊重老师，尊重老师的劳动

老师几乎把所有的知识无私地、毫无保留地教给学生，如果他们希望得到什么回报的话,就是希望看到学生成材、成熟,在知识的高峰上越攀越远。所以你要尊敬老师,见到老师礼貌地打声招呼。上课认真听讲不破坏纪律,课下把老师留的作业保质保量地完成。如果你的作业写得马虎、潦草,单是让老师辨认字迹都要费很多工夫,给老师增加了很多额外的工作量。经常这样,老师怎么会高兴,怎么会喜欢你呢?每个人都希望别人尊重自己,如果你和别人说话,他爱理不理,你会喜欢这个人吗?尊重老师,尊重老师的劳动,是师生和谐相处的基本前提。

2. 勤学好问,虚心求教

做学生时,经常说"这个老师不怎么样""那个老师水平太低"……等长大了以后才知道这种看法和想法是多么天真。就像作弊者从来都以为老师发现不了,其实,只要往讲台上一站,谁在下面干什么都一目了然。老师从他的年龄、学问、阅历上来说,在某门课上的水平肯定是高于你的,所以,要向老师虚心求教。

勤学好问不仅直接使学习受益,还会增多、加深和老师的交流,无形中就缩短了与老师的距离,每个老师都喜欢肯动脑筋的学生。其实,向老师请教问题往往是师生交往的第一步。除班主任外,任课老师并没有多少时间和学生直接交往,常向老师请教学习上的问题会加深师生彼此的了解和感情。

3. 正确对待老师的过失,委婉地向老师提意见

心理学的研究表明,人们会对没有缺点的人敬而远之。其实,世界上根本就没有零缺点的人存在。老师不是完美的,比如他有的观点不正确,或误解了某个同学,甚至有的老师"架子"比较大,或是太严厉,这都是有可能的。发现老师的不足要持理解态度,向老师提意见语气要委婉,时机要适当。

如果老师冤枉了你,当面和老师顶撞好吗?当然不好,这样不仅不利于问题解决,还会恶化师生关系。暂时忍一忍,等大家都心平气和时再说。不管怎么说,老师是长者,而且多数"刀子嘴、豆腐心"。作为学生的你,应置老师于长者的地位,照顾老师的自尊心和面子。

4. 犯了错误要勇于承认,及时改正

有的同学明知道自己错了,受到批评,即使心里已经知道自己不对,

嘴上却死不认错，与老师闹得很僵。有的人则相反，受过一次批评后，就特别怕那个老师，担心他对自己有成见。这都是没有必要的。错了就错了，主动向老师承认，及时改正，老师一样会喜欢你。老师不会因为哪个学生一次没完成作业，一次违反了纪律，就对学生下定论，说他是坏学生，或对他有成见。我们要相信，老师是会比较全面、客观地评价学生的。

与老师关系融洽既可以促进学习，又可以使你学到很多做人的道理，还会使你一生受益无穷。融洽的师生关系，孕育着巨大的教育"亲和力"，"亲其师而信其道"就是这个道理。

羞答答的玫瑰要不要开

"我是一名高中二年级的学生。现在学习挺紧张的，明年就要高考了，我为自己定好了大学的目标，正在奋力地拼搏，在班级里的成绩也总是名列前茅，爸爸妈妈和老师对我寄予了厚望。但恰恰在这个关键的时候，我的生活不平静起来，这让我很苦恼，班上的一个男同学最近向我表达了他喜欢我，经常会在放学的时候等着我，要和我一起走。他看我的眼神也和其他同学不一样，在课堂上，我们的位置离得比较近，我发现，他总是在看着我，还经常会帮我做一些事情。我对他谈不上喜欢，但也不反感，他在班里是个人缘不错品质也好的人。我知道我目前不能分心，要认真学习，备战高考，所以我也曾暗示他，我的心在学习上，可是好像没有效果，他依然我行我素，放学的时候依然等着我，常常主动和我聊天，还会送我东西，我都婉言拒绝了，可他依然如故。面对他真诚的目光，我真的不知该如何是好。现在我感觉我的心思有时候也不完全在学习上了，会花一些时间想着怎么应付他，甚至在听课的过程中，有时也会分神。不知这样下去，我会怎样，我很担心我的成绩因此而下滑，但又不知如何处理这样的事情，如何拒绝他，又能不伤害他呢？"

如果这种爱不期而至，却不是你的心意，需要委婉而真诚地向对方表达自己的心情。如果害怕伤害对方，总是找各种理由解释搪塞，态度不明朗，反而会使对方产生误解。若能坦诚地告诉对方，你还没有体验到这种爱，请他原谅，这是最好的拒绝。虽然伤人一时，却能减轻他长日之痛。但这样做要选择合适的方式、时间和地点。每个人表达自己的情感都是需要极大勇气的，处理不当，就会把一颗情窦初开的美好心灵撕碎，给他留下心灵的创伤，因此，要在尊重他的人格的基础上去表达你的拒绝。

如果你拒绝了，对方依然在表白，在等待，而你认为自己还不成熟，不能谈恋爱，你可以告诉对方，你还小，该做的事情还有很多，还不想考虑这个问题。如果他真的喜欢你，就应该理解你、尊重你、爱护你。他会被你的真诚所感动。如果他真的要等待，那就随他去吧，但请他不要来打扰你的成长。如果整天缠着你，你觉得个人的力量无法保证自己的"宁静"，你可以请求老师、同学和家长的帮助，但也要注意请求帮助的目的是处理好这件事，不要伤害对方的自尊心。

或许最好的拒绝是你本人的言行，所以，在和同学的交往中，大方公正，言行不暧昧，因为青少年很容易被一种浪漫的友谊所迷惑，虽然不成熟，感情却极为丰富，往往容易把别人的一点点好感当成是对自己的爱意，所以在交往的过程中，注意自己的言行，尽可能避免长时间的单独相处，拒绝对方的礼物以及对方的单独邀请，比如看电影等等。

如今的社会是开放的多元化社会，异性交往是人际交往中的重要组成部分，是客观存在的。青春期后，与异性交往开始出现这样或那样的问题：有的孩子过于羞涩，不好意思面对异性；有的孩子与异性相处过于亲密，因早恋而影响了学业；还有的孩子对异性存在排斥和敌对情绪……但是，回避正常的异性交往不仅会影响学生健全人格的建立与发展，还会影响到他们今后的成长。那么，与异性到底该怎样交往呢？

第一，要自然交往。在与异性同学交往的过程中，言语、表情、行为举止要自然流露，不要闪烁其词，也不要过分夸张；既不盲目冲动，也不矫揉造作。消除异性交往中的不自然感是建立正常异性关系的前提。

第二，要适度交往。怎样适度呢？就是既不为异性交往过早萌发情爱而惊恐不安，又不因回避或拒绝异性而对交往双方造成心灵伤害。只要做到自然适度，心中无愧，就不必过多顾虑。

第三，要真实坦诚。主要是指对异性同学的态度，要像结交同性朋友那样结交真朋友。

第四，在与异性朋友交往的过程中要注意留有余地。什么意思呢？就是我们在交往中不能毫无顾忌，比如在谈话中涉及两性之间的一些敏感话题时要回避，交往中的身体接触要有分寸，特别是在和某一个异性长期交往中，要注意把握好双方关系。

第五，要主动避免接触一些不好的外界刺激。主要是避开一些表现性的书刊、画报、影视作品、图片等。

总之，保持良好的异性关系，不仅有助于提高学习能力，而且也有助于个性的全面发展。不过一定要注意，在正确的时间段做正确的事，把对异性的美好感觉含苞收藏，羞答答的玫瑰晚些绽放！

资料链接 放我的真心在你的手心

——学会人际交往

【活动目标】

1. 学生认识人际交往的重要性；

2. 学生学会如何与人进行交往。

【课前准备】 学生准备白纸

环节一：活动"妙手生花"

同学们，在上课之前，我们先来做个小游戏，放松一下，"妙手生花"。

（1）妙手生花

①请同学们拿好手中的纸，根据老师的指示进行操作，活动过程中大家独立完成，不能提问，同学之间也不能相互偷看。

②请同学们根据以下指示进行操作。

把纸上下对折；

再把它左右对折；

在左上角撕掉一个边长为2厘米的等腰直角三角形；

再左右对折一下；

然后上下对折；

最后在右上角撕掉一个半径为2厘米的扇形。

(2) 讨论：为什么同样的操作指令会出现不同的结果？

(3) 教师总结

不能说话，没有沟通，我们就只好根据自己的想法来行事，但往往是别人说的和我们自己想的不一样。缺乏沟通，就会导致彼此的不理解。那么，同学们，在平时生活中，我们是不是也会埋怨别人不理解我们，包括我们最亲的人、我们的父母？因为别人的不理解，我们会因为交往而产生很多的烦恼。好，今天我们就来一起探讨一下人际关系的话题，我们今天的主题是：放你的真心在我的手心。

环节二：人际交往的重要性

相信你们的家长、老师都会经常对你们说，现在最重要的任务是"学习"。但对于青少年来说，我觉得还有一项很重要的任务，就是学会人际交往，获得友谊。作家肖伯纳曾经比喻："如果你有一个苹果，我有一个苹果，彼此交换，每个人还是只有一个苹果；如果你有一种思想，我有一种思想，彼此交换，我们每个人就有了两种思想。"

这个格言说明了通过社交建立良好的人际关系后，人就能以各种方式迅速地获得信息，人际交往比从书本获得信息内容更广泛、渠道更直接、行动更迅速等特点。这样也就说明了人际交往在我们的日常生活中是很重要的。那么它有哪些重要性呢？（学生发言）

为什么同在一个班级里同学们在人际关系中处的地位会不同？你们希望自己成为哪一种类型的人？（让学生回答）既然大家都想成为最受欢迎的人，那么怎样才能成为这种类型的人呢？

（学生讨论，或以生活中的例子来谈谈）

受欢迎的人的特点：自尊、尊重他人、宽容待人、虚心、坦诚、热情。

环节三：人际交往的技巧

既然大家知道了什么样的人才是最受欢迎的人，那么我们怎样才能成为别人都很欢迎的人呢？下面我们就来分享几个人际交往的技巧。

(1) 技巧一：愉快地接纳别人

手指比较：现在每位同学伸出自己的右手，看看这五个指头。

你们说,哪个手指头最短?它们各有什么不同?——拇指,长短不一。(讨论与提问)

数数看每根手指的关节数,有什么不同?——拇指一个,其他手指两个。(讨论与提问)

我们对比完之后,大家有什么感想?从中学到了什么?(提问与学生回答)

其实,这个实验的寓意是很丰富的,而今天老师想通过这个实验来教会大家人际交往的第一招——愉快地接纳别人。手指比较与愉快地接纳别人有何联系?(学生回答)

人的手指长短不一,各有各的优势与劣势。更何况两个人之间呢?俗话说:尺有所短,寸有所长。正如这世上找不到两片相同的树叶一样,在现实生活中也找不到完全一样的人。足可见人与人之间是存在差异的。一个人身上可能有一些长处和短处,而另一个人身上又可能有另一些长处和短处,这就需要我们以一种愉快而满意的态度去接纳别人。也就是说,对别人不但要有一颗宽容心,更要愉快地接受,要懂得发现别人身上的闪光点,把别人看成是有价值的、值得尊敬的人。

(2)技巧二:学会倾听

同学们,西方有句名言:上帝分配我们两只耳朵,而只给我们一张嘴巴。有谁知道,上帝为什么在我们脸上装一张嘴巴,在脸的两侧装两只耳朵?那是因为人在世界上要与人交往,就是要通过嘴巴说和用耳朵听来达到交流、沟通和理解的。而做一个合格的听众在人际交往中就显得尤其重要。

一个合格的听众要掌握下面五条基本要素。

诚心:抱着谦虚的态度听。

专心:仔细地听,不要三心二意。

用心:捕捉对方话语中的含义或言外之意。

耐心:不要轻易插嘴。

应心:给予适当的回应,鼓励对方说下去。

(3) 技巧三：学会表达自己

西方有一句名言："失足尚可挽回，失言无法补救。"下面我们来欣赏情景短剧《说话的艺术》，看看"失言"会带来什么样的后果。

有一个人为了庆祝自己四十岁生日，特别邀请了四个朋友，在家中吃饭庆祝。

三个人准时到达了。只剩一人，不知何故，迟迟没有来。

这人有些着急，不禁脱口而出："急死人啦！该来的怎么还没来呢？"

其中有一人听了之后很不高兴，对主人说："你说该来的还没来，意思就是我们是不该来的，那我告辞了，再见！"说完，就气冲冲地走了。

一人没来，另一人又气走了，这人急得又冒出一句："真是的，不该走的却走了。"

剩下的两个，其中有一个生气地说："照你这么讲，该走的是我们啦！好，我走。"说完，掉头就走了。

又把一个人气走了。主人急得如热锅上的蚂蚁，不知所措。

最后剩下的这一个朋友交情较深，就劝这人说："朋友都被你气走了，你说话应该注意一点。"

这人很无奈地说："他们全误会我了，我根本不是说他们。"

最后这位朋友听了，再也按捺不住，脸色大变道："什么？你不是说他们，那就是说我啦！莫名其妙，有什么了不起！"

说完，铁青着脸走了。

问题：

a. 大家从中受到一些启发了吗？

b. 表达的艺术有哪些？

(4) 技巧四：学会换位思考，站在对方的角度看问题

很多人在处理问题和与人交往的时候，总是立足于自己的立场，考虑更多的是自己的利益和需要，却总是很少关心他人的需要，更别说是从别人的立场来看问题了。这就造成了人际沟通中的理解发生障碍和阻塞。我们平常总说别人不理解自己，自己也不理解别人，主要就是由于我们没有站在对方的角度来看问题造成的。要做到换位思考，在考虑问题之前，我

们先问自己下面几个问题。

  a. 如果我是他，我需要的是什么？

  b. 如果我是他，我不希望什么？

  c. 如果我是对方，我的做法是什么？

  d. 我是在以对方期望的方式对他吗？

  要了解一个人，除非你站在他的立场上体会他的心情，否则很难真正了解他。

  （5）技巧五：学会赞美别人

  谁不想让人赞美？谁不希望别人重视自己的存在？不论何时何地，我们都可以运用赞美。会赞美别人是一种了不起的能力。怎样才算是会赞美别人呢？这是需要一定的技巧的。

  a. 要能把握准确。假如一个女同学的相貌平平，可是你硬要说她很漂亮，美若西施，她听了未必会高兴。你可以赞美她其他真实的方面，如学习好、心地好、性格好等。

  b. 要具体。

  c. 要真诚。赞美的语言必须是由衷的，而不是虚假的，言不由衷的赞美只会让人生厌。

  游戏：要求学生赞美自己的同桌（1分钟时间）。

  让同学们说出被人称赞的感受并分析当称赞别人时自己的感受。

  （6）技巧六：给人以微笑

  （7）技巧七：热心助人

  同学们想想还有没有其他的交往技巧可以和大家分享呢？

  环节四：归纳总结

  今天我们学习了怎样和别人相处，这是一种健康心理。合理恰当的人际交往，可以维护和促进同学之间的友谊，使同学之间团结友爱、互相帮助、相互敬重、和睦相处。如果你的朋友愿意将他的真心放在你的手心，那么我相信你是一个值得你的朋友信任的人，让我们都能成为用双手捧住朋友那颗真心的人吧！

人文素养　必不可少

【开篇故事】 往事并不如烟

邓稼先的爸爸邓以蛰是清华大学哲学系的著名教授，在抗战爆发，他的儿子即将要去昆明读西南联大的时候，他说了这么一句话："儿子，学科学吧，科学有用。"这句"有用"反映了那个时代知识分子的某种心声。最后，邓稼先成了我们的两弹元勋！

南开大学在 1937 年 7 月 29 日被炸成一片废墟，当时的校长张伯苓写了一句话："物质之损失我毫不挂怀，南开之精神将在这个废墟上永远。"张伯苓的儿子从军学了飞行，最后驾驶那种简陋的飞机，在与日本人的战争中阵亡了。无数这样英雄的牺牲换来了最终抗战的胜利。

这就是那个时代的大师，那个时代的校长。如果没有非凡的格局、气度和胸怀，邓以蛰、张伯苓不会让自己的儿子在国难当头，选择那种"危险"的专业（职业）而无问西东；也就不可能有后来的两弹元勋，不可能有绵延不绝的西南联大精神！二十世纪上半叶的中国，充满着动荡和苦难。但是就思想界、学术界而言，却是一个大师辈出、群星辉耀的璀璨时代。在大师们的身上，你能清晰地看到传统士人的言行操守，也能迎面感受到现代知识分子的理想信念；他们接续历史，展望未来；他们吸吮于诗书，洗礼于五四，养成于西学，以讲台为阵地，以书刊为舞台，或孜孜于传统文化的批判与改造，或倡言西方自由、民主和法治。他们希望构造个人的立命之所，社会的精神家园。他们在穷愁困厄、颠沛流离中坚守的为人品格和为学范式，至今仍是值得我们景仰、学习和传承的宝贵财富。

随着全球经济、科技的进一步发展和世界的全面进步，近年来一个全新的词汇正在逐步颠覆我们的观念，影响我们的思维，那就是国家软实力。国家软实力是相对于一个国家的硬实力而言的。国家硬实力是指一个国家的经济实力、军事实力和科技实力；国家软实力是指一个国家的制度、文化和意识形态的吸引力和向心力。一个国家的软实力和硬实力同等重要。随着软实力的重要性日益凸显，人文素养的提升也越来越受到重视。因为，从根本上来看，一个国家的软实力必然由一国国民的人文素养来支撑。要提升文化软实力，就需要提高国民的人文素养。

人文素养，主要是指一个人所具有的人文知识，以及由这些知识所反映的人文精神内化在人身上所表现出来的气质和修养。素，即平素、平时；养，乃修炼、养成。不积小流无以成江海，不注重积淀则难以形成素养。如果没有开源之地的涓涓细流，没有不断汇入其中的水系，没有慢慢地壮大，何以产生长江和黄河如此之辽阔呢？

经过了高中一年的适应和逐渐熟悉，你一定不满足于阅读方面的浅尝辄止，希望有一定的深度；你更不满足于成日孤陋寡闻，希望有广阔的视野；你可能更希望自己拥有不俗的审美和情怀。深度、视野、审美与情怀，如果你能有这样的追求，那么恭喜你：你在追求更有积淀、你在追求厚积薄发。有追求就有动力，那就行动吧！一寸光阴一寸金，寸金难买寸光阴。高二是你实现愿望的最佳时段，这一年，你比高一更加成熟，比高三更加从容。

那么，如何提高人文素养呢？

首先，应该重视语文课。中国教育学会会长顾明远在一次演讲中呼吁：教育要强调人文精神，使每一个人了解人类发展的历史，了解世界的文化，了解他人，了解自身的能力和责任。现在我们全民族都认识到了弘扬中华民族优秀传统文化的重要性，提倡读经典，读名著，并且体现在了高考这个"指挥棒"当中。在以考定教的现实中，语文教学改革的力度很大，语文教师正在倾力打造人文课堂。全身心参与这样的课堂，无疑能够帮助你提升你的人文素养。

新课程理念下的语文课越来越百花齐放、异彩纷呈，受到学生的喜爱。语文课上，学生峨冠博带，豪侠满怀，可能正在诠释"荆轲刺秦王"；小小舞台，周萍、四凤、侍萍、鲁大海轮番登场，《雷雨》以这种方式被深度理解……学生不再是知识的容器，被动地接受老师的灌输，他们成了课堂的主人，与文本中的人物同呼吸、共命运；老师则成了课堂活动的策划者、组织者和教学效果的评价者。你是不是也非常喜欢这样的语文课呢？

其次，应阅读人文书籍。中学人文课堂的知识具有基础性，受到教学要求的范围的限定。因此，如果你有充裕的时间，最好自己在课下再阅读一些人文类书籍，这对进一步提高人文素养非常有帮助。人文类书籍主要涵盖以下方面：文学、艺术、美学、教育、哲学、历史、社会等。如果你每一学年都能够在课余阅读以上几个方面比较经典的书各一本，中学阶段几年下来，你的人文素养一定会有较厚实的积淀。阅读人文书籍的渠道很多，现在全国各大书店、图书馆、博物馆，时不时会举办一些大型的读书活动，如清华大学图书馆的"邓稼轩读书沙龙"就吸引了大批读者。如果你是一个有心人，你肯定会"发现"你身边更多的读书资源。

这里，推荐一些不错的书籍供你选择阅读。

表 3-5 向高二学生推荐的人文社科书籍

中国古典文学	中国现代文学	西方文学	中国思想典籍	其他
《诗经选》	《雷雨》	《荷马史诗》	《论语》	《上帝掷骰子吗》
《楚辞选》	《家》	《堂·吉诃德》	《老子》	《巨流河》
《红楼梦》	《边城》	《少年维特之烦恼》	《中国哲学简史》	《六十八年心路：1945—2012》
《三国演义》	《围城》	《老人与海》	《乡土中国》	《联大八年》
《西厢记》	《傅雷家书》	《卡夫卡小说选》		
《聊斋志异》	《张爱玲小说选》			

你的语文老师一定为你们列出了"书单"，请你也拿出来分享一下吧！

读书是门槛很低的高贵举动。你只要付出一个汉堡的钱，便可以得到作者在一段岁月里所有的心思与时间。美好的精神世界，既可以让人在清廉的环境中安静生长而不沾染一丝铜臭，也可以让人在铺满黄金与钻石的地方绽放最炫目的光彩。

读书，读的是一种意境。不是为了孤独寂寞时的消遣，不是为了高谈阔论时显示自己的口才。读书，读的是另一个人生，是"一花一世界，一叶一菩提。"多读一本书，无异于多活一个人生。读到一本好书，我们的心情也随之起伏，与保尔一起成长；与岳飞一起"收拾旧河山"；与曹操一起煮酒论英雄；与黛玉一起泪葬桃花；与关公一起"过五关，斩六将"……静心读书，人生一大善也。内心浮躁时，不由自主地拿起一本书，在唯美的书韵中，品味点点滴滴书之浓情。

读书和旅行一样，是灵魂在别处与他人或者他物进行对话。我们从小到大读过的书，如同吃过的饭，一时半会儿看不出什么。然而，成年之后，我们会渐渐地发现，前者的思想铸就了我们的精神，后者的营养滋养了我们的骨血。就算读到后来，看山还是山，看水还是水，我们却可以构建出不一样的精神世界。

【名人名言】

读书多了，容颜自然改变，许多时候，自己可能以为许多看过的书籍都成过眼烟云，不复记忆，其实它们仍是潜在的。在气质里，在谈吐上，在胸襟的无涯，当然也可能显露在生活和文字中。

——三毛

必须教会少年阅读！为什么有些学生在童年时期聪明伶俐、理解力强、勤学好问，而到了少年时期，却变得智力下降，对知识的态度冷淡，头脑不灵活了呢？就是因为他们不会阅读！

——苏霍姆林斯基

犹太人在孩子稍稍懂事时，母亲几乎都会严肃地告诉他（她）："书里藏着的是智慧，这要比钱或钻石贵重得多，智慧是任何人都抢不走的。"

所谓"腹有诗书气自华"，人的高贵源自教养，教养则来自"精神底子"。学生时代，是人生"打底子"时期，此时读什么样的书，以后就会成为什么样的人。中学时期人的求知欲和好奇心最强，最容易接受真善美的事物；这一时期的阅读量和阅读视野，极有可能形成丰富的经验，从而影响人的一生。读书"不能错过季节"，就如作物的种植，过了时节，很难补种。

你可能觉得当今时代，在微博、微信、资讯网站同样可以看到各种信息，接触大量新闻，但是这并没有太多的用处，因为碎片化阅读，仅仅用到记忆力，而非理解能力，更别谈想象力。一种东西再好吃，已经被别人处理过了，便会失去原本的模样和味道。

　　再次，应关注人文行为。人文行为反映人文素养中所蕴含的人文实践，是个人人文素养在实际生活中的体现。作为中学生，你不仅仅要去学习人文文化，从思想上提升人文素养，更应该在具体行动上体现出较高的人文素养和思想道德水平。在校园里，一句对老师、同学真诚的问候体现你的人文素养；做错事情后，一句诚心的歉意体现你的人文素养；公交车上主动给"老弱病残孕"让座体现你的人文素养；马路边，对路人的关怀和帮助体现你的人文素养……总之，一个人的修养决定着他的生存方式，有修养的人，受人尊重，能成大器；没修养的人，害人害己，不会得人心。现在，各个学校也会举办相应的活动引导学生的人文行为，如××中学的"做文明附中人""××中学名片"等活动就取得了不错的效果。相信你所在的学校也会有这样的活动吧？积极地去参加，用心去观察和感受吧！下面附上××中学×××同学的国旗下讲话，让我们一起聆听和践行他们对人文行为的倡导吧。

【国旗下讲话】文明永在我心，礼仪长驻附中

　　作为一个中国人，我们每每自豪于五千年的灿烂历史，自认是文质彬彬的礼仪之邦，但是，在红砖碧瓦的故宫，我们看到了各式各样的到此一游；在碧波荡漾的昆明湖，我们看到了欢快畅游的塑料空瓶；在巍峨起伏的绵绵长城，我们看到了无处不在的烟头痕迹。当走出国门后，我们发现：在法国的巴黎圣母院，写着"请保持安静"，用的是汉字；在泰国皇宫的厕所，写着"便后请冲水"，用的还是汉字；在美国珍珠港，写着"垃圾桶在此"，用的依旧是汉字。

　　我们怎么了？

　　答案很简单，我们似乎淡忘了"文明礼仪"这四个字。所以我们需要重新学习如何成为一个文明自律、善守礼仪的中国人。

　　礼仪就是律己、敬人的一种行为规范，是表现对他人尊重和理解的过程和方式。对于个人来说，礼仪是一个人的思想道德水平、文化修养、交际能力的外在表现，对于社会来说，礼仪是一个国家社会文明程度、道德

风尚和生活习惯的反映。

　　作为历史悠久的文明古国，中国几千年来创造了灿烂的文化，形成了高尚的道德准则、完整的礼仪规范，曾被世人称为"文明古国，礼仪之邦"。中国人也以其彬彬有礼的风貌而著称于世。礼仪文明作为中国传统文化的一个重要组成部分，对中国社会历史的发展产生了广泛深远的影响。中国的礼节传统源远流长，且与政治密不可分。中国崇尚中庸之道，礼仪规范讲究有礼有节，从周公制礼乐起始，礼节就已不仅仅是个人的一种美德，而成为一种不可逾越的行为规范，只有合乎"礼"的才是合理的，否则便是大逆不道。到了孔夫子，更是强调非礼勿视、非礼勿言、非礼勿听、非礼勿动。这个"礼"，其实便是维护伦理道德、社会秩序的规范。

　　荀子云："不学礼无以立，人无礼则不生，事无礼则不成，国无礼则不宁。"文明礼仪是我们做人的根基。正如，如果你失去了今天，你不算失败，因为明天会再来。如果你失去金钱，你不算失败，因为人生的价值不在于钱袋。如果你失去了文明，你是彻底的失败，因为你已经失去了做人的真谛。所以我们首先应当做一个堂堂正正、懂文明、知礼仪的谦谦君子，然后才是成才。我们不要做一部单纯掌握知识的机器，而要成为一个身心和谐发展的人。所以我们应当重视在公共场合和家庭中的点点滴滴是否合乎文明礼仪的规范。

　　当我们在公共场合时，我们要时刻提醒自己举止要得体、言行要文明。在公共场合不大声喧哗、不乱扔垃圾；需要排队时主动有序地排队；出入时帮后面的人扶一下门；在出行时主动给需要帮助的人让座……这些平时经常提及的小事，都是一个人文明礼仪的良好表现。附中，就是我们每天要在其中生活10个小时的公共场所，我们一言一行决定着这里文明的程度。

　　一个在公共场合遵守文明礼仪的人，在家庭中往往也很懂得尊敬长辈。尊敬师长、孝敬父母不仅仅是文明礼仪，而是中华民族传统美德的体现。所以在与父母相处时，我们要多体谅父母。父爱如山，母爱如水。即使暂且不考虑中华民族的文化因素，仅是父母平时为我们所做的点点滴滴，就已经值得我们尽己所能孝敬父母。妇女节时送母亲的鲜花，打给母亲的电话，哪怕是发给母亲的短信，都是对父母的孝敬，也都是中华传统美德的具体体现。

作为一个附中人，学校的公共设施要爱护，学校的规章制度应遵守，老师管理该听从；走路时右行礼让，遇到老师同学主动问好，平日穿着整洁，离开教室关灯……落实文明礼仪就在于做好这些日常的点点滴滴，它们最能体现我们附中人真实的文明素质。

明代大学者王阳明说："知是行的主意，行是知的工夫；知是行之始，行是知之成。"文明礼仪不能也不该停在口中，留在书上，应该像王阳明所倡导的那样，"知行合一"，从身边点滴开始做起，做一个文明人，做一个文明的××中学人。

【好书推荐】《季羡林说国学》

十九大报告中指出："文化是一个国家、一个民族的灵魂。""深入挖掘中华优秀传统文化蕴含的思想观念、人文精神、道德规范，结合时代要求继承创新，让中华文化展现出永久魅力和时代风采。"我国传统文化源远流长、博大精深，经过数千年的积淀和发展，已经深深融入我们民族的血脉之中，成为我们民族共同的精神记忆和文化基因。这无疑是中华民族文化的思想根基，也是今天弘扬中华文化的宝贵财富和资源优势。中华民族的伟大复兴必然伴随着中华文化的繁荣兴盛。

我们每天都在享用我们祖先创造的优秀文化，深受其熏陶，自己的一言一行、一举一动，无不打上中华文化的印记，面对世界文明史上这一位既历经沧桑又青春勃发的文化老人，我们应该做传播中华文化的使者：担当起"东学西渐"的任务。我们许多同学经常与同龄的其他国家学生的开展交流活动，特别是"一带一路"倡议的提出，今天中国的影响力与日俱增，大家在这种交流活动中经常向外国学生介绍什么？外国学生了解中国及中国文化吗？我们对中国文化又了解多少？

在这里我向同学们推荐《季羡林说国学》。

资料链接 阅读悦读——开启看待世界的心灵之窗

1. 阅读书籍

每学期末，每位同学要向大家推荐一本自己近期读的一本好书。包括展示这本书，介绍这本的作者，说明推荐理由，还可以朗读其中的一段文字。活动目的是分享阅读体验，拓宽阅读范围，激发阅读热情，共建热爱读书的班集体。

是的，沉醉书韵，我们可以尽情欣赏"大漠孤烟直，长河落日圆"的沙漠奇观，可以领略"天生我材必有用，千金散尽还复来"的万丈豪情，可以饱览"欲把西湖比西子，浓妆淡抹总相宜"的西湖风情，可以感受"帘卷西风，人比黄花瘦"的那种哀愁……

2. 阅读影视资料

电影欣赏《里约大冒险》

——缓解紧张的学业压力，增强动物保护意识。

爱国影片欣赏《沉默如海》

——结合爱国主义教育月，培养爱国情怀。

优秀电影欣赏《战马》

——好的影片胜过一个演讲，胜过一个游戏，胜过一场总结，该电影让人懂得了善良和忠诚。

优秀影片欣赏《天生一对》

——结合期中考试分析会，让孩子懂得"一切皆有可能"。

3. 阅读"师哥师姐"

"与学长面对面"，邀请已经毕业的学生返校，让他们对我们的学习、生活和未来的规划提出宝贵的建议。也可以让学长们介绍我们心仪大学的专业和大学生活，来激发对未来生活的美好向往。

4. 阅读社会

每学期伊始，大家分享假期见闻，增长知识，开阔视野。介绍自己在假期中的所见所闻，有的出国，有的到外地旅游，还有的一心在家里读书。总之，每个人的假期过得都非常充实，有意义。

近年来流行的"游学"是阅读社会的一种好方式。"游学"最早出现于春秋战国时期，孔子应该是游学的"鼻祖"了。他年轻时曾游历中原，遍访名师，很早就以渊博而闻名天下。游学作为一种教育理念和传统，从汉唐一直延续下来。直到民国时期，陶行知等教育家，始终致力于青少年的游学实践。他们创办的少年游学团，成为教育史上的一段佳话。

【游学感受】开放与包容

一月底二月初时，我校组织的三组交流生分别赴法国巴黎、美国华盛顿特区和夏威夷檀香山交流访问。我们的旅程充实而富有意义，不仅拜访了当地名胜，更是吃住在当地接待交流生家庭中，并与当地同学共同上课，成为当地学校的热点。文化的碰撞与交融在我们眼前铺开，在年轻时多去远方走一走，总会有良多收获。

我与我的另外八个同学和两位老师一同在华盛顿展开了两周的访问行程。美国人民的乐观自信，当地环境的清洁为我们留下了深刻的印象。在学校的最后一晚，我在依依惜别的众人前发表了我此行最深的感受。我用英语说：

"我们来到这里，并非是寻找我们之间的差异，而是寻找我们的共同点。在这里，我发现我的家庭与我的接待家庭有那样多的共同点，我们两个国家有那样多的共同点。

"而这其中最重要的共同点，就是我们都以开放的胸襟影响世界，我们对外界的世界充满好奇而非防备，这个共同点在全世界也几乎只被我们两国分享。

"那是因为我们的自信。因为我们都拥有辽阔的国土、富有创造力的人民和充满光辉的历史，我们都热爱自己的国家。而只有这样，我们才能以那种自信的目光认识世界。"

发言结束后，我的美国朋友纷纷上前与我握手，我们为彼此之间拥有的共同的感受而感到无比欣慰。

刚一回到北京，雾蒙蒙的天，看着裹着厚实衣物的一言不语匆匆走过的人群，我不免对自己在华盛顿的那席话有些疑虑。那课堂上活跃的辩论，那课间楼道里播放的摇滚乐，那每天下午都可以锻炼两个小时的健壮的身影，还有那篮球比赛开场唱国歌时众人面向星条旗左手抚胸肃立的震撼还未从我记忆中消逝。

我们眼中的美国，是一个拥有广阔国土与丰富资源的大国，是一个历史不以数量而是质量衡量的文明，是一个经济和军事上的强国，是繁荣的文化中心。他们对全球优秀文化更多的是学习与吸收，而不带着任何防备，因为他们了解一个繁荣而受欢迎的文明必然是开放与包容的。

而中国人对自己的文化则充满了或自豪或自卑的复杂情感。从前，我们需要努力保护自己的文化，需要防备外来文化的入侵，这是对自己文化不自信的表现。令我们不解的是，到底是落后的文化导致我们的封闭，还是我们的封闭导致了文化的落后。我想两者应当是相互作用的。单纯地引经据典、墨守成规，必然导致踟蹰不前；唯有开放地吸纳他人的精华，才能保持生命力，才能赢得尊重。

当前乃至未来的中国，已然在经济上站立起来，而我们也是时候建立起我们在文化上的自信与开放。唯有认识外界，才能重新发现自己。而唯有发现自己，才能自信地在世界舞台上发出中国的声音。让我们共同努力成为引领下一个时代潮流的世界公民。

××中学高12级　×××

未来专业 提早规划

【开篇故事】 点滴自由，关乎一生

那年参加高考，与我同班的一位好朋友考得比我好得多。回校填志愿那天，我都填完了，他却仍旧没动笔。问他原因，他苦恼地说，家里人让他报会计专业，可他自己爱好机械专业，来这儿时父母再三叮嘱，一定要报会计专业。后来，我得知他舅舅在市里某银行当领导，父母希望将来他也能在这个行业工作，一来工作环境好，二来不必费力找工作。

最终，他不得不按家人的意思报了会计专业，我们步入各自的大学。可未到年终，他突然打电话告诉我，他已经回家复读高三了，原因是他对所学的专业一点兴趣都没有，简直是一种煎熬。我真为他感到可惜，按成

绩他本来可以选择一所好大学和自己喜欢的专业，可从了父母的意愿，却苦了自己，不得不从头再来。

社会上这样的"悲剧"屡见不鲜：孩子按照"父母的志愿"入学后，对专业不感兴趣，最后成天只是混日子，什么也学不到。我想，没有家长愿意看见这一幕吧？其实，选择专业不仅仅是为了将来能求得一份好工作，更重要的是我们将来能从事一种自己喜欢的职业，乐在其中，这样的人生才有意思。我的未来我做主，只有选择了自己感兴趣的专业才有拼搏的动力，也才能把你的才能发挥到极限！

俗话说，凡事预则立，不预则废。为了不至于填报志愿时"受父母摆布"或"临时抱佛脚"，平时就得"多烧香"把功课做足。那么，如何选择专业呢？

根据自己的性格选择专业

有的人内向，一跟不熟悉的人说话就脸红、结巴，放假了宁愿待在家做"宅男宅女"；有的人外向，让他安静坐上十分钟简直比登天还难，他们喜欢在与人沟通、交流中找到自己的价值。对于内向和外向的学生来说，他们适合的专业大不相同。

内向性格的人比较喜欢与事物打交道，适合从事有计划的、稳定的、不需要与人过多交往的职业，如：科学家、技术人员、会计师、打字员、统计员、资料管理人员、一般办公室职员等。外向性格的人比较喜欢和人打交道，更适合与外界广泛接触的职业，如：管理人员、律师、政治家、推销员、记者、教师等。

根据自己的气质类型选择专业

可能你并不清楚自己的气质属于哪一类，那就参考相关特点对号入座吧！多血质思维灵活、反应迅速、好交际、敏感但易浮躁不稳；胆汁质直率热情、精力旺盛但易冲动，准确性差；黏液质安静沉稳、自制忍耐但反应缓慢、朝气不足；抑郁质细腻深刻、踏实细致但多愁善感、孤僻，迟缓。

由于不同气质的人在为人处事方面相差甚远，导致他们所适应的工作也不一样。一般来说多血质的人对自己充满信心，有较强的活动能力，对新环境适应能力较强，对人能坦诚相待，适应的职业有政治、外交、商贸、律师等。胆汁质的人相信实实在在的实业，不相信虚的东西，气质特征是外向性、行动性和直觉性，他们对周围发生的事物能够冷静注视，因此适宜做记者、作家、护士、企业中的外勤工作、业务员、营销员等外向型职业。黏液质的人聪明，有较强的能力，对工作的适应性很强，处事精明、情报搜集能力强，他们不仅能适应学术、教育、研究、医师等内向型职业，也可以活跃在政治、商贸、律师等外向型职业领域。抑郁质的人遇事积极认真，富有协调精神，他们适合做企业的一般事务管理人员。

根据自己的潜能选择专业

人的能力是有差异的，有的人记忆力好，一篇文章只阅读几遍就能倒背如流；有的人语言表述能力强，英语说得顶呱呱，就是从来没学过的语言，模仿能力也特别强，说起来像模像样；还有的人动手能力强，无论是折纸，还是手工，他都比别人快一步。

如果按照自己的特长、潜能去选择相关专业，并从事相关职业，一定能事半功倍，反之亦然。

不同的职业对人的能力素质要求是有差异的，如同为管理人才，行政管理人才和经营管理人才的能力素质也略有差异。对于行政管理人才，他的能力素质基本要求是：具有较强的法制观念、纪律观念和群众观念，具有较强的办事能力，工作忙而不乱，并能出于公心、公道处事、善于处理人际关系、具有较强的综合协调、果断决策能力，信息观念强，具有接受反馈、适时反应的应变能力。而对于经营管理人才，他的能力素质基本要求则是：有强烈的市场和用户观念，既是本行业生产的技术内行，又有比较宽的知识面，具有较强的综合分析能力，有较强的控制能力，处理问题机动灵活，有较强的应变能力，具有良好的决策或辅助决策能力，有良好的谈判和社交能力。

"兴趣是最好的老师",兴趣可以给人的学习、工作带来动力,要依据自己的兴趣和个性心理特征来选择专业,这样你就在找准自己志愿的路上迈出了最为重要的一步。

- 根据社会的需要选择专业

从自己的特点、气质、潜能、兴趣等出发选择专业可使自己在未来的专业领域游刃有余。然而,还有一种人选择专业是从国家利益出发、从大众福祉出发,选择最有价值的事情,专心专注地做下去,在服务国家、奉献社会的事业中让自己变得更加优秀。中华人民共和国成立之初,许多大学生选择了国家社会需要的专业,并终身耕耘于此,做出了非凡的成就。我国各行各业涌现出的许多卓越的科学家们正是这样的人。

【院士风骨】我就不信我们种不出树来

2018年4月9日,清华大学热能工程系研究员、博士生导师、中国工程院院士岳光溪做客"清华大学真人图书馆",讲述了自己命运多舛的传奇人生。

他从小喜欢拨弄电器,对电学有着浓厚的兴趣。但是天不遂人愿,"文革"期间被下放到山西省吕梁山区贫困县岚县去接受"改造"。回清华后阴差阳错进了热能工程系,与循环流化床技术打起了交道。

我国是燃煤大国,迫切需要解决劣质煤燃烧利用和燃煤污染控制的问题。而循环流化床燃烧恰恰是解决这两个问题的重要出路。开发适合于中国国情的低成本污染控制的所谓清洁煤技术成为我国的长期市场需求。从"七五"到"十一五",岳光溪始终没有离开过国家循环流化床燃烧攻关的第一线,国家的需要成了他的专业,逐渐地产生了兴趣并终身痴迷于此。

其实,20世纪90年代初期,始于80年代的循环流化床技术已经很快转化成产品,中国虽然也早就开始了循环流化床技术的研究,但由于投入等多方面的原因,发展得不如国外快。芬兰奥斯龙公司的循环流化床技术比较先进,曾向中国出售了几台循环流化床锅炉,中国一直想引进他们的技术,却被奥斯龙公司一口回绝,声称:"只卖苹果不卖树。"这句话,岳光溪记了一辈子。

"我就不信我们种不出树来!"于是,岳光溪埋头钻进循环流化床技术的研究中,并在这个方向上一干就是20多年。"循环流化床技术是外国人提出的技术,我国大型循环流化床技术是以引进技术起家的。二十世纪八九十年代,我们就像学生一样,外国人怎么做,我们就照猫画虎,做出的效果很差,存在一堆问题。"岳光溪说,"这些问题在国外文献中也找不到答案,逼得我们去探究技术背后的原理,在搞应用研究的同时进行基础理论的研究。"

为了发展适合中国煤种条件的循环流化床锅炉产品,从20世纪90年代开始,岳光溪除了根据国家攻关项目的要求开发不同容量的循环流化床锅炉产品之外,还将掌握循环流化床技术的燃烧理论作为一项重要任务。

"对循环流化床燃烧理论的掌握花了很大的精力。"岳光溪说。从基本理念开始,随着一个又一个问题的提出,进行了系统的循环流化床燃烧的实验研究和理论探讨。岳光溪终于在2005年完成了全新的循环流化床燃烧理论体系骨架的搭建。

"国外的循环流化床燃烧设计理论基本是经验性的,实际上从基础理论到设计方法,他们并没有完全掌握。"岳光溪说,"我们的这套理论体系是完全独立的循环流化床燃烧理论体,研究清楚了循环流化床锅炉设计背后的道理,揭示了国外技术的缺陷和不适应中国条件的根本原因,使循环流化床锅炉设计从纯经验方式转向了理论指导方式。"

十几年来,中国人逐渐从学生角色成为主流角色。2005年随着清华研究和技术开发的成果推出,岳光溪被大会邀请做主题发言,介绍循环流化床技术在中国和国际上的发展趋势,同时在会议上发表了数篇文章介绍清华大学的循环流化床燃烧研究。会议上,某外国公司研发部主任对岳光溪说:"恐怕多数参会人根本不明白这些研究的重要意义。"

2009年,国际流化床燃烧会议在中国召开,由于岳光溪在循环床理论与实践方面取得的成果,他被选为大会主席。近年来,中国自主研发的循环流化床锅炉产品逐步开始出口到东南亚和中东,并进一步实现了中国循环流化床技术向发达国家的技术出口,比如日本IHI公司。

"走到今天，我们种出了自己的树，长出了自己的苹果。"岳光溪的心愿终于达成了。

岳光溪院士做客"清华大学真人图书馆"，被问及兴趣和专业之间的关系时，他掷地有声地说："痴迷于自己的专业久了，作出成就，有了自豪感就有了兴趣，而只有把自己的专业与国家社会的需要结合起来，专业才更有生命力！"回想影片《无问西东》中，那个时代很多人的专业选择，是不是就是国家的需要呢？读到这里，你是不是在被震撼的同时若有所思呢？

【学长对你说】

经济管理那些事儿

以北大为例，北大有三个学院都是在学经济学这一方面。第一个是北大经济学院；第二个是光华管理学院；第三个是国家发展研究院。经济学院就是一些比较学术方面的，可能它学得更加深入，更加全面。光华管理学院可能就是以商科为主，以应用为主。国家发展研究院，基本上以实现经济学为主，偏向于国家的环境政策。

首先，我们在选专业之前可能会问，我适合这个专业吗？这个专业需要什么样的人呢？严格来讲学金融第一需要的是兴趣，第二是抗压能力强，金融是一个压力非常大的一个专业和职业，另外它还需要性格外向（交际能力）和数学建模能力、逻辑思维能力，学习和工作也要有效率。

其次，有人知道一般的会计学和注册会计师有什么区别吗？会计现在是中国最不缺的也是最缺乏人才的职业之一。据说中国现在的会计师一共有1000多万，但真正有注册会计师证件的人只占不到0.08%。会计学其实需要更多的知识，在这一点跟金融业非常相似。因此它需要很强的效率与责任感，包括要细心，要冷静，要条理清晰，要有表达能力，比如把数学概念和报表表达成一个别人可以很容易理解的 presentation 的形式。（节选）

××中学毕业生、北大光华管理学院　×××

建筑的美丽与哀愁

今天想给大家介绍建筑这个专业是怎样的，学什么，以后工作了会是一个怎样的工作状态。

第一个问题，建筑专业是怎样的？我们进入建筑学系的第一堂课，老师就给我们讲，你们知道该怎么学建筑吗？其实大家都不太知道，只知道学建筑要学画画，老师就给我们讲，学建筑是A+B+C，就是说建筑里最重要的三个单词就是"Architecture""Building""Construction"。第一个词就是Architecture，也就是这个东西从表面看来，设计得美还是不美，设计得帅还是不帅，属于艺术范畴，就是关于审美，关于人的一个东西。我所理解的建筑的艺术性大概就是说，它可以影响人的审美。

第二个就是建筑的艺术性是和自然相关的，看着苏州的网师园，中国的园林讲什么呢，它讲一花一世界，它都比较小，为什么呢？我也不知道为什么中国园林都比较小。它会在一个悠长的流线里让你看到许多不一样的景。你会看到假山，亭子，还有许多水池。就是许多西方园林所不能做到的，你在一些自由的形态中可以看到这个世界怎样组成的，是一个以小见大的自然观。但是，法国的凡尔赛宫，这个大家都知道的，它的面积是一个中国园林的许多倍。然后你们可以看到它的形态是几何形的划分，它可能是一个很大的园林，把与这个地方所不同的英国式、意大利式的园林都放在一起。它这样去排设，从一个特别小的东西，从一个小的装饰，一个山就可以看到这个世界是什么样子，就是西方人和东方人看待自然所不一样的地方，通过建筑的语言表达出来。

第三点就是建筑的工程性，到现在我还接触得非常少，因为我还没有接触到一个实际工程，我们会上很多课告诉我们，比如说这个门该怎么接上去，那个窗户怎么做双层玻璃，怎么防止冬天冷气闷进来，让你不好受，会讲很多这种特别特别实际的，关系到建筑施工是什么样的，具体在里头一些特别小的细节，是当一个建筑师必须掌握的，当然现在我还没有成为一个建筑师，所以我还没有掌握这些。

学建筑还有一个特点就是需要多看，光看书不行，因为建筑是三维的，需要走出教室去真正认识一个建筑。我们有一个假期就是去看很多建筑然后写报告，你可能学过一些很经典的案例，但是实际发现它跟图片上的完全不同。我当时调查的就是央美美术馆，流线非常有特点。我在大三的时候去德国当了一年的交换生，在那一个学期我只上了一门课然后就去看建筑，拍了很多照片，认识了很多建筑，这是一个很好的提高方式。

××中学毕业生、清华大学建筑系　××

第 4 章

高三确实苦 坚持+责任

作为一个连续的过程，高中生生涯规划在每个阶段都有不同的任务：高一年级的主要任务是适应高中的学习生活和进行初步的自我探索；高二年级的主要任务是继续探索和拓展自我，并利用综合实践活动虚拟或直接探索职业和专业世界；高三年级的主要任务则是结合自我分析和环境探索的结果作出升学抉择，在这一过程中强化自己对成年后所怀的责任敬畏和感恩表达。因此，当进入高三，我们既渴求人生规划中多一点升学指导、志愿选择的内容，也需要借仪式化的表达，激发自己的责任意识、担当意识和使命意识。

根据生涯规划的步骤，本章的具体内容将主要围绕以下三个方面来展开：

起锚与扬帆——指导你平稳度过高二转入高三的过渡期，能充分利用可靠资源帮助自己调整状态，迅速"入境"；

行动与坚持——指导你根据个人目标制订具体的学业行动规划，并有效管理自己的时间与压力，努力将目标转化为现实；

回首再出发——指导你体悟成人阶段的神圣感、使命感，在集体仪式中激发学习热情，立志健康成长；指导学生及家长学会探索和分析影响职业和专业选择的环境因素，促使你确立适合个人的人生目标、升学目标等。

青春新征程， 赢在起跑线

【高三，谢谢你来过】

  我的高三，第一件事就是集中思想教育，在刚开学的时候要停课一周，用这一周的时间请来大学的教授，以及有一定社会成就的校友回学校做报告，还会看一些励志电影，记得当年看的是《冲出亚马孙》和《居里夫人》。

  通过报告和电影，我理解到了高考不是一个人的唯一目标，只是人生中的一个挑战，经过这个挑战，还会有一个又一个的挑战等待着我，而在高三这一年里，我要做的就是尽自己最大的努力，让自己完成好这个挑战。

  解决好心理上的问题是学习出成绩的前提，我在受过集中思想教育后深深地理解了这一点，随后的几个月，我都是靠着这股劲头坚持着，按照老师的要求一点点进行着复习工作，说实话，准备高考的每天都很苦，都是靠心里的一丝希望在坚持。

  时间过得很快，转眼就到了寒假，也许第一学期的拼尽全力，很烦躁，很困惑，等到第二学期开学，我感觉这样不行，必须解决这种状况，于是我又想起了在高三启动时学长教给我的一个备用办法：找一个人作为目标，为了他而学，这个人可以是家长，可以是老师，可以是自己，也可以是对手，甚至可以是自己心仪的女孩子，总之谁可以让你燃起斗志，就找谁作为目标，找到了目标，用目标激励自己继续努力。

  就在这样的反复努力下，我终于挺了过来，回头望去，不禁觉得："其实，人生中能有这一场高三挺好的！"

  如果我问你，高三是什么样子的？你会有什么样的回答呢？仅仅只是"身份"发生了变化，由"学生"身份变成了"考生"身份吗？

让人意外的是，很多经历过高三的同学往往会给出这样的答案：高三的我们，也许不再沉迷或陶醉于自己的伟大理想中，却变得更加现实，执着于如何过好当下的每一天，使得每一天都那么充实和丰富。伟大理想当然重要，重要的是将这个伟大理想悄悄地收藏，不留痕迹将这个理想显现在今天的行为中。因为，未来有着太多的不确定性或可能性，这样一种可能，或许只会扰乱我们的心绪，让我们变得更加焦虑、紧张、烦躁和不安。在每天的清晨，对着镜子里的我们，笑一笑，让我们更好地接纳自己，认同自己，生活在有期待的每一天！

走访多所名校之后，我们发现很多卓有建树的高三毕业生在回忆过往时庆幸的不是取得好分数，而是自己能在高三的最开始打好思想基础，得以终身受益。用他们的话来说是："对我的世界观形成起了决定的作用""懂得人生的价值""培养了独立思考能力、独立学习能力、解决问题能力""锻炼了吃苦耐劳的品质"……

欲穷千里路，思想先准备

面对高考的压力，我们的青春自然不再那么丰富多彩，而是变得更加简单和纯粹，学校家庭两点一线、复习作业考试三位一体，始终埋头于书山题海中，似乎外界任何一点动静都不会引起我们的兴趣，但是一进入教室，就精神抖擞，一看到题目，就两眼发光，一见到分数，就情绪高涨，似乎进入了一种忘我的境界。事实上，简单和纯粹，让我们更加专注于我们的目标。

在高三，我们的生活不再是懒散乱，而是有一种很强的节奏感，学习的事情安排得井井有条，分数的提高扎扎实实，时间的管理一步一个脚印，我们能够快速地进入状态，处处洋溢着青春的朝气与激情，在学习的每一个时间段里都讲效率，就连上厕所都要小跑步，我们慢慢地发现自己身上发生了一种可喜的变化，一种精神状态的改变，这样一种改变对人生的影响是深远的。

这样的心理变化来自何处？我们想，在迈向高考终点的征途之前，预先为学生的思想做好铺垫，打好心理基础是最重要的。在很多学校，在高三之初的思想教育中就明确对学生们提出要求："高考并不是单一的能力考查，常规学习之外也不能缺席课外活动。"聪明的学生自然会根据自己的实际条件实践这样的指导，下面摘录一个学生的体会：

"我今年高三了，仍照常参加生物小组，坚持野外实习，坚持做实验，临近考大学还热衷于课外活动，不怕考大学落榜吗？这个问题我也想过，回顾两年的生物小组活动，我的学习成绩没有下降，反而提高，考试成绩升到全班第二，英语竞赛也取得了一等奖。"

接着他详细讲述了参加"果蝇遗传的基因实验"，如何激发了"求知欲"，通过查阅中、英文资料提高了阅读能力，通过"基因定位"培养了"抽象思维能力"，对三维空间能构成具体形象，因而在学习"立体几何"和"有机化学"的"有机物结构"时，不像一般同学感到不易想象。通过实验研究，"感到做物理和化学实验也得心应手了"。还从"大量重复实验中悟出：观察的特殊性愈多，得出普遍性规律就愈容易，于是我有意识地把哲学原理用于生物实验，爱好哲学的兴趣更浓了"。

最后他谈到，"通过多次失败，培养了分析问题和解决问题的能力，如何在新学期开始时，分析上学期的经验、教训，制订本学期的计划，如何从一道题举一反三，到学期末在全面复习基础上，分析、归纳、总结使知识简明化、条理化、系统化。"全文有四千字。最后他说，"现在，你一定明白我为什么面临高考还参加生物小组了吧！"

真正有效的高三思想教育不仅能激发我们的学习兴趣，也不仅培养了学习知识和运用知识的能力，还锻炼了意志和毅力，培养了探索精神、实干精神和拼搏精神，还培养了科学观点、科学态度和科学作风，为培养创新型人才打下了基础。

在北京一所重点中学，一位已毕业的高三女孩经历了在库布齐沙漠进行的高三入境思想教育活动后，坚定了选择"地学"的大学专业方向。她在《库布齐之行体会》中写道："人的一生怎样才算有价值呢？有的觉得一定要成为像爱因斯坦或居里夫人那样的伟人，名垂青史才算有价值。也有人觉得，要给自己争得优越的物质享受和高人一等的社会地位才算没有枉度一生。高三的第一堂'课'启发了我，一个念头在我心中油然而起：

假如我能为这些默默地劳作着的人们做些事情那该多好啊！……即使我始终是社会中微不足道的一员，我的生活仍将是有意义的。"

【汕头大学毕业歌《大学问》】

知道什么叫天高地厚，
内心的天空，也要懂得探究。
知道什么是海市蜃楼，
人海的感受，也要去进修。
知识跟世界细水长流，
智慧用思考照明宇宙。
我们懂得学问没尽头，
学会怎么做事，再学做人的操守。
我们懂得学习的理由，
吸收是为了奉献，才能承先启后。
生命不止坚毅与奋斗，
有梦想才是，有意义的追求。
成功不止付出与拥有，
有承担才是，最高的成就。
知识跟世界细水长流，
智慧用思考照明宇宙。
我们懂得学问没尽头，
学会怎么自救，再学做人的操守。
我们懂得学习的理由，
力量要用来分享，才能承先启后。
我们懂得学问没尽头，
学会终身学习，才没辜负一番造就。
我们懂得学习的理由，
活出生命的光彩，才无愧于春秋。

【我眼中的高三】

"高三"在你的心中是怎样的印象、怎样的色彩呢？请同学们依据下表的提示，选出一种颜色（或者形状及其他），用它来象征你对高三的印象，同时写出你的理由。你的选择应该是你对高三的第一印象，是由心而发的、最真实最深刻的。如果有条件，你还可以与自己的好友、同学、师长进行分享。

表 4-1 高三的印象

我眼中的高三是……	你的选择	你的理由
哪种颜色		
哪种形状		
哪首歌曲		
哪个成语		
……		

颜色有让人心理上感觉暖与感觉冷之分。不过，这只是颜色所具有的心理效果中最普通的一种。红色、橙色、粉色等就是暖色，可以使人联想到火焰和太阳等事物，让人感觉温暖。与此相对，蓝色、绿色、蓝绿色等被称为冷色，这些颜色能让人联想到水和冰，使人感觉寒冷。

全校齐动员，吹响"集结号"

面对高三的你，我们只想说：只有一条路不能选择，那就是放弃；只有一条路不能逃避，那就是成长。成长，不只是年龄的增长，更是心智的成熟、责任的担当。走进高三，求学不息，探索不止；走进高三，初心不忘，责任勇扛；走进高三，挺直脊梁，不怕狂风巨浪，山高水长；走进高三，我们肩负期望，满怀梦想，吹响走向未来的"集结号"。

一、高三启动仪式的组织（高考倒计时一年前后）

表 4-2　高三启动仪式的内容

主题类别	活动内容
社会实践	例1：25 公里的沙漠穿越，500 多人浩荡的队伍在一望无际的沙海之舟（库布齐沙漠）中行进，一步一步踏过沙丘的脊梁，迈向远方的目的地，每一个人都选择相信站在自己前面的人，虽然看不清路，但选择相信； 例2：39 公里的路途，5 个小时烈日炙烤中的骑行（宁夏银川），师生们用奋力拼搏的汗水，咬紧牙关的坚持，相互扶持的团结完成了考验，战胜了自我。象征梦想的气球被放飞的那一刻，师生共同凝望天际，真诚祈祷，相信这份坚韧与团结会成为高三师生共同的能量，点亮他们的高三之路，人生之路。 例3：学生大型农训活动，活动当天让高三各班到责任地，请同学们将本班责任地里的杂草铲除干净，并负责培育果树。中午同学们在田间地头享受着自己的午餐。下午，各班同学开始用手拉犁耕地，并悉心种上大豆种子。农训活动让同学们体会到生活的艰辛与不易，同时又增强了同学们的动手操作能力。
拓展活动	例：某校组织高三学生徒步穿越活动，历时近 7 个小时，面对正午的酷热天气，老师和同学们齐心协力、克服重重困难，攀爬在崇山峻岭之间，相互鼓励与扶持，终于在黄昏时候，全体师生无一掉队全体通过了此次穿越。此次活动路途艰辛，一些老师和同学虽然中途中暑，但仍坚持前行，在心中留下了不可磨灭的印迹。晚上，全体师生在基地参与了集体篝火晚会大联欢活动，并给过生日的老师和同学集中举办了生日派对。
学生发言	由学生代表发言，用视频或者故事的形式带领同学们回顾高中两年校园生活；在笑声中，同学们想起了两年来陪伴自己的那些人和事，面对即将来临的高三，更多的感受是幸福与充实。
师长寄语	既向毕业年级学生介绍高三的全体任课教师，又借助仪式由老师们对学生们送上最美好的祝愿；校长充满热情的致辞往往能够让高三启动的效果更好；另外，可以根据学校实际情况邀请家长代表进行简短的演讲与鼓励。

表 4-2（续）

主题类别	活动内容
歌以言志	以"合唱展示"的形式，鼓励班级同学选择正能量的励志歌曲进行合唱展示，以艺术的形式表达对高三到来的期冀和决心。

【高三学子们，我想对你说】

老师对你说：

同学们，老师想对你们说，在未来一年的奋斗征程中，你们每个人都不是孤军奋战，学校、老师、家长、同学都会在你冲锋陷阵、奋勇拼搏的日子里作为你最坚强的后盾给你力量，为你加油！我们高三年级全体老师郑重承诺：我们一定会更加努力！课前，集体备课，博采众长，求同存异；课上，饱含激情，重点突出，关注学生，精益求精；课后，精心挑选练习和试题，认真批阅作业与考卷，用全力，奉真心，为学生答疑解惑，排忧解难，与学生风雨同舟，并肩作战。"甘将心血化成雨，润出桃花一片红"是我们心情的最佳写照。

这一年，我们将有幸陪同学们一起走过青春岁月中最亮丽的时节，也许会对你们有更苛刻的要求，更艰苦的训练，更严厉的批评。但是，请相信，一切都是为了让你们得到进步和成长，让你们变得更加踏实和顽强，为了你们的出类拔萃、为了你们明天的理想。

十一年的求学生涯已经匆匆而过，而这一年的高三时光也将稍纵即逝。生命不打草稿，人生没有彩排，机会失去，永不再来。所以，老师在这里向同学们提出几点期望：在未来的 330 天中，希望你们暂时放下那份懵懂的感情，暂时尘封熟悉的游戏账号，暂时收起高级的电子产品。从此以后，不再浑浑噩噩，不再迷失自我，摒弃杂念，耐受寂寞。课要认认真真听，作业要认认真真做，错题要认认真真改，教室的地面更要认认真真扫。你将发现，"认真"会内化为一种强大的素质和才能，帮你实现目标，赢得高考。

风,从水面吹过,留下粼粼波纹;阳光,从云中穿过,播散丝丝温暖;岁月从树林里划过,刻下圈圈年轮。同学们,我们将从高三和高考的舞台上走过,能留下什么呢?一定是为了心中那个神圣的目标全力以赴拼搏的身影。

这一年,苦,会是更涩的苦,可是,换来的甜,必将是更甘的甜!

高三年级全体老师

学长对你说:

高三年级的同学们,你们即将踏上的是这样一段旅程:她枯燥又迷人,非凡又平淡,充满了艰辛与坎坷却又总能让你看到希望与惊喜,总之,这将是丰富多彩的一年,这将是见证奇迹的一年。

几点建议:第一是要有信心。这信心包括很多方面。首先是自信。在高三这一年你们要经历无数次大大小小的考试,它们似乎都很重要,但无论是多么出色的学生也不可能把每一场仗都打得完美,甚至你会在很长一段时间内都无法找到状态,这时候如果你开始怀疑自己,认为自己不具备获得好成绩的条件,并以此为借口自暴自弃破罐破摔,哪怕只放任自己堕落一星期、一个月,这都将是你无法弥补的损失。我建议大家一定要相信我们的老师,相信他们,按部就班地执行他们的计划,你们一定会收获理想的结果。时刻充满信心,从每一节课到走进高考考场,你会不知不觉地超越很多无法做到这点的人。

第二是要和谐。这份和谐同样覆盖方方面面。在压力面前我们很容易产生焦躁不安的情绪,在这种情绪的支配下我们会无法接受家长的唠叨,难以面对老师的批评,甚至会因为一些芝麻大的小事和同学吵一架,这都是非常不可取的。家庭关系的和谐,师生关系的融洽,班级氛围的良好,自我心态的平和都是推动我们前进的力量,帮助我们在面对重大决定时保持理智、清醒的头脑,最终实现我们的理想。

第三点,也是最根本的一点,就是持之以恒的努力。关于这一点,真可谓前人之述备矣。雕塑大师罗丹曾说:"我允许自己因才华不如别人而失败,但决不允许自己因没有拼尽全力而懊悔。"你们很难想象高三这一年的努力会换取多么惊人的进步，只要付出足够的努力，一年后的你自己都不敢相信你的飞跃。高三属于每个人，都只有一年，在这看似漫长实则短暂的一年，飞速前进还是原地踏步，取决于你如何对待手中的每一分钟。

毕业学生：×××

在老师和学长的话语中，我们似乎也能回想起两年前自己带着喜悦的心情走进翰墨飘香的高中校园，正青春的心充盈着对高中生活的无限憧憬。两年时间固然短暂，但一定在我们的人生路上留下了浓墨重彩的青春印迹。在高三的最开始，回望过去会发现我们学习了知识、收获了友谊、增强了才能、磨炼了意志。

时光如水流逝，今天，我们终于站在了高三的起跑线上，准备迎接人生最大的一次挑战。

很显然，经过两年的高中生活，每个学生的学习现状不尽相同。有的人基础扎实、成绩优异、目标明确、信心满满；有的人知识不牢、方法不当、成绩不稳、缺乏信心。但是，我们要说"幸亏不是明天就高考，多亏还有高三这一年"。所以，上述差异没什么大不了，一切都来得及。高三和高考不仅仅是知识和智商的拼争，更是对毅力和心理的考验。只要我们利用高三启动的契机调整心态、放下包袱、树立目标、持之以恒，高三一年注定能够峰回路转、创造奇迹、成就梦想、改写人生！

谈完了高三的重要性，大家也要看到高三所谓的"不重要"。其实当你真正成为一名高三的学生你会发现一切都没有什么变化，如同高中生活的前两年一样。熟悉的同学，熟悉的老师，熟悉的校园，熟悉的知识，完全没必要故作紧张把高三神圣化，甚至魔鬼化。

高三不是一切，高考也不是终点，我们从整个备考过程中学会认真地做事，学会互帮互助，学会承受压力，学会面对挫折，这些素质对于人生的重要性远大于一次高考。所以高三启动能带给大家的一句话：改变的是态度，不变的是心境。

二、高三集中思想教育的组织（高三第一学期期中考试前）

表4-3 高三思想教育的组织

主题类别	活动内容
理想志向	如：邀请市区教委、招生办领导专家解读高考政策，邀请高校专家以"理想""责任""情怀"等为主题帮助学生理解科学发展观与青年人才的全面素质提高，树立正确的人生观和成才观。
学法指导	如：安排高三全体任课教师走进班与学生面对面"会诊交流"，邀请校内外各学科名师就高三复习的重难点，结合本校学生实际，有针对性地提出学科复习的科学方法。在专题讲座之外，还可穿插安排毕业学生返校座谈。
心理调控	如：邀请著名教育心理学专家返校进行心理调控报告，依靠本校心理指导教师组织合理的心态调整班会，指导学生充实自我，轻装前进；如果学校有一定条件，还可组织学生观看1~2部励志电影，以文艺的力量鼓舞自己，增加信心。

【审视自己】

听过了三场报告，看了指导老师精心挑选的两个电影，昨天下午又听了上届同学介绍的各种经验，终于到了该审视自己的时候了。无论是听报告还是座谈的时候，总还是会不由自主地一遍遍扫描自己：想知道自己身上是否也有那么一星半点他们的某种特质，然而，我却发现，除了他们也有过的茫然无措外，我什么都没有。

我没有他们那样持之以恒的毅力。几位成功者不约而同地提到了他们有坚持长跑的习惯，无论刮风下雨。其实，长跑不过是一种表象而已，揭开表象我看到了他们那颗为了梦想持之以恒的心。讽刺的是，我最讨厌长跑。只要体育课的测验成绩可以勉强及格，我决不会去练长跑——多么狭隘的想法！于是，不只是跑步，我成了一个做什么事情都是浅尝辄止、半途而废的人。现在，我面对的却是我有生以来最严酷、最艰难的路，没有恒心的支撑，等待我的不只是一个简单的成绩，而是缥缈的未来。

然后是勇气，我没有他们那样约束自己、说服自己放弃一些东西的勇气。我是一个过于乐观的人，总是对生活持过于乐观的态度。于是我从未"苛求"过自己，从未意识到自己的懒惰和放纵。人家有勇气放弃已经拥有的财富和地位去一片未知的天地闯荡，我却连一点放弃自己小小爱好的勇气都没有。没有放弃，就不会有收获；选择即是放弃，我是要选择自己的未来呢？还是选择现在的安逸呢？

具体地说，以下是我需要改进的地方：

语文的成语、英语的错题，我都拿专门的本子整理出来了。但是整理出来了不经常温习又有什么用？整理出来只是方式而已，不用脑子记住就是白费功夫。

理科的错题堆积，不及时弄清楚，就开始了恶性循环。结果欠债越来越多，导致做了半天题，不会的仍旧不会。

尽量在老师讲解之前把题做完，否则听了根本没有效果。

统练做选择题时，蒙的题要做上记号，否则蒙对了自己就忘了。再遇见同类的题还是不会。

及时调整自己，提高效率，而不是无效率地拖延学习时间，强迫自己集中精力投入学习。

最后想说的是：我想考清华！记得高一时老师曾做过一次问卷调查，最后一道题就是问我未来的梦想是什么，我的回答是"我想当个建筑师"。几乎从那时起，每次路过清华建筑馆，我都会默默地想："真希望我也可以到这里学习。"然而我没有自信把我的梦想说出来。自信是建立在实力之上的，我没有把梦想付诸行动，自然没有自信。现在说出来，也并不因为我已经达到了这个标准，但是有了它，我就有了奋斗的动力，我相信这个动力可以支持我坚持到最后胜利。

高三年级　李××

人的一生可以平庸、平淡，也可以精彩、轰烈，这一切都决定于自己心中所选择的路。

成功是建立在自信的基础上的，而自信是要建立在自己的付出上的。所谓的高智商也要用汗水和劳动去换取，而摆在面前的题如果不去做就永远不会做，心中的障碍也就会永远存在，永远磨毁着自己的信心和意志，使自己永远生活在自己所设定的阴影里。在困难面前，我们不能低头！

集中思想教育会不断提醒正在艰苦爬坡的我们：人是不能够心疼自己的。当自己认为就要撑不住了的时候，告诉自己"再坚持一下"，只要我们还活着，就有继续坚持前进的资格。当就要选择放弃的那一刻，对自己说："再坚持一下，就一下，或许我和成功的距离就差这一步！"不要小看自己，人的力量是无穷大的，关键在于我们是否舍得把它们挖掘出来。人的一生中会遇到许多的敌人，而最大最强的敌人其实就是自己。战胜自己的那一刻，我们才有资格高呼"我赢了！"而在放下因胜利而高举的双手时，也要明白，后面的路，后面的敌人将更具挑战性！

在思想教育活动中，你能和老师在一起很自然地聊天，不仅听老师对自己学习的意见，还能解决自己的生活问题。在那个时候，你会第一次如此真切地感觉到：老师和自己是站在同一战线上的！他们甚至比我们还要辛苦得多，比我们要着急得多。

"成功"二字写来容易，得到很难，它只会认识有勇气战胜困难的人！

【我要的那把"集结号"】

长征再苦，在红军革命乐观主义精神前也能被克服。高三面前，我们每个人也都有振作精神的需要，高三阶段的一次经历或者某种资源，也许能给我们带来灵魂上的冲击——这足以支撑着我们度过传说中艰难的高三，支撑着我们克服今后人生中遇到的一切困难！所以，请你向你的学校或者你的老师，勇敢说出高三的你究竟需要什么样的动力，让大家来帮助你吹响自己新长征的号声。

表4-4 高三自我调查表

你过去的学习状态 （用2~3个词语）	
你对高三学习生活的展望 （用2-3个词语）	

表 4-4（续）

你最满意的学科	
你最不满意的学科	
你希望高三集中思想教育为你提供的活动	
你希望能从"集中思想教育"中获得的启示/资源	

有了好开始，贯彻每一天

高考是对学生进行综合检验的一种手段，它以知识输出为途径，对学生的学习成果、心理素质等多方面进行测量。掌握好知识是高考成功的前提条件，娴熟有效的应试技巧有助于锦上添花。但是，要想获得理想的成绩，仅仅有"入境"时的反思和初步的规划不够的，罗曼·罗兰说："笨拙的坚持才是最好的开始。"这提醒我们，不仅要保持高三启动时对"规划"的关注，还必须要规划细化到之后的每一个细小阶段，最重要的是，要把当初的规划贯彻落实到行动。为了这样的目标，我们就需要提高个人的综合素质，具有稳定、健康的心理状态。

仅有为期不长的两三次仪式，还不能保证个人在高考考场上发挥出色，学校如果能够在以往经验的基础，结合每一年级学生的特殊情况为学生编撰一本方便实用的《高三学习指导手册》，无疑是给学生的一年准备好坚实的"拐棍"。如果学生自己能够联合同学们，结合自己的需求，优化组合学校各方面的资源来编写这本手册，更有利于我们作出明确的短期规划，有意识地训练自己良好的心理状态。

手册内容可以包括：

一、往届高三学生提醒

不要被老师牵着走——高三有其特殊性，学生要时刻抱有"因人而异"的观念，密切结合自身情况学习。然而，老师布置学习任务往往得顾及整体，一些基础较好的同学不得不做"无用功"。所以高三需要学会的第一点就是：不要被老师牵着走。譬如整理文言文中的词法、句法时，如果你觉得这些内容很简单，已经掌握了，那就无须整理了……时间宝贵，得把它用在更需提高、更见成效的地方。

参考书的使用应求"精"——如××出版社的《高三数学测试与评估》、××书局的《高考中的数学方法》等都是相当不错的教辅书。吃透一本好书比潦潦草草地做几本有效得多。有些同学光做习题不对答案，这种做法的效果几乎是零。不对答案，意味着根本无法从错误中提高。但做错的题并非看懂答案就行，而应在看懂后的第二天尝试独立地再解一遍。

通过"玩"进行"学"——一整年毫无休息地学估计没人撑得住，即使身体不垮，心理上也会受不了。但这个理由并不能成为高三"玩"的借口，在高三，"玩"中亦应有"学"。看看简化版的英文侦探小说，不知不觉中提高英语阅读能力；听听《疯狂英语》中美妙的诗文朗诵，我保证那决不会比流行音乐差；看看能为作文提供人文底蕴的李泽厚的《美的历程》……在紧张枯燥的高三学习中，这些已是足够有趣的消遣了。

二、学习策略指导

一般学习策略——课前预习，找出问题，听课时才能有重点地听；认真听讲，将老师讲的精华抓住；记笔记时基本概念不用记，但老师对概念的解释一定要记，老师讲例题时，将题抄好之后，就听老师分析、解题，最后把答案抄下来，课后再自己独立做出来；课后把当天所学的内容看几遍想一遍，直到全部理解后再去做题，否则只是应付作业；每次考试前都将平时作业和以前试卷中做错的题重新做一遍。

典型学科策略（以语文为例）——记基本的字词、文言虚词意义及用法；阅读现代文，分析写作技巧，作文列提纲；重视课外阅读，但由于时间关系，只能读一些精短的文学、科学作品，提高语文水平；做阅读理解时做到泛读、精读、扫读，浏览一遍知道大意，精读掌握段落大意及答题点，第三遍搜寻问题答案。

典型不良学习习惯——概念的重要性被忽视，而一些难题、怪题倍受青睐；把大量的时间花在自己喜欢的科目上，冷落了其他科目；平时依赖计算器，一考试就犯计算上的错误，搞得自己手忙脚乱；听老师讲例题觉得会了，自己用参考书时一看题明白了就以为自己会了，不再动手去做；匆忙应付作业，搞题海战术，却不认真对待做题时发现的问题；听课时将内容一股脑塞进去，不动脑筋去思考；成绩好一点的同学认为老师上课讲得太简单，开小差，其实忽略了老师对某一些关键问题的分析；将老师讲的例题一字不漏地抄下来的同时忽略了老师精辟的分析；晚上开夜车，白天没精打采，形成恶性循环。

三、学习时间安排建议

一日时间安排建议——早晨背一些英语课文或名家名段，或一些文言文，不用早晨时间写理化作业；中午保证半小时左右的休息时间，或者阅读课外书籍；晚自习一般是先复习当天所学的内容，然后写作业，做一些练习题，复习完了，理解了再做题，比做一道、翻一下书效率要高得多；有时间再分专题地读一些英语语法，如虚拟语气、连词之类。

四、常见心理问题及对策

面对每一次的统练分数——非淡泊无以明智，非宁静无以致远。心态一定要平静，每一次考试认真对待，好不骄傲，差不气馁，努力了就行。既不能妄自尊大，以为自己什么都会了，也不能妄自菲薄，遇到一点挫折就放弃努力。决心给了我们动力，信心给了我们勇气，恒心给了我们成功。每一个人都要做好心理准备，承受一次次的打击。尤其是学习不太好，又一直在努力的同学，成效不可能忽如一夜春风来，千树万树梨花开。量变达到一定的度，就会质变。

学习疲劳怎么办——随时随地不让自己做无用功，看书看不进去时就做题，头脑发胀时休息一会儿。做数理化习题做得恶心了，马上换语文书看看。学习若能统筹安排，就不会觉得十分疲劳。文武之道，一张一弛，劳逸结合。每天适当地到操场活动一下，让大脑有更充沛的精力学习。例如在傍晚散步，消除一天的紧张，既而晚上能更好地学习。

【提高效率的"三省吾身"】

提高学习效率是一个很重要的事情。许多学生学习成绩不佳，往往起因于学习效率不高。学习效率不高往往由多种因素造成。较低的学习兴趣、不良的学习习惯、身体的疾病等都能影响学习效率。那么，我们应该如何进行自我考察以得出关于自己效率最准确的判断，从而有针对性地进行解决？

表 4-5　学习问题自我评价表

评价维度	具体问题	是/否
时间安排	是否很少在学习前确定明确目标，要在多少时间里完成多少内容。	
	学习是否常常没有固定的时间安排。	
	是否常拖延时间以至于作业都无法按时完成。	
	学习计划是否是从来都只能在开头的几天有效。	
注意力	注意力完全集中的状态是否只能保持 10 至 15 分钟。	
	学习时，身旁是否常有小说、杂志等使我分心的东西。	
	学习时是否常有想入非非的体验。	
	是否常与人边聊天边学习。	
学习兴趣	是否一见书本头就发胀。	
	是否只喜欢文科，而不喜欢理科。	
	是否常需要强迫自己学习。	
	是否从未有意识地强化自己的学习行为。	
学习方法	是否经常采用题海战来提高解题能力。	
	是否经常采用机械记忆法。	
	是否从未向学习好的同学讨教过学习方法。	
	是否从不向老师请教问题。	

一般而言，回答上述问题，肯定的答案（"是"）越多，学习的效率越低。每个有学习问题的学生都应从上述四类问题中找出自己的主要毛病，然后有针对性地进行改正。

高三英雄路，行动与坚持

【杨培东的奋斗事迹】

杨培东博士，1971年出生于中国苏州。2004年获得美国材料学会（MRS）青年科学家大奖；2007年，被美国科学基金会（NSF）授予"艾伦·沃特曼"奖，这一研究奖项每年仅授予一位杰出的青年科学家，在业内被称为"青年诺贝尔奖"。

在谈到为什么能够取得如此巨大的成绩时，他说："在确定你的奋斗目标后，最重要的是行动，而在行动中，首先是要明确每一个时间段做什么，其次是克服一切困难，将每一个时间段的事情做好。"记者采访了杨培东高中时期的10位同班同学，当问到这位当年的同学获得成功的最大因素时，10个人全部首选勤奋，其次才是天分等。

"印象最深的是，这家伙当时为了提高语文成绩，找到一本读物《古诗一日一首》，每天宿舍熄灯后，他都要打着手电背古诗，真的是一天一首，从来不落。为了提高英语成绩，他找来《新概念英语》，每天早上起来第一件事，就是背其中的课文，一个学期下来，第二册和第三册全部背完。"一位目前从事热工研究的同学这样回忆到。

杨培东的成功事例充分证明——"舌下无英雄，笔底无奇士"，行动与坚持的力量在生涯规划的过程中举足轻重，没有行动与坚持的生涯规划充其量只能算是一个美好的梦想。一个人的目标再明确，潜力再大，如果没有全力以赴地行动，也不可能收获成功和幸福的喜悦。

对于高三学生来说，如何根据个人目标制订具体的行动规划至关重要，而高三生活以学习为主，注定不可能再像高一、高二那样丰富多彩。为了实现自己的人生目标和升学目标，再贪玩、再懒惰的学生都会尽力将自己的能量聚焦到学业上来。

规划新阶段，巧用新手段

学业行动规划已经在高一、高二年级有了相对详细的讨论，对于高三阶段的实际情况，我们还有规划的必要吗？规划的重点是什么呢？如何与之前的规划经验相承接呢？

一、BCG 矩阵与学科实力

真正行之有效的行动规划必须建立在对现状的准确把握之上，确立目标前，需要先根据自身的学习实情，给自己的总成绩来个客观的"层次"定位。

总分最大化是高考成功的核心原则。选择自己最擅长的科目，找到潜藏的薄弱点，运用最适合自己的前进策略，是高考制胜的关键。而优势科目的好成绩是总成绩高的质变因素。总成绩的优异在各科都不低的前提下，肯定是优势科目发挥了顶梁柱的作用。可见找出自己的优势科目是非常重要和必要的，因为确定了自己的优势科目以后，我们就可以找准自己的学习大方向和主要着力点，从而获得总成绩的提高。

首先，需要明确什么是自己的优势科目。所谓"优势科目"是指自己投入产出比最大的科目，不仅包括那些自己没花多少时间就已经取得不错成绩的科目，还应该包括那些如果多花一些时间就可以取得显著效果的科目，而要找出自己的优势科目，并据此制订相应的学习战略，BCG 矩阵分析不失为一个好的方法。

BCG 矩阵（BCG Matrix），又称"波士顿矩阵"，是由美国著名管理学家、波士顿咨询公司创始人布鲁斯·亨德森于 1970 年首创的一种用来分析和规划企业产品组合的方法。根据其绘制原理，我们也可以用它来分析学生的某些学习特征。

一般说来，在学习中，个人精力的投入和成绩提升之间的关系可以用图 4-1 中的学习曲线来表示。

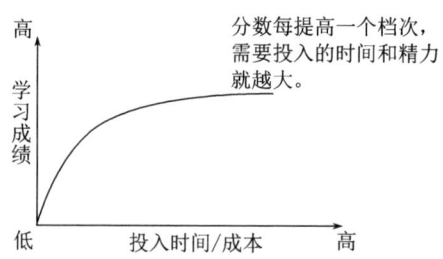

图 4-1　个人精力投入与成绩提升关系图

其中,学习曲线的横轴代表对该科目的投入时间或成本,纵轴代表该科目的学习成绩。从图中可以看出,当该科目的学习成绩比较低的时候,多花一点时间,效果一般就会立竿见影,成绩几乎成正比例上升;而当成绩高到一定水平之后,再想提高相应的分数就必须付出成倍的努力,正所谓"高处不胜寒"。

根据这一原理,我们就可以根据自己在各科上的时间投入产出比,把各科的学习曲线加以累计、比较后,整理成如图 4-2 所示的 BCG 矩阵。

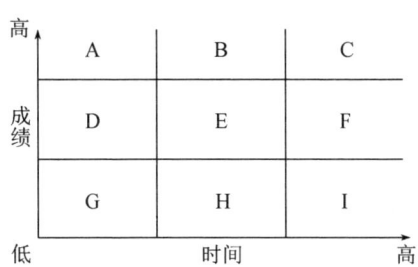

图 4-2　BCG 矩阵

根据前面提到的优势科目的定义,可以看出,其中,优势科目不仅包括处于 BCG 矩阵 A、B 区间的科目,还应当包括处于 BCG 矩阵 D、E 区间的科目,而科目 C,虽然目前的成绩不错,但提升却需要投入大量的时间,因此,不能算是优势科目。

下面,我们以一位学生在高三上学期期末的成绩为例,加以具体说明。

表 4-6　成绩示意表

科目	成绩	全班排名
语文	110	5
数学	145	3
英语	128	6
物理	95	4
化学	97	2
生物	77	1

从分数和名次来看，他的各科成绩都还不错，但这是否意味着他的各科很平均呢？其实不然。因为平时除了上课之外，他花在各科上的学习时间是不一样的。根据他在各个科目上的时间投入产出比，可以得到如图4-3的 BCG 矩阵：

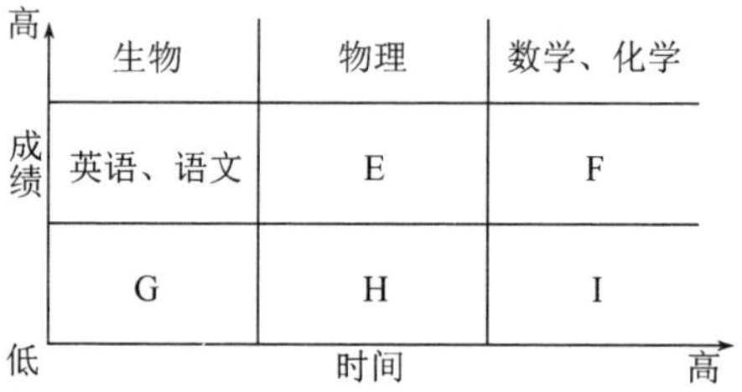

成绩			
高	生物	物理	数学、化学
	英语、语文	E	F
低	G	H	I

时间 低→高

图 4-3　学科 BCG 矩阵

从 BCG 矩阵可以看出，他平时在数理化三个科目上的投入时间最多，成绩也基本达到了极限；而生物属于花时间少、成绩也不错的科目；英语和语文的投入时间都不多，名次上虽然很理想，但是离真正的高分还有差距。在得到这个结论之后，该生还思考了一些深层次的问题，为什么生物、语文、英语投入时间不多，却能够取得不错的成绩呢？经过思考，他发现，自己属于思维和运算能力强的人，而且在生物上面兴趣很浓厚，因此能够取得事半功倍的效果，而英语和语文则是因为底子好，虽然投入时间很少，但是靠吃老本也还可以维持较高的水平。经过这么一番分析，他对自己的学习情况已经很清楚了：自己在英语和语文方面的潜力还相当之大。因此，在接下来的几个月里，他主攻英语和语文，把这两个科目的水平又提升了一个层次，并最终取得了优异的高考成绩。

根据以上事例，我们建议学生可以在成绩提高潜力较大的科目上投入更多的时间，因为每科成绩的提高都是有上限的，而优势科目的上升空间相对较大。尤其是在即将参加高考的时候，没有必要在一些提升空间有限的科目上纠缠。当然，每个同学情况不同，不能把这一规律当作公式一般，完全生搬硬套。

确定了自己最合适的复习方向，并不意味着高考就得到了保证。每一个人无论他多擅长文科或者理科，都必然有所缺陷，高考成功的关键在于保持并发挥自己已有优势的情况下，增加自己的优势项目，减少薄弱知识点。因此，如何找出这些薄弱的知识点就成了提高成绩的关键。

什么时候我们最迫切地需要找出自己薄弱的知识点呢？高三第一轮总复习结束之后，会有第一次模拟考试，这次考试结束之后的总结对于我们高考备考具有十分重要的意义。这个时候如果我们能够系统地找出自己每个科目中薄弱的知识点，将会对下一步的复习提供很大的帮助。

找出自己薄弱的知识点，其实是一种总结，而总结需要建立在考试结果上。这里问题就出现了。考试中我们做错的题目是很零碎的，所反映的知识点也是很分散的。这个时候利用下面的两个步骤可以有助于完成这一关键任务。

第一步，对知识点进行逻辑分类。

首先，要明确一门学科中有哪些知识点。但是，这并不只是将学科内的知识进行简单罗列，而是应该根据它们的逻辑关系进行分类。这种分类过程本身也有助于学生结构化所有的学科内容。

接下来，把考试成绩按照分完类的知识点进行归类。看看每一类知识点中做对了多少分，做错了多少分。这将有助于下一步的分析。

第二步，利用 BCG 矩阵找出不足。

在明确了各个知识点的逻辑结构之后，我们需要在 BCG 矩阵上，依据在各个知识点上的得分情况，确定它们的位置。

在确定位置之前，我们需要对常规的 BCG 矩阵加以变化。由于不同的知识点在整个考卷中所占的比例不同，因此不能单纯按照每个知识点上所得的分数值在纵轴上进行排列。比较合理的是用每个知识点的得分率作为纵坐标。横坐标依然是平时在每个知识点上投入的大概时间。

这里我们以语文为例，分析一下如何利用 BCG 矩阵找到我们每个学科的薄弱之处。

语文的知识点从大的方面可以分为基础和综合两个部分。基础部分包括语言知识和文学常识，综合部分包括阅读和写作。我们可以把语文试卷上的所有题目分成这四个部分，然后算出每个部分的得分率。接下来我们需要回忆自己平时在语文学习上大概在每个部分投入的时间，从而就可以确定各个部分在 BCG 矩阵上的位置。

比如，我们假设，一位同学在语言知识上的得分率为 40%，文学常识得分率为 80%，阅读得分率为 85%，写作得分率为 50%。而在平时学习中，该同学在写作和文学常识上投入较多，在语言知识和阅读上投入较少。

由此，我们可以得到如图 4-4 的 BCG 矩阵：

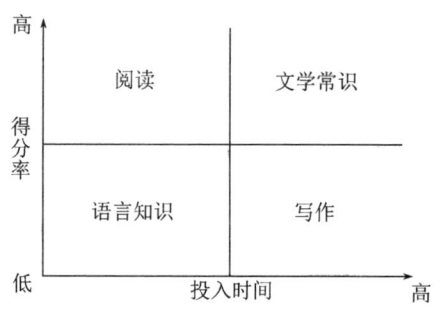

图 4-4　以语文为例的 BCG 矩阵

接下来，我们就可以根据 BCG 矩阵分析法来明确对各个知识点的掌握情况，并制订相应的学习策略："阅读"处于 BCG 矩阵的左上角，属于今后只需花少量的时间维持的知识点；"文学常识"属于投入时间较多、收效也不错的知识点，按照以前的计划维持即可；而比较薄弱的知识点是"语言知识"和"写作"。但是对于该同学来说，更应该关注的是"语言知识"。因为和"写作"相比，"语言知识"投入的时间少，如果投入时间增加，可能会有比较大的上升空间。而"写作"本身显然不是短期投入就能够提高的知识点，并且在高考中判卷老师的主观性很大，存在着很强的不确定性。对于该同学来说，比较理性的是减少在"写作"复习上投入的时间，将这部分时间运用到对"语言知识"的复习中去。

需要说明的是，并非每个高三学生都有能力客观、准确地分析和把握自己的学业现状，正所谓"不识庐山真面目，只缘身在此山中"。因此，在对学生进行个别指导之余，建议教师还可以采用一些班级活动来帮助和指导学生全面了解自己的学业现状，比如，"师生小组会诊"活动。

【测一测】参考示例，填上你的学科或者知识点（填写内容以该科学习内容的多少自行增删）。

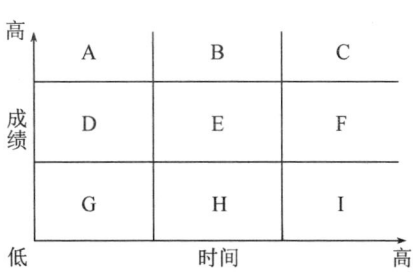

图 4-5　BCG 矩阵

二、事情再大，也需要先实现"小目标"

一个人有了目标，一定会为实现这个目标而勤奋努力，面对"顺利战胜高三"如此庞大的目标，推荐你采用目标分解法，即先将一个大的总体目标分解开来，化整为零，变成一个个容易实现的小目标，然后再将其各个击破，直至实现终极目标。利用"目标分解法"，可以将高三学生的学业发展目标大致分解如下。

长期目标：一是要明确一个大概的专业方向，二是要预期一所理想的大学。如果暂时无法对未来的兴趣发展作出判断，也无法选择自己喜爱的大学，就大致确定一下自己想要报考的大学档次，比如，是要立志考上北大、清华等一流院校，还是考一所一般的一本院校，或者通过几个月的努力尽量上一所专科院校等。

中期目标：中期目标指的是高三这一年在不同学习时段所要达到的目标。可以把一学年的学习时间分成几个学习时段，再根据个人的学业发展现状，制订各时段的不同目标。比如，根据已经确立的"长期目标"所要求的分数段或排名，勉励自己的成绩在不同的时段分别提升几个名次，或占据班级、年级多少名；也可以依次定为夯实基础、提高解题能力、强化应试技巧；还可以确定为重点补习哪门学科等。

近期目标：近期目标指的是一个月、一周乃至一天所要达到的小目标，可以指一个月某门学科要复习的重点，可以指一周要补差的内容，还可以指一天要完成的学习任务，等等。

在对自己的学业发展现状有了一个全面的了解后，就可以根据个人的学业发展目标来制订适合自己的学习计划了。

在制订计划之前，还有必要先来了解一下高三各复习阶段的具体要求和学习重点。因为在高三阶段，学生应当首先根据教师的教学安排来进行全面复习，其次才是结合自己的实际情况，有选择、有重点地进行复习。

高三的复习计划大致可以分为三个阶段，每个阶段都有不同的任务、目标和学习方法。

第一阶段为基础复习阶段，是指整个高三的第一学期，大约五个月左右，约占整个高三复习的一半时间左右。

这一阶段，每一个科目都在逐册逐章节地进行复习，此时，我们应该和教师步伐一致，进行各科的细致复习。我们应充分利用这五个月，把每一科在高考范围内的每个知识点都逐章逐节、逐篇逐段，甚至逐字逐句地复习到，应做到毫无遗漏。在此阶段，复习中切忌急躁、浮躁，要知道"万丈高楼平地起"，只有这时候循序渐进、查缺补漏、巩固基础，才能在高考中取得好成绩；只有这时候把边边沿沿、枝枝杈杈的地方都复习到，才能在今后有更多的时间去攻克一些综合性、高难度的题目。

在此阶段，还有一项重要任务，那就是高三第一学期的期末考试。这次考试十分重要，它既可以检验一学期来的复习效果，又可以查找出亟待解决的问题漏洞，还可以向学生提出新的挑战。因此，我们把它戏称为一次"小高考"。这次考试还有一层特殊的含义：它是高校招生中，保送、推荐、评选市级三好学生的重要依据。特别提醒那些学习较好的高三同学，一定要格外重视这次考试。

第二阶段为全面复习阶段，从寒假到第一次模拟考试前，时间大约为四个月。

这个阶段是高三复习最宝贵的时期，堪称复习的"黄金期"。之所以这样说，是因为这个时期复习任务最重，也最应该达到高效率的复习。学生的任务是把前一个阶段中较为零散、繁杂的知识系统化、条理化，找到每科中的一条宏观的线索，提纲挈领，全面复习。

这个阶段的复习，直接目的就是准备第一次模拟考试，"一模"是高考前最重要的一次学习检验和阅兵，是学生选报志愿的重要分数依据。"一模"成功，可以使自己信心倍增，但不要沾沾自喜；"一模"受挫，也不要灰心丧气，妄自菲薄。应该为"一模"恰当定位，在战略上藐视它，在战术上重视它。

第三阶段为综合复习阶段，从"一模"结束至高考前，时间大约为两个月。

这是高考前最后的一段复习时间，随着高考的日益迫近，有些学生可能心理压力会越来越重。因此，这个时期应当以卸包袱为一个重要任务。要善于调节自己的学习和生活节奏，放松一下绷得紧紧的神经。在此阶段，每天不必复习得太晚，要赶快调整高三一年紧张复习中形成的不当的生物钟，以保证充沛的精力。另外，这个时期不必再做过量的习题，更不应死抠难题和偏题，应该做少而精的练习。比如，花些工夫研究一下历年高考的题目，因为这些题目既是经过千锤百炼的精品，又是高考命题人意志的直接体现，可谓字字珠玑。

"千里之行，始于足下"，在高三复习过程中，最重要的是从一点一滴做起，重视每天每周的复习安排，特别应当注意合理安排每一天的复习时间。在紧张的复习过程中，每天可供学生自己利用的时间并不多，其中最长的一段时间大约就是晚饭后至睡觉前的几个小时。能否利用好这段时间，是高三复习成败的关键。建议你在每个晚上专攻一门到两门，抓住重点，集中精力，以争取达到较高的学习效率。

在制订计划时，要列出具体任务，然后把学习任务具体分配到每一周、每一天，再计算一下每天可以有多少时间用于学习、学习每项内容大致需要花费多少时间。计划中一定要安排严格的、足够数量的基本功训练，力戒好高骛远。另外，千万不要贪心，要注意留出吃饭、睡觉、休息、娱乐、体育锻炼等活动时间。

一般来说，确定计划后，应该严格执行。但在学习中，还应当根据实际情况灵活安排，不可过于拘泥。在执行计划的过程中，要注意检查效果，及时调整。每个计划从执行到结束或执行一个阶段后，就应当检查一下效果如何。如果效果不好，就要找原因，进行必要的调整。检查内容包括：是不是按计划去做了；计划任务是否完成；学习效果如何；没完成计划的原因是什么；什么地方安排得太紧、哪些环节安排得较松；等等。通过检查后，再修订计划，改变不科学、不合理的地方。

另外，在制订计划时还应当注意以下几点：晚上一定要保证睡眠，不要熬夜，以免影响第二天的听课效率；一定要保证上课时的听课质量（不要只忙着记笔记，听明白其实更重要）；上课听不懂的部分应该作为当天要重点复习的内容，不积攒问题；每个周末，都要把这周的知识过一遍，哪怕是简单的梳理。

效率有高低，时间来回答

时间管理能力是影响学生学习效率和学业成绩的重要因素之一，也是每个中学生，特别是高三学生最为关心的话题之一。

研究发现，时间管理与学业表现或学习成绩之间呈正相关，善于管理时间的学生，其学习成绩普遍高于时间管理差的学生。因为缺乏时间管理会造成拖延，长期的拖延会使学习时间减少，结果造成考试成绩较差；而增加学业努力的时间会改善学业表现。

一、四象限原则

在这里，特别向高三的你推荐"四象限原则"，它是一个关于时间管理的理论。我们按照"重要"和"紧急"两个不同的维度，把工作分为四个"象限"：既重要又紧急、重要但不紧急、紧急但不重要、既不紧急也不重要，如图4-6所示。

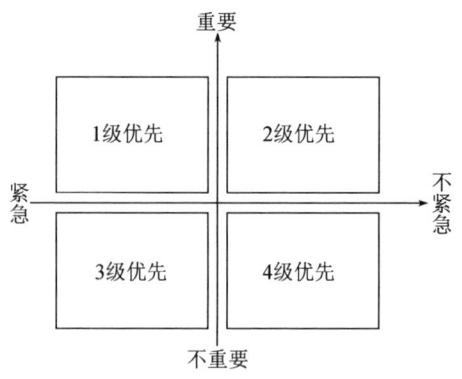

图 4-6 "时间管理四象限"图

其中,"重要的事"是指那些与目标有关的活动(即根据"目标导向原则"来确定事情是否重要),这些活动有意义、有价值,且有利于个人目标的实现;"紧急的事"是指在规定时限内,那些必须立即处理的事,这些事很急迫,不能拖延,可能比较讨好、有趣,却不一定很重要。

按处理顺序划分:先是既重要又紧急的(1级优先),接下来是重要但不紧急的(2级优先),再到紧急但不重要的(3级优先),最后才是既不紧急也不重要的(4级优先)。这里的关键在于第二类和第三类的顺序问题,必须非常小心区分。人们常犯的毛病是把"紧急"当成优先原则。其实,许多看似很紧急的事,拖一拖,甚至不办,也无关大局。另外,也要注意划分好第一类和第三类事,都是紧急的,分别就在于前者能带来价值,实现某种重要目标,而后者不能。因此,处理事情优先次序的判断依据应当是事情的重要程度。简而言之,就是重要的事先做,而不是紧急的事先做。

在日常生活中,一个人的大部分时间花在哪个象限上,不仅会在很大程度上影响到他的工作效率,还会在一定程度上影响到他的生活状态和身心健康,具体影响如图4-7所示:

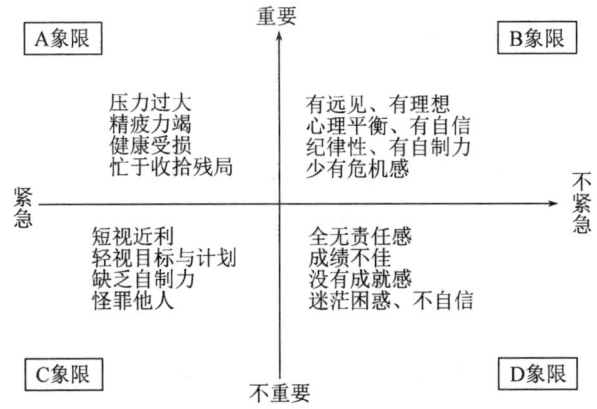

图4-7 日常生活中的"四象限"表

作为高三学生,我们可以根据四象限原则,更加合理安排自己的学习与生活,例如:

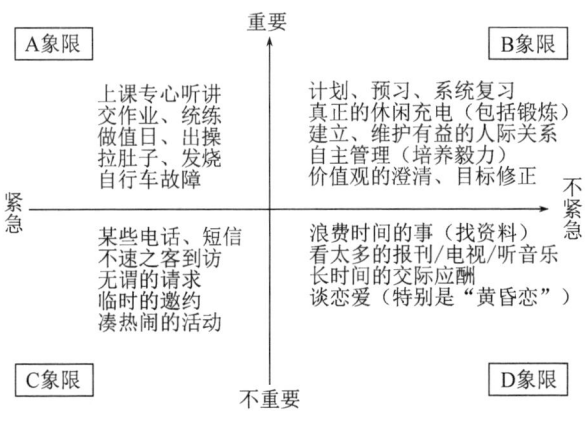

图 4-8 高三阶段的"四象限"表

我们可以定期（如一周、一个月等）回顾和讨论一下，自己在某一阶段学习与生活上的四象限安排情况，检视一下自己在四个象限上花费的时间是否有利于个人目标的实现，特别提醒，作为中国特色的高三阶段，其要求我们尽量学会"简单化生存"，就像下面提到的这位"水果达人"一样。

在日本"电视冠军"节目中，有一位"水果达人"，为了让果树结出最硕大、最甜美的果实，他会在果树开花后摘掉大部分的花朵，仅留下两三个花苞。"我要让全部的养分都灌注在这几个花苞上，这样自然能够结出最大、最甜的果实。""达人"自信满满地说。

"水果达人"的秘诀非常值得我们参考。让我们想想，有这么一株小树，状似茂密，但向侧边横生出许多细小枝干。那么，如果把主树干比喻为本业工作的话，那些细小枝干就可能相当于琐碎的杂务，例如，不具意义的小事、冗长无聊的会议、徒具表面功夫的人际交往等。以"时间养分"来说，这些细小枝干与主树干是竞争者，主树干吸取的养分不足，以致无法持续向上茁壮成长。

若你将那些抢夺"时间养分"的旁枝细干大刀阔斧地砍除，所有的养分将悉数灌注在主树干上，故可使树干迅速拔高，成为顶天立地、高耸入云的大树。

二、时间管理的方法和技巧

在介绍具体的时间管理的方法与技巧之前，先有必要请你分析一下自己是如何使用时间的。

为了易于理解和接受，建议参考以下案例来进行，具体实施时，请根据实际情况做些适当的调整和改变。

【时间馅饼】

1. 游戏目的：指导我们学会时间管理。

2. 游戏程序

（1）发给每位参与者一张事先印好的"我的时间馅饼图"，参见本案例结尾处的活动材料。

（2）主持人在黑板上画一个圆圈，然后告诉参与者："这个大圆圈代表一天24小时(或者是一周7天)，让我们来看看你是怎样使用自己的时间的。"

（3）请每位参与者估计一下下列每项事宜（睡眠、学习、锻炼、休闲、应酬、家庭琐事、与家人共处、其他）所占用的时间，然后把自己的时间馅饼按各项的比例分割，画在自己的纸上，分割时可以采用线条，也可以用彩色笔涂出色块。

（4）等每位参与者都画好自己的时间馅饼后，开始做相应的讨论，讨论主题如下：

①你对自己目前使用时间的情形满意吗？

②你觉得该怎样安排时间才算合理？

③如何才能使自己的时间安排更加合理？

3. 游戏规则

每个人都能自由地安排自己的时间，每个人对每样事情给予的时间也是不同的，开始就是要很随意地分割自己的时间，然后再集中讨论怎样安排最合理。

4. 游戏准备

（1）材料：无须特别准备，只需黑板、纸笔。

（2）时间：40分钟左右。

5. 注意事项

主持人举例时最好不要做出一个具体的示范，以免首先造成一种安排的带动，我们希望看到各种的安排，然后可以有更多、更具体的讨论与分析。参与者在规划时也要认真地想清楚，而不是敷衍了事。

6. 小结提示

人生就像是一局棋，每个人最强大的对手是时间。如果动手前你犹豫不决，或者没有立即采取行动，你的棋子会被时间夺去，那么就无法得到你最想要的生活。同样这个游戏不仅可以用在时间管理上，还能够用在金钱、精力的合理分配上。因为时间是有限和固定的，对每个人来说也都是公平的，但是每个人怎样去安排，主动性就在自身了，所以要认真地对待游戏里的提示和讨论。

7. 活动材料

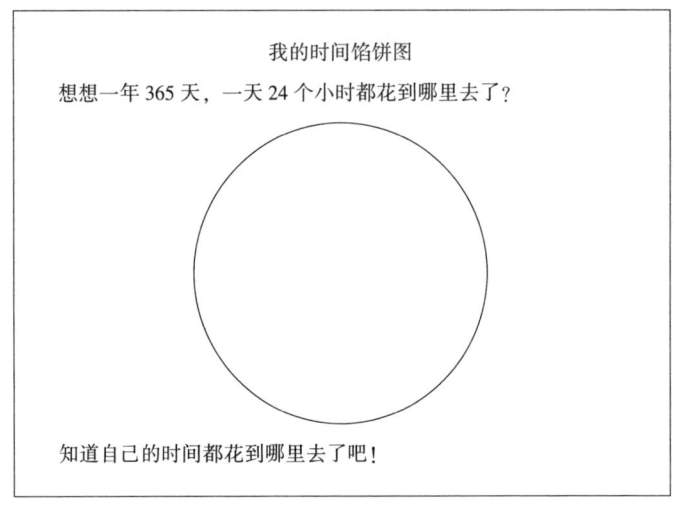

图 4-9 我的时间馅饼图

8. 想一想

（1）对自己一天中时间的安排满意吗？理由是什么？

（2）哪一部分占的时间最多？

（3）哪一部分的时间是可以增加的？

（4）哪一部分时间是可以减少的？

做时间的主人吧！不要让时间控制了自己，而要做自己时间的小主人哦！让我们改变一下，过自己理想的一天吧！

大致了解了自己的时间使用状况，那么，究竟应该怎样制订计划呢？一般说来，制订计划的步骤大致如下。

第1步，目标视觉化，自己的目标是什么？——写下来！
第2步，列任务清单，都要做些什么事情？——写下来！
第3步，排优先次序，先做什么，后做什么？——标出来！
第4步，做时间估计，每件事大概需要多长时间？——标出来！
第5步，保证灵活性，有没有预留时间给突发事件？
第6步，形成时间表，在什么时间处理什么事务？
我们可以根据这种制订计划的方法，建立几种时间表。

1. 一周作业时间表

表 4-7　一周作业时间表

今天是　　年　　月　　日：（　　）结束时间为　　月　　日

一周目标			
日期	计划任务	完成记录	备注
周日			
周一			
周二			
周三			
周四			
周五			
周六			
一周总结			

一周作业时间表主要是根据作业的情况而不是根据可用的时间来安排的。由于它是为特定的作业而制订的，所以只适用于这一特定的星期之中。根据作业制订一周时间表，格式很简单。在一张有线格的纸上画一条横线，将它大约分成上下两半。上面一部分列入科目、作业、估计所需的时间及预定的完成日期。然后将预定完成日期和估计所需的时间作为主要因素，给每一项作业都找出足够的时间，写在一周作业时间表下半部适当的横线上面。

在一周之内，要严格遵守这张时间表，优先考虑学习时间，并时时提醒自己要做的作业，只有这样做，剩下的空闲时间才真正是空闲的。

2. 每日时间表

这种时间表最好是要一张能随身携带的，一张学生证大小的卡片正合适，可以将它放在衣服口袋或书包里，这样，需要的时候就可以随时查看。

每晚离开书桌前，先想一下第二天要上哪些课，并且有多少空闲时间，然后在一张卡片上草草写上第二天的计划：准备学习的课程、要办的事、体育锻炼、休闲娱乐以及想参加的其他活动，给每一项活动规定好时间。这样花费五分钟是非常重要的。理由有两个：

第一，把安排记在卡片上随时可以查阅，这样可以使你的脑子不会一片混乱；

第二，能将未来的一天先在脑子里过一遍，这样好像就开动了一个心理钟，使你能按照预定的时间行动。

注意，每日时间表是以时段为基础组成的，不是由小片时间组成的。给每一个题目或活动规定一段时间将保证你学习的效率最高。

当你有了切实可行的时间规划表以后，剩下的就是督促自己严格执行计划。

首先，必须保证即时计划的落实。即时计划一般指日计划，即计划进行适当分解后，落实到具体每一天的任务，以及每天的即时任务构成的计划。它是非常具体的，具有可操作性，是最现实的。即时计划要服从老师的教学进度与要求，把与教学进度同步的任务优先安排，并保证完成，如果在新讲授的内容还不清楚的情况下去做其他的事情，会得不偿失，事倍功半。如果新学的内容已经得心应手，学有余力，也可以适当安排自主学习的内容。

其次，完成日计划要不折不扣。一旦计划订好以后，必须坚决执行，保证完成。不能找种种借口拖延计划的完成，必须今日事今日毕。任务不能积累，因为明天又有新的任务在等待着你。每天十道题，可以克服困难，完成任务。如果几天积累到一起，就是几十道题，似乎没有办法完成了，有时就会横下心——干脆不做！丧失了信心和斗志。

三、压力不可怕，学会掌控它

压力是个体基于外界刺激所产生的一种紧张状态。压力的实质是个体面对那些自认为很难应付的情况时所产生的情绪和身体上的异常反应，是人和环境相互作用的结果，是机体的内部状态，是一种强烈的情绪和生理上的唤醒。压力的产生主要与我们的目标和目标是否实现有关。

1. 正确认识压力

适度的压力是有益的，因为它能为我们提供行为的动机。事实上，人在很多时候都是有点惰性的。这时，就需要一种力量来推动我们。假如凡是会让我们产生压力的事我们都回避去做，我们又如何得到关于我们能力和潜质的证明呢？美国作家福斯迪克说得好："蒸汽或瓦斯只有在压缩状态下，才能产生动力；尼亚加拉瀑布也要在巨流之后才能转化成电力。而生命唯有在专心一意、勤奋不懈时，才可获得成长。"

很多研究发现，适度的压力有利于我们保持良好的状态，更有助于挖掘我们的潜能，从而提高个人与社会的整体效率。比如运动员每到参加比赛，一定要将自己的压力调整到适度的水平，让自己兴奋，进入最佳的竞技状态，如果他不紧张、没压力感，则不利于出成绩。再比如考试时，适度的压力能调动我们的大脑，让我们兴奋，考出好的成绩。

但是反过来说，如果压力过大，那它也会对人产生毁灭性的破坏。有些人就因为承受不住某些压力，要么伤害他人，要么毁灭自己。压力其实是一把双刃剑，关键是我们如何利用它。所以不要一说到压力大家都觉得是坏事，实际上每个人都需要把自己的压力调节到一个适度的状况，面对适度的压力，人们在内心会产生一定的承受力，若能正确视之，积极应对，压力将及时转化为一种内在驱动力，在学习中爆发出一股强有力的前进力，所以在有压力的情况下可能会出现最好的学习状态，所谓"有压力才会有奇迹"。

总结起来，压力水平和工作效率的关系大致如图 4-10 所示。

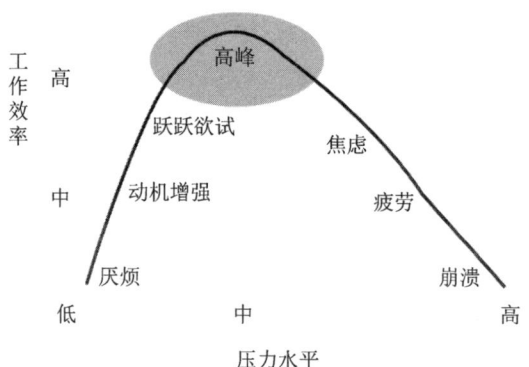

图 4-10　压力水平与工作效率的关系

2. 学会管理压力

许多高三学生都会在不同阶段出现不同程度的心理压力，当压力过大时，有可能影响到我们在学习上的自信，从而影响到行动规划的坚持执行，因此有必要学会管理好自己的压力，将其调整到一个适度的水平。

我们可以通过一些测试活动来客观地了解自己的压力水平和压力来源，比如下面的"学习压力自测"。

【学习压力自测】

请根据你最近两周来的实际情况，回答下列各题（在相应的括号里打"√"）。

1. 常常因为出现了意料外的考题而感到心烦意乱。
——是（　）否（　）
2. 感觉不能控制自己的学习。——是（　）否（　）
3. 常常感到紧张。——是（　）否（　）
4. 常常不能应付和他人的争吵。——是（　）否（　）

5. 常常觉得自己不能面对学习中的变化。 ——是（ ）否（ ）
6. 对自己没有信心。 ——是（ ）否（ ）
7. 感到成绩不是像自己希望的那样发展。 ——是（ ）否（ ）
8. 发现自己很难完成一些必须要做的任务。 ——是（ ）否（ ）
9. 不停地想烦恼的事情。 ——是（ ）否（ ）
10. 觉得自己很失败。 ——是（ ）否（ ）
11. 发现很多事情自己已无法控制，因此很烦恼。

——是（ ）否（ ）

12. 常常惦记一些自己必须完成而未完成的任务。

——是（ ）否（ ）

13. 不能控制地消磨时间。 ——是（ ）否（ ）
14. 发觉自己积累了一堆难以解决的难题。 ——是（ ）否（ ）
15. 有些场合（考试、被提问）给你压力，你想逃避。

——是（ ）否（ ）

16. 发现自己最近因为一些很小的事情而愤怒或沮丧。

——是（ ）否（ ）

17. 发现自己很难忘记一些烦心的事情。 ——是（ ）否（ ）
18. 父母责备你的学业时，你不愿争吵，自己压抑自己。

——是（ ）否（ ）

19. 经常莫名其妙地难过或郁闷。 ——是（ ）否（ ）
20. 在任何科目的学习上都难以完全投入。 ——是（ ）否（ ）

结果统计："是"计1分，"否"不计分。看看你得了多少分。

0~6分：你能应付自己的压力，有时候可能也会有烦恼，但是你处理得不错。

7~14分：有轻度的压力，但是你能处理很多遇到的问题和烦恼。可以尝试学习一些压力缓解的方法。

15~20分：你有可能过于紧张、不安。别担心，学会自我调节会帮助你更好地面对学习和生活！

这个小测试虽然有些简单，但是它可以帮助每个学生大致了解一下自己目前的压力水平，以确定是否需要做些改变，以及时调整自己的心理状态。另外，教师，特别是班主任，还可以通过分析全班（或全年级）的测试数据，了解学生整体的压力水平，以确定是否需要进行相关的心理干预。除此之外，还可以通过分析全班学生在每道题目上的作答情况，初步了解学生主要的压力来源。比如，某位教师通过"一模"后本班学生在该压力测试上的数据分析，得到如图 4-11 的一些结果：

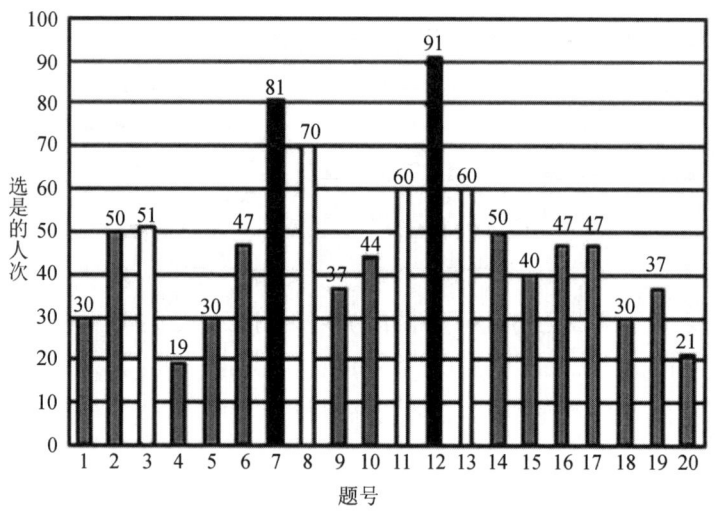

图 4-11　学生"一模"后压力测试数据图

其中，横坐标代表题号，纵坐标代表选择"是"的人次，直方图中的数值除以 100 代表本班中在该题上选择"是"的人所占百分比。从图中可以看出，选择第 12 题（常常惦记一些自己必须完成而未完成的任务）和第 7 题（感到成绩不是像自己希望的那样发展）的人最多，这提示教师，在"一模"之后，本班学生在心理上已经出现了"高原现象"，亟须相关的指导和鼓励。

在长期的校园生活中，我们已经积累了以下一些调节压力的要点。

正确面对高考竞争。它是人生众多挑战中的一种，需要我们全力以赴，但它远远不是生活的全部。

正确看待自己。认识到自己的实力和差距,给自己确定一个力所能及的目标,并学会将目标逐级分解,让自己经常处于目标不断实现的成就感中。

积极实行自己的计划,把注意力放在"你能做到的事"上,而不是为不可知的结果担忧。只要坚持下去,努力学习的结果不仅仅是学业的进步,更多的是将获得学习的信心,知道自己能够坚持学习并且能够取得进步,这才是长久消除学习压力的方式,也是获得学习动力的途径。

主动与同学沟通,或帮助别人,获得积极的情感交流。压力会因为交流而得到有效释放,而信心也会因交流而得到重建。通过沟通,会发现大家都用什么样的方法来缓解压力,也可以找老师、家长谈谈心,或者找你所信赖的朋友或者心理咨询人员来诉说一下你的感受,将会直接减轻你的压抑感,并且有益于你客观、冷静地思考和计划。

学会正面思维,让微笑常挂脸上。爱默生曾经说过:"心理健康的一个重要标志就是要懂得凡事都往好的方向看。"因为乐观的心态会增强你的判断力,这是人们常说的"好运"的根源。

坚持锻炼身体。运动,比如跑步,也是一种有效的释放压力的方式,它能使我们更健康,并且有利于消耗掉多余的肾上腺素,而肾上腺素能够引发压力和伴随而来的焦虑。

在长时间的学习过程中,不妨安排一些短时间的放松。比如说,讲一个小笑话,或者是听一些小相声,或者听一些轻音乐,这样可以使我们身心放松。

特殊的责任,"成人" 正当时

【改变的种子】

我的高中一直有为高三学生统一举行成人礼的传统,在那一天,男孩子们可以穿上笔挺的西服,打上领带,穿上皮鞋,帅得一塌糊涂;女孩子们则可以穿上平时少有机会穿的正装(甚至礼服),名正言顺地化妆,还要第一次摇摇晃晃地穿上高跟鞋,在亲友师长的见证下迎来自己的成人仪式。

总之，成人仪式自带的仪式感让我对它的期待很高——我们班的女生甚至提前两个月就开始讨论要买什么款式的高跟鞋，我也是从那时起才知道，原来有些昂贵的鞋子是连鞋底都要贴一层膜才能穿的。

然后，时间到了，每个班的同学依次经过一个拱门，向站在路两旁的校长老师敬礼，和自己的父母、老师合影。走进礼堂，我们欣赏着每个班精心准备的"三年回顾"，笑着、哭着，向自己的过去告别，等待着最重要的一个环节——从班主任手里接到来自父母的信。

打开妈妈写来的信："亲爱的女儿，成人礼快乐。你总以为爸爸妈妈因为你成绩不好就不爱你了……"看了这一句我就眼睛一湿，抬头一看，班里很多同学都是同样的情形。

依稀记得在仪式的最后，是校长带着我们一起宣誓，虽然不是那么激情澎湃，但有一个声音总提醒着我：成人，意味着自己不再是个孩子，不再是可以扑在爸爸妈妈怀里的小女孩。成人，意味着要开始自己作出决定，并且，无论对错，都要自己承担责任……

或许，人生的改变，已经化作一枚种子藏进了那一次的成人仪式里。

"成人"是一个过程，但通常我们会赋予十八周岁一个特殊的价值——《中华人民共和国民法典》把年满十八周岁的公民视为成人，并赋予其选举权和被选举权的政治权利，以及其他的民事行为能力。然而18岁仅是划分人生阶段的一个年龄界限，一个统一的标准，事实上成人是个过程，并不限于18岁这一年，而是在18岁前后。18岁前后的成人过程是人发展中经历重大变化的人生阶段，对人未来的发展举足轻重。

成人仪式是为纪念高三同学正式步入成人阶段所举办的大型活动，标志着高三同学们开始肩负属于成人的责任义务。它不仅仅带领同学们回首过往的学习生活，更引领同学们展望未来，开启一段新的征程。

为成长喝彩，担当起未来

成人之前，我们处于孩童阶段，虽然人出生后即进入了社会化的进程，但孩童的社会角色是非独立的，处于父母等的监护之下，生活的大小事情，基本上由父母做主与打理。在这样的环境下，孩童的自我意识是不清晰的，自我的感觉随着大人的感觉而浮动。而18岁以后，人就是一个独立的社会人了，我们既可以独立地表达自我的要求，同时又必须独立面对生活，自我决断行为与否，独自承担行为后果。成人的过程就是非独立的自我向独立自我的转变过程。社会角色转变是否顺利？转变的结果是积极还是消极？对人未来的发展至关重要。

18岁前人生任务比较简单，主要接受基础教育，活动范围主要在校园里。在这个少年儿童的人生阶段里，人生选择极为单一有限，对我们来说，只有在初中毕业后有一次升学的选择机会，以及根据自己兴趣爱好业余学习某类技巧性活动的选择，即使这样极为有限的选择，往往也是由父母代其完成，对我们来说，除了学习，感受不到人生的其他任务，感受不到人生选择的滋味。

18岁后，人将走上人生的多重路口，升学还是就业？升入什么学校？到什么部门就业？都需要成人者自我作出抉择，虽然父母家长仍会提供帮助，但最后的决定者是当事者本人。这样的自主选择对人来说既体会到了自由，又会感到作出抉择的不易，甚至有一种沉重感。

18岁后，人承担的任务也是多重的：继续求学深造（现代社会要求终身学习），从业工作，恋爱成家，社会工作，等等。从单一的学习任务到多重的人生课题，从几乎不存在选择机会的人生状况到必须在纷繁复杂的情况下选择人生事务，将是一个极大的人生变化，但这在成人过程中是必须经历的。可以说，人只有经历了这个社会化的人生转变，才算真正成人了。

18岁前，人的身心尚不健全，处在发育过程中，特别是心理比较单一和单纯。成人后身心发育成熟：人身体的各种器官的生理机能达到成熟指标，包括人的身高体重、性征、体内各种器官；人的心理机能包括自我意识、思维能力、性意识、责任能力、道德意志能力达到社会化指标。

不过身心发展中，生理成熟是一个自然过程，而心理发展不纯粹是自然性的，内含更多的社会因素，所以心理发展不仅是能力指标的问题，还有一个健康与否的问题。这个问题把握得好不好，转变得成功不成功，关系到成人后的人格健康问题。现在成人过程中的心理问题越来越突出，心理发展滞后往往影响成人的进度。

总之，成人及其过程是人生的一个重要转折点，是一个人确立自我、走向社会、发展自我的关键时期，这个阶段的完成，才可以说是真正意义上的人生起始，即进入了成人社会的人生阶段。

【给孩子的一封信】

我亲爱的女儿：

时间过得真快，转眼你已快到十八岁的年龄，马上就要步入成年人的行列了。得知学校最近将给你们举行成人礼，作为爸爸妈妈我们感到非常欣慰和骄傲。

成人礼不仅仅是一种形式，更是一种唤醒，一番激励，一份期待。在这样一个特殊的日子里，爸爸妈妈为你高兴！向你表示祝贺！十八岁，多么美好的年华！十八岁，是希望，是憧憬，是未来。

如果说人的生命中有哪一个时刻是最有意义、最值得重视的，那无疑应该是此刻了。这是一个人一生中最重要的转折——经过十八年的培育和成长，你已经从一株细小的幼苗变成了一棵参天的大树。从现在起，你将要告别天真稚嫩的少年时代，从一个不经世事的孩童到成熟独立的成年人的转变。这是一件值得庆贺和纪念的事情啊！成人，写起来并不复杂，但蕴藏的内容却丰富而深刻。其中最需要记住的应该是：责任和价值。

首先，爸爸妈妈希望你做一个负责任、肯担当的人。责任是成年人最重要的标志，也是生活中的重要内容和原则。当你拥有了独立选择和行动的能力，也便有了相应的责任和义务。只有懂得负责而又能够负责的人，才能被社会认同和接纳，成为一个真正受人尊重的人。其次，我们希望你是一个有价值、有作为的人。不论你将来在哪里，从事什么工作，不论成就大小，财富多少、位置高低，人生真正的成功其实在于能够施己所长、益人益世、有所奉献、无愧于心，生活得快乐而充实。

我们的女儿：在这个特别的时刻，爸爸妈妈发自内心地向你表示祝贺和感谢！感谢你带给我们的许多快乐和美好的记忆，也感谢在养育你的过程中我们所获得的许多人生的启示和快乐，这些都会成为我们一生中最宝贵的精神财富。也许我们从未这样明确地表达，但在我们的心目中你和姐姐一直是爸爸妈妈最大的骄傲。你是个非常优秀的孩子，从小聪明可爱、正直善良、纯真大气、勤奋好学、善于观察。即使过去在你成长的岁月中，我们对你有过很多的批评，甚至有一些过分的苛求，但那都是因为我们对你抱有更多的期望，希望你能够更加优秀，更加完美。

在你十八岁成人之际，如果说我们对你还有什么更多的期望，那就是希望你永远不要丢掉自己身上那些美好的品德和良好的习惯，并且能够不断地完善自己。有些东西，不论走到哪里，不论环境如何，不论经历什么，都是永远不能放弃和改变的，要有善良、诚实的品质，对正义的坚持，对友谊的珍视，对苦难者的同情，对大自然的敬畏……要始终怀抱美好的理想，那是你人生向上的动力；要学会感恩，学会欣赏，学会宽容和忍让，那是你生活快乐的源泉；要善于观察，独立思考，那是你获取真理必经的路径……

爸爸妈妈的好女儿，在你今后成长的道路上，我们依然是你最坚强的精神依靠。不论你走到哪里，不论你遇到成功或失败，顺利和挫折，我们都永远爱你，我们的心永远陪伴你、支持你、信任你。为你的今天喝彩，为你的未来祝福！放松心情，迈开稳健的步伐向着你心中的目标前行吧！未来属于你！我们为你加油、为你喝彩！永远是你最坚强的后盾！

爱你的爸爸 妈妈
201X年4月9日凌晨于家中

成人是人必然经历的人生过程，但是社会各界对这个问题未必有清晰的认识，甚至青少年自己也需要有一个被引导的规划教育，即便我们已经进入了成人的过程。大多数青少年还是按照原有的思维来看待自己的生活、理解周围的一切，浑然感受不到成人社会的逼近。也有一些早熟懂事的同龄人意识到自己即将成为大人，然而，其中大多数人并不因为将进入成人队伍而欢欣鼓舞，通常我们留恋无忧无虑的孩童生活，对自己必须跨入的成人社会更多的是充满着疑惑、不适应、困难，甚至恐惧。

在高中学生中存在着一种忌谈 18 岁的现象，18 岁的中学生特别是女生十分忌讳别人询问岁数，我们小心翼翼地避谈 18 岁，最好 18 岁永远不要来到，最好永远不跨过 18 岁的门槛，反映了我们害怕成人、不知如何成人的心理。

为了使青少年意识到成人的必然性，古代先辈们创立了隆重的成人仪式，告知成人的不可避免性并要求做好成人的准备。现代成人教育在成人仪式中贯注了更丰富的德育内涵。它不仅帮助青少年认识到成人的必然性，成人成才的意义，帮助我们建立自觉的成人意识，做好成人的思想准备，同时指导青少年以健康的心态、正确的人生观念去选择正确的成人之路。

对青少年进行成人教育，在今天尤为重要，这是因为青少年在成人的过程中将面临种种人生矛盾和困难，这些矛盾和困难由于时代变革和社会转型而更为加剧。前已述之，成人过程是人生发生重大转折的阶段，儿童世界与成年世界是两个完全不同的世界，前者是处于被社会关爱、呵护、充满鲜花阳光的花季年华，后者却是要面对各种复杂的社会关系、独立承担社会各种责任的社会青年，这个变化太大了。在这个转变中，青少年的身心、思想观念都会受到震荡、矛盾、冲突，成人世界使我们不知所措，不知如何融入这个新的社会天地，我们在新的人生岔路口彷徨，犹豫不决，趋步不前，多么希望有人向他们伸出援助之手，提供人生帮助。成人教育正是对青少年求助之声的回应，符合青少年成长的需要。可见，成人教育不是无关紧要的额外之事，而是不可缺少的教育课题。

目前我国各校形式多样而相对成熟的 18 岁成人仪式都可以算是成人教育的成功尝试，它借用了古代成人仪式的形式，同时做了新时代内容的创新，以青少年成才为主题，形成一整套系列化活动的教育模式，开拓了成人教育的新途径。特别值得一提的是，活动以 18 岁成人仪式为名，既与我国法律规定的公民成人年龄相一致，又贴近中学生的实际，活动形式别具一格，易为高中学生所接受。

【我的学生，我的英雄】

今天，是一个值得纪念的日子，你终于长大了，老师祝福你，从一个

第4章 高三确实苦 坚持+责任

愣头愣脑的少年，长成了阳光、帅气的小伙子，但你的肩膀，已经宽阔得足以扛起每一个忙碌的日子。

今天，是一个值得纪念的日子，你终于长大了，老师祝福你，从怯生生的小丫头，变得自信、张扬，更多了几分矜持，已经准备好接纳所有蜂拥而来的辛苦的日子。

今天，是一个值得牢记的日子，因为从今天开始，你将和一段时光挥手告别，而另一段更加绚丽的时光，正从你的脚下铺开，你生命的乐章，将奏响更激昂的旋律。

窗明几净的教室，人头攒动的餐厅，情谊融融的宿舍楼，还有叱咤风云的运动场……所有的眷恋与不舍、郁闷与忏悔、希望与憧憬，都会成为你们永恒的美好回忆！

今天，是一个值得铭记的日子，今天，你成了一个真正的公民。一个"人"的成立，正在于他懂得，义务和权利一样重要，而担当，是一个时代青年最内在的气质。

人生是一个等式，它的左边是不思进取，它的右边就是一事无成；它的左边是付出的艰辛，它的右边就是收获的快乐。尊重自己，就要不断地选择自己。

今天，面对十八岁的你，老师也难掩内心的激动和欢喜，因为长大，你多了不少平和淡定的成熟，因为长大，你少了许多剑拔弩张的叛逆。

今天，也是我们在准备着挑战高考的日子，为了你成功的起飞，老师愿把自己的青春全化作助你起飞的推力，飞吧，年轻人，我很荣幸能助你一臂之力。

在未来的日子里，无论你飞向哪里，我们都在关注你的成长，你的每一次成功，都会成为我们的骄傲，让我们用歌声祝福你们，我们的真心英雄，真心英雄。

爱你的老师们

从青少年教育视角来看，18岁成人仪式有助于培养我们公民意识和公民精神。在我国，从我们一出生就获得了法律所赋予的公民资格，但是认识到自我拥有公民资格的意识则在成人前后，而且是学习受教育的结果。公民精神也不是自发形成的，同样是教育培养的结果。

18岁成人仪式以爱国为主线，通过领取居民身份证、参加社会志愿者活动、面对国旗宣誓等一系列活动，使大家在体验"成人"的过程中，去感受成人的意义，从而引导中学生建立和强化自我的公民意识、法治意识、社会意识和国家意识，培养中学生维权履责、服务奉献的公民精神。

成人意识虽然与公民意识有一定的联系，又不同于公民意识。公民意识是基于对法律授予的权利义务的理解而形成的社会意识，成人意识则是与人的身心发展成熟相联系的社会意识。成人意识通俗称之"大人意识"，与孩童意识相对立，表明人的成熟、独立、富有责任感。

成人意识使人认识到自我与外界的关系，能够自觉审视自己行动正确与否，理性地思考自我与社会他人的关系。成人意识尤其使人感觉到作为社会人的独立自主性，感到作为成人的责任感。不言而喻，成人意识是成年人应具有的意识，是成人的基本标志。在通常的情况下，成人意识随着人的生理、心理的发育成熟而逐渐形成，但是心理的成熟不仅与人的生理发育相关，而且与人的生活经历有密切联系，这些都将影响成人意识的形成速度。

做一个什么样的人？如何做人？是成人不可回避的人生课题，亦是在一定的道德观、价值观和人生观的指导下来完成的。由于社会转型，社会上做人的观念形形色色，良莠皆有，不同程度地冲击着青少年的思想，影响我们健康成人。18岁成人仪式活动包含着正确的道德观、价值观和人生观的引导：手捧宪法向国旗宣誓，教育青少年忠于祖国，把个人的命运与国家的命运紧紧相连；志愿者活动，教育青少年学会关心社会、关心他人，懂得爱人、奉献爱心；"一帮一"结对活动，则培养青少年的互助精神，上述所有的活动皆教育学生去追求有意义的人生。总之，成人教育有助于青少年树立正确的道德观、价值观和人生观，促使我们在成人的过程中，对人生充满着激情，热爱生活，热爱民众，积极创造有价值的人生。

【世界各国的成人礼】

中国古代自古就有成人礼仪，汉族男子满20岁时行"冠礼"，女子满

15岁后行"笄礼"。汉文化是礼仪的文化，而冠、笄之礼就是华夏礼仪的起点。通过这种传统的仪式，促使年轻人们正视自己肩上的责任，完成从"孺子"到"成年人"角色的转变。

与古代不同，在现代，青年满18岁被认为成人，因此现代成人礼在形式上也有变化。学校会在学生18岁之时举办成人礼，纪念他们成人，学生们也会在当天进行成人宣誓，与师生共同勾画美好未来。与这种形式不同，现在也有越来越多的学校返璞归真，举办传统成人礼，使学生们能够感受传统中华文化的魅力。

日本的成人礼据说受到中国古代"冠礼"的影响。1999年底，日本政府宣布从2000年开始，把成人节的日期改为每年1月第二周的星期一。这一天全国放假，各地为年满20周岁的年轻人举行仪式，为"新成人"们送上祝福。

当天，参加成人礼的适龄青年会穿上华美的传统服饰，发表成年誓言，对抚育自己的父母、师长和社会各界表示感谢，并表示将努力承担起成年人的责任。不少青年还到神社拜谒，感谢神灵、祖先的庇佑。

韩国的成人礼是韩国的传统仪式，在每年5月第三个周一举行。也是由中国传统成年礼——冠礼和笄礼发展而来，成人典礼主要是为了庆祝青年人年满20岁，并提高他们身为成人的责任感。

在韩国，19岁到20岁之间的青年都可以参加当年的成人礼。仪式当天，年满20岁（虚岁）的女子们身穿韩服，将头发挽成髻，插上簪子，行过"笄礼"后，再行跪拜之礼；男生行"冠礼"，并学习怎样用扇子。

在英国，一般16岁就被认为已经成年，家长们会为成年的孩子举办一个"成人礼"，方式也五花八门。比如会为孩子规划一次旅行，但不是让他拿着父母的钱去旅游消遣，而是在旅程里安排一些特别项目，来考验孩子是否勇敢坚强，是否会沉溺于享乐不能自拔。

由于盛行"成人礼"这一风俗，在英国纪念品商店里可以看到印着"16岁的男人"字样的咖啡杯，也有刻着"成熟小妇人"字样的项链、手镯。一些商店里打出广告，给年轻人介绍不同的"成人之道"，比如尝试"成人纪念版"内衣等。

在俄罗斯，青年人将满 16 岁之际，会收到当地民政部门的专函，通知其参加成人仪式，领取由政府颁发的"公民护照"。

成人仪式主持人由政府代表担任，在致辞、祝词后，阐述公民的权利和义务。然后宣读"祖国誓词"，并在誓词上签名。随后，政府代表颁发公民护照，青年人正式宣布成年。

注重仪式感，唤醒新期待

在许多学校的成人仪式中，同学们都会跨过成人门、观看照片墙或者微电影，更有老师、家长及已经毕业的学长们致辞寄语，为即将面临高考的同学们送上祝福鼓励。同学们还与父母、朋友、老师合影留念，表达对他们在曾经的日子里所有关心帮助的感激与感谢。在仪式的最后环节，高三同学们集体演唱校歌，并在国旗下庄严宣誓，表达他们在今后成为一个有理想、有道德、有文化、有纪律的爱国青年的决心。

如何将成人仪式这一项活动与生涯规划更好地结合，提高教育效果也值得思考。

首先，形式如何与内容有机结合，从而实现教育目的。18 岁成人仪式仅仅是教育的形式，形式应服务于教育内容，因此在成人教育中其教育内容是主要的，是进行这项活动首先需要考虑的，也是具体实施这项活动时应主要关注的问题。18 岁成人仪式是一种成人教育，但是成人恐怕不是教育的真正目的，事实上，成人是一个自然的过程和结果，对于个体来说，只是早晚时间的问题而已。

成人教育的着眼点是"如何健康成人？""成为一个什么样的人？"，这是关系到成人素质的问题，也就是一个人的思想道德素质。因此，思想道德素质教育是成人教育的真正目的，亦是 18 岁成人仪式活动的教育内容，在 18 岁成人仪式系列活动中，都应该贯注这一素质教育的精神，把教育形式与教育内容紧密结合，不能注重了形式而忽视了内容，不然，可能本末倒置，难以实现教育目的。

其次，活动的形式、方法要适合于中学生。提出内容的重要性并不意味着形式无足轻重，形式当然也是重要的，它是内容的载体，没有适宜的具有吸引力的形式，教育目的也难以达到。18 岁成人仪式的各项活动，要贴近中学生思想、身心的实际，特别要考虑到中学生的接受心理，采用中学生喜闻乐见的形式，力求丰富多彩、生动活泼，切忌刻板和说教，不能因为是成人教育，而将成人的教育模式搬到中学里，包括组织社会志愿者活动也要注意这个问题，不是所有志愿者活动都适合中学生，应该有所选择。另外，活动的开展要遵循教育的规律，根据中学生身心发展的不同阶段循序推进。

再次，成人教育创新问题。18 岁成人仪式的教育活动历时二十多年，积累了很多宝贵的经验，形成了一整套规范化、系列化、普及化的模式，这是难能可贵的。但是这些年来，思想道德教育的大环境发生了极大的变化，在高科技的推动下，影视的大众化、电脑的普及、网络社会的形成，在中学生面前展现的是一个令人眼花缭乱的新世界，加上社会转型带来的多种价值观念的碰撞，这些都会对中学生的成长产生影响，使他们的思想观念呈现出时代的新特点。

对此，成人教育必须根据新的形势和青少年思想变化的新特点，在原有的基础上有所创新，开拓成人教育的新路子，从而达到教育的有效性。成人仪式活动应不仅形式新颖，而且富有时代感、针对性和震撼力，在中学生的心目中留下深刻的印象，使之成为个人历史的一部分而难以忘怀。

【××中学201×届高三年级"十八岁成人仪式"活动方案】

一、活动主题

成长，责任，追求

二、活动时间

201×年5月×日上午8点

三、活动地点

学校礼堂及文化广场

四、活动目的

高三学生即将跨入成年人的行列，这对于他们来说，既是生理上和心理上日趋成熟的分水岭，又是世界观、人生观确立的转折期。通过"十八岁成人宣誓仪式"使他们懂得作为一名中华人民共和国公民所应当拥有的权利、应承担的义务以及相应的社会责任，在老师和家长的帮助下，做好走向成人的独立准备。

作为高三阶段最后的励志教育，体现学校、老师、家长对青少年即将跨入社会的关心、爱护、祝愿和期望，激发学生长大成人的神圣感、使命感，鼓励他们勇敢担负起自己的社会责任，发奋图强、拼搏高考、报效国家。

五、活动人员

高三全体师生、家长，学校领导

六、组织机构（略）

七、主持人（略）

八、活动流程

（一）观看"我的青春我做主"照片墙

1. 提前搜集各班学生童年照若干；

2. 提前搜集各班学生学习生活照片若干（至少有一张大合影）；

3. 冲印并布置成照片墙；

4. 高三学生携家长现场观看，写下留言。

（二）开场

1. 礼堂滚动播放高三各班做的纪念"微电影"；

2. （举行升旗仪式）全体肃立，奏唱国歌；

3. 主持人宣布成人仪式开始。

（三）寄语

1. 家长代表发言；

2. 学生代表发言；

3. 班主任给学生转送家长信，学生阅读家长信。

（四）传递

1. 学校向学生赠送《宪法》（班长上台领取，交给班主任，班主任向班级学生发放）；

2. 领誓人带领全体同学面对五星红旗庄严宣誓；

3. 校长发言。

（五）成人

学生手持《宪法》，踏上红毯，步入"成长为人"的成人之门，合影留念。

九、其他工作

（一）会场布置（背景墙、电子屏标语、主席台、教师观礼席、座位安排、成人门、红地毯、引导牌、4个气球条幅、席卡等）；

（二）主持人串词、服装、化妆；

（三）仪式气氛渲染（背景音乐）；

（四）站位：面向主席台，按行政班级站立，一排学生一排家长，家长在南，学生在北。

十一、责任布置

（一）班主任

1. 通知家长；

2. 负责班级家长、学生的站位；

3. 组织班级学生参加彩排。

（二）团委学生会

1. 撰写活动方案；

2. 召开活动筹备会议，布置准备工作；

3. 联系广告公司设计舞台背景及成人门；

4. 设计制作胸章，购买《宪法》；

5. 联系发言嘉宾，落实发言内容；

6. 确定领誓人，落实宣誓词，并彩排；

7. 联系主持人，落实主持词，并彩排。

（三）年级组

宣传（预热报道1篇、发言稿3篇、活动报道1篇、活动图集3篇、活动感想每班1篇）。

（四）资源保障中心

负责会场布置、舞台音响话筒、电子屏标语、背景音乐。

【18 岁的宣告】

尊敬的领导，敬爱的家长，各位来宾，亲爱的同学们：

大家好！

今天，我们隆重集会，在五星红旗下举行庄严的成人仪式，宣告我们18岁的到来。

18岁，告别了稚气的童年；18岁，送走了纯真的少年；18岁，青春，我们握在手中，未来，我们触手可及。

此时此刻，仰望辽阔的苍穹，18岁的我们，心存感恩。

感谢我们的父母，是他们赋予我们生命，是他们含辛茹苦，十八年如一日给予我们关怀与照顾；18年，6570余天，19700余顿早餐、中餐和晚餐。这样的恩情，不能用数字衡量，也不能用语言歌赞，只有用行动去报答，去感恩，去传承。

感谢我们的老师。十载有余，他们和我们一起，烦恼着我们的烦恼，梦想着我们的梦想。在思想的沃土上，是老师教会我们站立；在科学与文化的天空中，是老师教会我们如何去翱翔。一日为师、终身为父的古训，理应被我们永远地牢记！

我们也要对缤纷的世界和多彩的社会心怀感恩，去观察、去体悟，感激他们给生命的成长以广度。我们还要对人类博大的文化和深邃的科学心怀感恩，去学习、去探索，感激他们给生命的成长以深度。

是成长使我们明白，这个世界上我们要感谢的有太多；是年龄在告诫着我们，这个世界上除了索取，还有付出，除了憧憬，还有铭记。

翻开历史的长卷，甲午的轮回刻骨铭心。1894年的那一场海战，让整个中国梦断于黄海海面；1954年，又是一年甲午，"五四宪法"的诞生让这条东方巨龙重新振作向前。

回顾过往，那些英烈先辈们，曾为中华之崛起高歌奋进，也许当时，他们也正值18岁。18岁的他们毫不畏惧，年轻的他们奋勇直前，为了理想和事业，用自己的青春谱写了一曲属于中华民族的壮丽凯歌！

如今的2014年，一个改革的甲午年。愿我们铭记祖国受伤流血的历史，铭记前人不懈拼搏的成果，鞭策自己努力奋斗，在这个全新的时代，成就中国一幅梦想的画卷!

18岁,我们如今已是成人。也许,初次一个人航行在人生的大海之上,我们将面对狂风暴雨,激流暗礁,也许会历经挫折,遍历苦难。也许前途不如我们想象般美好,行路上会荆棘密布,但我们有东坡风骨,竹杖芒鞋轻胜马,一蓑烟雨任平生。

18岁,我们如今已是成人。以坚强做桨,以信念为帆,即使再大的风浪,我们也能成功到达胜利的彼岸。高考,不过是我们人生路上的一场考验,一场竞争与较量。十年铸剑,而我们即将用它一展锋芒。

18岁,我们如今已是成人。也终于到了该由我们履行一个成人的义务,担当起一个成人的责任的时刻。"修身,齐家",努力提高科学文化素养、实践活动能力,为承担属于我们的责任打下坚如磐石的基础;"治国,平天下",扛起那承诺和践行对国家、社会和人民的责任的重担。

六月蓝天沐荣光,十年铸剑露锋芒。在这段激情与梦想同在、豪情与壮志共生的岁月中,我们充满活力,我们超越梦想。为了昨天的纯真,为了今天的责任,为了明天的理想,在十八岁这一天许下我们的心愿,让我们的梦想,起航。

社会在召唤,初探职业观

在一般人的理解中,成人仪式应该只是那么一两天的事情,其实,高三阶段对于人生规划的重要意义还不仅在此,没有什么比选定职业、服务社会更适合作为"成人"的标志,选择高校及其专业,已经在进行从"博雅塔内"到"社会人"的初步转换。在整个高中阶段,高三学生与职业世界的距离最为接近,而填报高考志愿则是对未来的职业进行初次选择的一个具体过程。经过高一、高二两年的探索,大多数高三学生对自己可能已经有了初步的了解,但由于高中阶段正处于职业探索期,加之我们的身心发展还尚未成熟,因此这种自我了解应当是一个动态的、不断发展和修正的过程。

我们如何在对高校专业、社会职业的规划过程中理解社会、展望未来,已经成为"成人仪式"的应有之义。因此,我们除了要思考如何在学习上全力冲刺之外，还必须有能力学会全面、深入地分析和测定自己的专业潜能，包括职业兴趣、能力倾向、性格特点、价值观等。

一、了解自己的职业兴趣与能力倾向

职业兴趣和能力倾向对于职业选择来说至关重要：职业兴趣决定了我们会喜欢哪一行业，这往往是一个主动选择的过程；而能力倾向则决定了我们适合哪一行业，这往往是一个被动选择的过程。因此，我们有必要首先对自己的职业兴趣和能力倾向进行一次科学客观的分析，并认识到二者对职业和专业选择的具体影响。

我们可以对照《加拿大职业分类词典》中对各种职业兴趣类型特征的描述进行自我分析和评价，同时要尝试进行多角度评价，比如询问一些熟悉自己的同学、朋友、老师、家长对自己在职业兴趣方面的印象，以保证这种评价结果更为全面、客观。对于那些经常说"我也不知道自己喜欢什么"的学生来说，这种多角度的评价会显得尤为重要。

表4-8 《加拿大职业分类词典》中对各种职业兴趣类型特征的描述

类型	类型特征	适应的职业
1	愿意与事物打交道，喜欢接触工具、器具或数字，而不喜欢与人打交道	制图员、修理工、裁缝、木匠、建筑工、出纳员、记账员、会计、勘测、工程技术、机器制造等
2	愿意与人打交道，喜欢与人交往，对销售、采访、传递信息一类的活动感兴趣	记者、推销员、营业员、服务员、教师、行政管理人员、外交联络人员等
3	愿意与文字符号打交道，喜欢常规的、有规律的活动，习惯于在预先安排好的程序下工作	邮件分类员、办公室职员、图书馆管理员、档案整理员、打字员、统计员等
4	愿意与大自然打交道，喜欢地理、地质类的活动	地质勘探人员、钻井工、矿工等
5	愿意从事农业、生物、化学类工作，喜欢种养、化工方面的实验性活动	农业技术员、饲养员、水文员、化验员、制药工、菜农等

表 4-8（续）

类型	类型特征	适应的职业
6	愿意从事社会福利类的工作，乐于助人，喜欢帮助别人排忧解难，试图改善他人的状况	咨询人员、科技推广人员、教师、医生、护士等
7	愿意做组织管理工作，喜欢掌管一些事情，以发挥自己的重要作用，希望受到众人尊敬和获得声望	组织领导管理者，如行政人员、企业管理者、学校领导和辅导员等
8	愿意研究人的行为和心理，喜欢谈论涉及人的主题，对人的行为举止和心理状态感兴趣	心理学、政治学、人类学、人事管理、教育、行为管理工作、社会科学工作者、作家等
9	愿意从事科学技术事业，喜欢逻辑推理、理论分析、独立思考、实验发现、测试等活动，善于理论分析，喜欢独立地解决问题，也喜欢通过实验得出新发现	生物、化学、工程学、物理学等自然科学工作者、工程技术人员等
10	愿意从事有想象力和创造力的工作。喜欢创造新的式样和概念，大多喜欢独立工作，对自己的学识和才能颇为自信。乐于解决抽象的问题，而且急于了解周围的世界	社会调查、经济分析、各类科学研究工作、化验、新产品开发、演员、画家、创作或设计人员等
11	愿意做操作机器的技术工作，喜欢通过一定的技术来进行活动，对运用一定技术，操作各种机械，制造新产品或完成其他任务感兴趣，喜欢使用工具，特别是大型的、马力强的先进机器，喜欢具体的东西	飞行员、驾驶员、机械制造等

表 4-8（续）

类型	类型特征	适应的职业
12	愿意从事具体的工作，喜欢制作看得见、摸得着的产品并从中得到乐趣，希望很快看到自己的劳动成果，并从完成的产品中得到满足	室内装饰、园林、美容、理发、手工制作、机械维修、厨师等

在根据上表对照评价之余，还有必要提示：根据这种分类，一种兴趣类型可以对应多种职业，而每一种职业往往又都同时具有其中几种兴趣类型的特点。比如，你想要成为一名护士，那你就应有愿意与人打交道（类型2）、乐于助人（类型6）、愿意从事具体的工作（类型12）这三个兴趣类型的特点。如果你对其中的某一方面缺乏兴趣，那就应努力培养和发展这方面的兴趣以适应护士职业的要求，否则，还是选择更适合自己兴趣类型的职业为好。

【马克思中学毕业论文：《青年在选择职业时的考虑》】

自然本身给动物规定了它应该遵循的活动范围，动物也就安分地在这个范围内活动，不试图越出这个范围，甚至不考虑有其他什么范围的存在。神也给人指定了共同的目标——使人类和他自己趋于高尚。但是，神要人自己去寻找可以达到这个目标的手段；神让人在社会上选择一个最适合于他、最能使他和社会都得到提高的地位。

能有这样的选择是人比其他生物远为优越的地方。但是，这同时也是可能毁灭人的一生、破坏他的一切计划并使他陷于不幸的行为。因此，认真地考虑这种选择——这无疑是开始走上生活道路而又不愿拿自己最重要的事业去碰运气的青年的首要责任。

每个人眼前都有一个目标，这个目标至少在他本人看来是伟大的，而且如果最深刻的信念，即内心深处的声音，认为这个目标是伟大的，那他实际上也是伟大的，因为神绝不会使世人完全没有引导，神总是轻声而坚定地做着启示。

但是，这声音很容易被淹没，因为灵感的东西可能须臾而生，同样可能须臾而逝。也许，我们的幻想油然而生，我们的感情激动起来，我们的眼前浮想联翩，我们狂热地追求我们以为是神本身给我们指出的目标。但是，我们梦寐以求的东西很快就使我们厌恶——于是我们的整个存在也就毁灭了。

因此，我们应当认真考虑：所选择的职业是不是真正使我们受到鼓舞？我们的内心是不是同意？我们受到的鼓舞是不是一种迷误？我们认为是神的召唤的东西是不是一种自欺？但是，不找出鼓舞的来源本身，我们怎么能认清这些呢？

伟大的东西是光辉的，光辉则引起虚荣心，而虚荣心容易给人鼓舞或者是一种我们觉得是鼓舞的东西。但是，被名利弄得鬼迷心窍的人，理智已无法支配他，于是他一头栽进那不可抗拒的欲念驱使他去的地方。他已经不再自己选择他在社会上的地位，而听任偶然机会和幻想去决定它。

我们的使命绝不是求得一个最足以炫耀的职业，因为它不是那种使我们长期从事而始终不会情绪低落的职业。相反，我们很快就会觉得，我们的愿望没有得到满足，我们的理想没有实现，我们就将怨天尤人。

但是，不只是虚荣心能够引起对这种或那种职业突然的热情。也许，我们自己也会用幻想把这种职业美化，把它美化成人生所能提供的至高无上的东西。我们没有仔细分析它，没有衡量它的全部分量，即它让我们承担的重大责任。我们只是从远处观察它，然而从远处观察是靠不住的。

在这里，我们自己的理智不能给我们充当顾问，因为它既不是依靠经验，也不是依靠深入的观察，而是被感情所欺骗，受幻想所蒙蔽。然而，我们的目光应该投向哪里呢？在我们丧失理智的地方，谁来支持我们呢？

是我们的父母，他们走过了漫长的生活道路，饱尝了人世的辛酸——我们的心这样提醒我们。

如果我们通过冷静的研究，认清了所选择的职业的全部分量，了解它的困难以后，我们仍然对它充满热情，我们仍然爱它，觉得自己适合它，那时我们就应该选择它，那时我们既不会受热情的欺骗，也不会仓促从事。

但是，我们并不能总是能够选择我们自认为适合的职业。我们在社会上的关系，还在我们有能力对它们起决定性影响以前，就已经在某种程度上开始确立了。

我们的体质常常威胁我们，可是任何人也不敢藐视它的存在。诚然，我们能够超越体质的限制，但这样一来，我们也就垮得更快；在这种情况下，我们就是冒险把大厦建筑在松软的废墟上，我们的一生也就变成一场精神原则和肉体原则之间不幸的斗争。但是，一个不能克服自身相互斗争因素的人，又怎能抗拒生活的猛烈冲击，怎能安静地从事活动呢？因为，只有从安静中才能产生伟大壮丽的事业，安静是唯一生长出成熟果实的土壤。

尽管我们由于体质不适合我们的职业，不能持久地工作，而且工作起来也很少乐趣。但是，为了恪尽职守而牺牲自己幸福的思想激励着我们不顾体弱去努力工作。如果我们选择了力不能胜任的职业，那么，我们绝不能把它做好，我们很快就会自愧无能，并对自己说，我们是无用的人，是不能完成自己使命的社会成员，由此产生的必然结果就是妄自菲薄。还有比这更痛苦的感情吗？还有比这更难于靠外界的赐予来补偿的感情吗？妄自菲薄是一条毒蛇，它永远啮噬着我们心灵，吮吸着其中滋润生命的血液，注入厌世和绝望的毒液。

如果我们错误地估计了自己的能力，以为能够胜任经过周密考虑而选定的职业，那么这种错误将使我们受到惩罚。即使不受到外界指责，我们也会感到比外界指责更为可怕的痛苦。

如果我们把这一切都考虑过了，如果我们生活的条件容许我们选择任何一种职业，那么我们就可以选择一种能使我们最有尊严的职业，选择一种建立在我们深信其正确的思想上的职业，选择一种给我们提供广阔场所来为人类进行活动、接近共同目标（对于这个目标来说，一切职业只不过是手段）即完美境地的职业。

尊严就是最能使人高尚起来、使他的活动和他的一切努力具有崇高品质的东西，就是使他无可非议、受到众人钦佩并高于众人之上的东西。但是，能给人以尊严的只有这样的职业，在从事这种职业时我们不是作为奴隶般的工具，而是在自己的领域内独立地进行创造。这种职业不需要有不体面的行动（哪怕只是表面上不体面的行动），甚至最优秀的人物也会怀着崇高的自豪感去从事它。最合乎这些要求的职业，并不一定是最高贵的职业，但总是最可取的职业。

但是，正如有失尊严的职业会贬低我们一样，那种建立在我们后来认为是错误的思想上的职业也一定使我们感到压抑。这里，我们除了自我欺骗，别无解救办法，而以自我欺骗来解救又是多么的糟糕！

那些不是干预生活本身，而是从事抽象真理研究的职业，对于还没有坚定的原则和牢固、不可动摇的信念的青年是最危险的。同时，如果这些职业在我们心里深深地扎下了根，如果我们能够为它们的支配思想牺牲生命、竭尽全力，这些职业看来似乎还是最高尚的。

这些职业能够使才能适合的人幸福，但也必定使那些不经考虑、凭一时冲动就仓促从事的人毁灭。相反，重视作为我们职业基础的思想，会使我们在社会上占有较高的地位，提高我们本身的尊严，使我们的行为不可动摇。一个选择了自己所珍视的职业的人，一想到他可能不称职时就会战战兢兢——这种人单是因为他在社会上所居地位是高尚的，他也就会使自己的行为保持高尚。

在选择职业时，我们应该遵循的主要指针是人类的幸福和我们自身的完美。不应认为，这两种利益是敌对的，互相冲突的，一种利益必须消灭另一种。人类的天性本身就是这样的：人们只有为同时代人的完美、为他们的幸福而工作，才能使自己也过得完美。

如果一个人只为自己劳动，他也许能够成为著名的学者、大哲人、卓越诗人，然而他永远不能成为完美无疵的伟大人物。

历史承认那些为共同目标劳动因而自己变得高尚的人是伟大人物，经常赞美那些为大多数人带来幸福的人是最幸福的人。宗教本身也教诲我们，人人敬仰的理想人物，就曾为人类牺牲了自己——有谁敢否定这类教诲呢？

如果我们选择了最能为人类幸福而劳动的职业，那么，重担就不能把我们压倒，因为这是为人类而献身。那时，我们感到的就不是可怜的、有限的、自私的乐趣，我们的幸福将属于千百万人。我们的事业是默默的，但她将永恒地存在,并发挥作用。面对我们的骨灰,高尚的人们将洒下热泪。

二、了解影响专业选择的环境因素

高三学生在进行生涯规划时,不仅要考虑个人的专业潜能,还必须充分了解自身所处的周围环境,比如社会发展的需求、就业趋势等。如果仅从自我的角度出发,不考虑现实社会因素的影响,设计出来的生涯规划一定是有缺陷的。因为职业生涯规划的最终目的是为了进入未来的职业世界,并发挥自己的能力与专长,为社会和他人贡献出自己的才智,与此同时,获得个人在职业生活中的成就感与幸福感。

除此之外,高三学生还必须对自己即将进入的大学和专业有一个现实、科学、全面的了解,因为大学是高中与未来职业世界之间的桥梁,如果大学专业选择得不合适,未来的职业选择也会受到很大影响。

由于高三学生课业繁重、学习压力大,此项工作也可以交由学生家长、家长委员会或由学校安排的专门的教师(如心理辅导教师、生活辅导教师、职业指导教师或教务处干事等教辅人员)来协助完成。

了解社会需求和就业趋势的方式和渠道有很多,比如,关注报纸、电台、电视等传统媒体提供的相关信息;关注网络、手机平台等新型媒体上的相关信息;关注人力资源和社会保障部、人才交流中心、职业介绍所、人才招聘会等渠道提供的就业招聘信息;关注高校招生咨询会上由高等院校发布的信息;等等。

由于现代社会的信息量过于庞杂,为了提高效率,在收集信息时,不妨从以下几个角度入手。

1. 了解目前哪些行业领域的社会需求量较大

社会需求量较大的领域,其就业前景也相对较好。比如,近年来,能源问题受到了越来越多的关注。能源、信息和材料被认为是人类社会发展的三大支柱,而能源又是材料和信息的基础。近几年爆发的石油危机不仅是一个全新的考验,而且来得急,来得猛,并将长期持续。其影响不仅波及生产、消费等经济层面,更影响着国家的安全。如何应对这种情势,相关政策遍及产业、科技、金融、运输、油储、海外勘探与投资，甚至外交、军事等。石油化工这一行业无论如何都将是国家发展的支柱产业，且政府对能源的重视、体制的改变、高新技术的采用、融资渠道的灵活，都将推动石油化工行业的发展。其实，在国外，石化一直是经久不衰的行业，美国的杜邦、荷兰的壳牌、英国的BP，无一不是世界百强企业。因此，与石油、化工类等传统行业相关联的专业的就业前景一定会是相对广阔的。

另外，根据当今科技发展和行业调整的趋势，目前世界上代表未来的学科方向的有生命科学、新材料、新能源和环境等领域，而这些都是脱胎于化学或化工有关的传统专业。例如生物工程、生物技术、制药工程、生物功能材料、材料化学、安全工程、工业设计等都是结合社会发展需要，借助原有的学科交叉、整合，衍生出的新学科、新方向。这些新兴专业有基础、有底蕴，前景也是广阔的。

除此之外，在未来的二十五年内，交通、农业、服务（健康、教育、建筑）的前景也被较为看好。

2. 了解目前就业市场上的"热门专业"有哪些

教育部每年都会公布高校本科及专科不同专业的就业率统计数据，建议高三学生也要适当参考一下这些数据，以便了解不同专业的就业前景。

根据历年教育部发布的高校本科专业就业率数据，工科专业的就业率普遍较高，其中采矿工程、石油工程、飞行技术和航海技术等专业的就业率均超过95%；在经管类专业中，经济学、金融工程、市场营销、保险等热门专业的就业率都在80%以上；在文科专业中，除了中国少数民族语言文学专业外，其他语言类专业的就业率也都超过了75%。

此外，也有调查指出，一般而言，签约率较高的专业类别绝大部分是工科类专业。其中，本科毕业生签约率最高的专业依次为能源动力类（60%）、环境与安全类（55%）、仪器仪表类（55%）；高职毕业生签约率最高的专业依次为测绘类（53%）、化工技术类（50%）、机械设计制造类（48%）；研究生签约率最高的专业依次为测绘类（42%）、轻工纺织食品类（37%）、工程力学类（36%）。

需要注意的是，前面提到的采矿工程、石油工程、飞行技术和航海技术等并不为人津津乐道的专业，其就业率均超过95%，高于大多数经管类"热门专业"，原因是这几个专业的专业性较强、就业面相对狭窄，所以招生并不多，因此并不是经常被人们谈及的"热门专业"，但这些专业存在定向培养的性质，所以就业率一般很高。

3. 根据个人的学业规划，了解不同专业毕业后的出路与前景

对于部分高三学生来说，可能并不想大学毕业后就马上工作，也许在踏入大学校门前，就已经计划大学毕业后要考研、出国留学……对于有如此求学和人生规划的高三学生，建议从就业、考研和留学三大出路来进一步聚焦自己的专业选择方向。因为这三条出路的难易程度，不同的专业还是有很大差异的。

据调查显示，在国内读研，理工类和医学类较多，比例最高的专业是生态学、哲学、大气科学、口腔医学等；毕业即出国留学，比例最高的专业中，除了理工类、经管类外，一些文科类专业也较多，比如德语、法语、国际政治、国际商务等。

需要说明的是，随着时代的高速发展、国际国内的形势变化、社会经济结构的不断调整，对于职业和专业的社会需求也必定会不断地发生变化，而就业趋势的排名情况也必定会发生相应的改变。今天的"热门"可能就是明天的"冷门"，而今天的"冷门"也可能成为未来的"热门"。

【青年在选择职业时的考虑】

我们在选择职业时常常有着诸多考量：工资的高低，工作是否体面，职业前景如何，从事这个职业自己是否会开心……在这些问题以外还有着家长的建议、媒体的宣传等其他因素在影响着我们的选择。职业的选择事关我们走向社会的第一步，兹事体大，不容我们不认真思考我们选择职业时真正该追求的是什么，或者说追求什么才能带来幸福。

尽管平常生活中许多人对工作的好坏的首要评价标准是收入的高低，但是我们可以确定金钱并不等同于幸福。有人年入百万却终日不得安宁，有人将将小康也能和和美美。同样的道理，工作无论是否体面或前景光辉

与否都有幸福与不幸福的人。这些矛盾都揭示了幸福不是由以上任何一个单一因素组成的道理。

每个人的幸福都是不尽相同的。但是大家的幸福都有一个共同点，即顺应自己的良心。顺应自己的良心可能与大多数人的意愿相悖，这种得不到大多数人的认可的境地可能会使我们孤独、彷徨甚至陷入自我怀疑中，但是我们对自己良心的坚持与践行会给我们带来幸福，一种道德的幸福。"自反而不缩，虽褐宽博，吾不惴焉？自反而缩，虽千万人，吾往矣"讲的就是这个道理，即坚守自己的良心（或者说是孟子所谓的"浩然之气"），不要被大多数人的观点影响。

大多数我们可以清楚地感知到我们的良心想让我们做什么，比如尊老爱幼，诚信待人。但是我们还有欲望。吃穿用住样样都有无尽的追求，正所谓"食不厌精，脍不厌细"。这些都离不开金钱的支持。对物质的追求并不一定违背我们对良心的追求，但是其有可能妨碍我们认识到我们真正想要的是什么。毕竟良心只能告诉我们该干什么不该干什么，并不能告诉我们想要的是什么，什么才能带来幸福。

除了在物质上的追求，我们还有精神上的追求，包括艺术、宗教、知识和我们各种各样的爱好。精神上的追求会给我们带来慰藉和心灵上的满足。来自日本的中野孝次主张贯彻"清贫"的思想，简单地说就是不过分追求名与利这等身外之物，从而拥有健康、闲适的快乐生活。类似的观点其实早早地就被孔子提到过："饭疏食饮水，曲肱而枕之，乐亦在其中矣。"人们对拿捏物质与精神的尺度，似乎早就有了一个共识。当然，正如不应沉迷于物欲的泥沼，我们也应警惕过分偏激的清贫思想。回归到我们的就业话题，一个人需要满足最基础的生理需求才能够生存，而在此基础上去追求更高的生活品质不仅是一个人最正常的本能，更是促进整体人类发展的重要途径。想象一下，以亿计的人放弃对生活的追求，纷纷效仿梭罗与老子不尘于仕，我们无法判断这种选择本身的好坏，但可以断定人们的大量求简会给社会体制带来巨大破坏。总的来说，就业选择应当斟酌好精神与物质享受的平衡。过于偏好精神上的清高就会被社会的激流所冲击乃至抛弃，过于追求物质方面的富足便会溺入疲于奔命乃至不择手段的卑劣境地。既不推荐"舍金于山、投珠于渊",也不推荐"玩物丧志、唯利是图"。在面临工作这一体现自身价值的场景选择时,度量二者的火候十分重要。

当然还有一种情况,就是我们的工作就是我们的爱好,这样我们可以既照顾到物质享受,又能令心灵愉悦。如果我们的爱好还能够作为职业为我们带来收入,那自然是极好的。但是我们的潜力以及各种外界因素使得我们无法自由地选择任何职业,我们的职业选择是限制在一个具体的范围里的。我们确实可以努力超越自身限制,但这样的话,我们会垮得更快。许多人会说,"兴趣是最好的老师",认为选职业时符合自己的兴趣是最重要的。但如果只追求兴趣而忽略了自身条件,精神上是愉悦的,身体上却是疲惫的。比如一个人如果高中和本科读的都是理科或工科,而在考研究生的时候发现自己更喜欢文学,想要成为作家,想要转到文学系。这样的事情虽然有可能成功,但转专业成功时也必然要付出很大的代价,还不如赶紧开始培养在自己专业里的兴趣。我们要用理性正确认识自己的能力,把在自己能力范围之内的事做到最好,而完全在自己能力范围外的事情,不必去做白日梦了。如果恰好有与我们爱好相契合的职业自然最好,如果没有的话我们不必强行将我们的爱好变为职业而过着一种令我们既满足又不满足的生活。这种对爱好的消费及其带来的矛盾只会令我们垂头丧气,对爱好的兴趣逐渐流失,遑论幸福。

在以上作为前提的情况下,我们对职业的选择不要太浮躁。选择职业是一件对于青年很重要的事,直接决定了这个人的后半生将怎么过,因此我们一定要理性冷静地选择,而不应浮躁。我们选择职业前,要广泛地听取不同人和自己内心的建议,最终决定职业选择。而在我们选定了一个职业之后,最好能坚持着为实现自己的理想而奋斗,而非在听了一个讲座甚至看完一个广告之后就立刻转变想法。许多人在本科升研究生时转专业,这样就导致许多本科学习的知识没有用了,白白浪费了本科时上许多课的时间,还不如在报考本科前就想清楚自己要做的职业,而后持之以恒地为之努力。在追求职业的道路上,我们也不应浮躁,用心太切。这样就会导致太功利,凡是对职业"有用"的就去学,凡是"没用"的就不去管,然而短期可见的效果并不一定持久，长远的效益往往并不在当时显现。因此，我们选择职业时要理性冷静，不应浮躁和用心太切，否则可能会欲速则不达。

总而言之，每个人都有自己的判断与选择，每种选择也都有其独有的价值。如梭罗在《瓦尔登湖》中所言，"人们赞美而认为成功的生活，只不过是生活中的一种，为什么我们要夸耀这一种而贬低别一种生活呢？"

××中学 高二×班 ×××

三、了解大学和专业的相关信息

对于在国内参加高考的高三学生来说，必须在志愿填报的过程中确定自己未来想要升入的大学和具体专业（或专业门类）。因此，教师还需要指导高三学生结合个人的专业潜能，全面了解自己感兴趣的国内大学的发展现状和专业优势，同时一定要提示学生充分了解自己感兴趣的专业的具体内涵，防止"望文生义"，贻误终生。

1. 了解国内大学的发展现状和专业优势

好的大学，好的专业，往往意味着更多的就业或考研深造的机会。

这方面的信息来源有很多，比如网络、高校开放日、高校招生咨询会等，教师可以指导学生和家长多关注这些信息渠道，并特别留意一下自己想要报考的学校的专业设置情况，包括其主要发展方向、本科生所学的知识、是否有独特的培养模式（如双学位、全外教）、毕业生出国情况和就业率等指标。

2. 了解自己感兴趣专业的具体内涵

专业选择是一件需要慎重考虑的事，很多时候专业的实际情况跟学生、家长甚至教师的想象之间存在着很大的区别。我们有必要指导学生深入实际，多方了解，以确定自己感兴趣专业的具体内涵，杜绝"望文生义"的现象。

有研究指出，在高校招生的260多个专业目录中，有90%的专业考生并不了解，要么根本没听说过，要么听说过但不知道具体内容是什么。例如，一名高三女生想学"经济学"，理由是将来准备当企业家，而实际上，

"经济学"主要是培养研究和教学类人才的；还有把"新闻学"和"记者"、"法学"和"律师"混为一谈的。类似这样对专业认识模糊的例子不胜枚举，这是眼下高三学生在专业选择时一个典型的误区，就是把职业与专业当成了一回事。

另外，即使是相同的专业，不同的学校，侧重点也会有所不同。

例如，一位高三学生从小就喜欢熊猫，立志要成为一个熊猫研究专家。高三毕业时，第一志愿填报了某农业大学的"动物科学"专业。大学毕业后，她并没有继续追求自己的职业梦想，而是开了一家小饰品店。理由是，在大学四年里，她从未接触过任何与熊猫有关的"动物科学"课程，而是一直在"被动"地学习如何饲养家禽和家畜的各种专业技术，对于生性爱干净的她来说，大学四年的生活简直如同炼狱！

还有一位学生选读了某农业大学的"植物学"专业，可惜实际情况与她的想象相去甚远——进入大学后，几乎每天都要待在实验室里仔细观察和记录花朵授粉后的细微变化，而不是走遍天下寻觅那些奇花异草。用她自己的话说，她对"植物学"专业的理解并非是一种理性的认知，而是仅仅停留在"文艺层面"上。

另外还有一位学生在高中阶段对生物课的内容很感兴趣，于是选读了清华大学生物系，上了一年之后才发现，大学的生物课程和高中相比有着很大的不同，主要以实验为主，而自己的动手操作能力并不出色，对这些操作类的活动也毫无兴趣，于是，经过一番犹豫与抉择，最终放弃了生物学，改读了更适合自己的心理学，虽然成功地转了专业，却必须比同年级的同学多读一年大学。

从以上几个事例可以看出，目前，许多高三学生对于自己"感兴趣"的专业缺乏足够深入的了解，包括专业的就业方向、课程内容设置、对学习者能力类型的特殊要求等。因此，教师一定要指导学生和家长多方了解专业的有关信息，加强对专业内涵的理性认知。具体方法有：通过网络和书籍收集相关资料；通过高校的宣传海报和"高招咨询会"了解相关内容；有条件的话，与该专业的工作者或就读该专业的学长深入交流，获得第一手资料；学校也可以组织学生参观一些大学的实验室，与大学里的教师和学生面对面地交流等。

四、科学填报高考志愿

高考作为一项系统的工程，分数固然决定了考生能否获得录取的候选资格，然而填报志愿更为重要，它关系到考生能否梦圆"象牙塔"，更会影响到考生在大学里所学专业的适应情况、未来的职业去向，甚至整个人生和事业的发展。如何填报志愿，就像一道坎，横亘在每个高三学生（包括家长）的面前，顺利跨过去，大学之路才会更加开阔。

1. 选择适合自己的专业

很多考生过于看重学校，而忽略了专业；也有许多考生寄望考上大学后再调整专业，其实在大学里面，调整专业是比较困难的，所以选择专业尤其重要。在大学校园里，经常会看到有些学生因为在填报高考志愿时，专业选择得不合适，结果明明不喜欢自己的专业，但却不得不硬着头皮去学习，去听课，去应付考试。遗憾的是，不论花了多少时间，对自己说了多少次"我一定要学好""我喜欢学××"，实际的结果却是，一次次地受到打击，一次次地失去信心。不是他们学不好，也绝对不是他们比别人差，而是因为他们没有规划好自己的职业生涯，所选择的专业不适合他们的潜能，激发不了他们的潜力。

那么，到底应该如何选择专业呢？建议最好结合以下三个方面来考虑。

首先，应考虑本章第一节中所提到的个人的专业潜能，特别是学科兴趣，最好根据兴趣类型选择专业，不妨参考一下表4-9。

表 4-9　学科兴趣与专业选择

类型	学科兴趣类型	可选专业
1	喜欢谈论生意、挣钱的方法	经济学类（如经济学、财政学、金融学、国际经济与贸易等）
2	喜欢分析辩论，语言逻辑性强，能对事物作出快速反应，并冷静地进行分析	法学类（如法学等）

表 4-9（续）

类型	学科兴趣类型	可选专业
3	有相当强烈的工作责任感，喜欢为集体服务，以促成同学之间友好相处	社会学类（如社会学、社会工作等）
4	喜欢把自己的知识和才能教给别人，喜欢通过自己的努力来改变他人	教育学类（如教育学、学前教育、特殊教育、教育技术等）
5	喜欢看新闻和谈论国家大事，喜欢辩论	政治学类（如国际政治、外交学、政治学与行政学、思想、政治教育等）
6	喜欢户外运动	体育类（如运动训练、体育教育、社会体育、民族传统体育等）
7	喜欢用文字表达思想，喜欢写作，喜欢形象记忆	中国语言文学类或外国语言文学类
8	喜欢关注国家大事或周围发生的事件，喜欢发表自己独特的见解	新闻传播类（如新闻学、广告学、广播电视新闻学、编辑出版学等）
9	喜欢了解过去发生的事件，并发表自己的看法，谈起历史事件往往兴趣盎然	历史学类（如历史学、世界历史、考古学、博物馆学、民族学等）
10	喜欢数字方面的游戏、数学公式的推导以及精确计算、简便运算等	数学类（如数学与应用数学、信息与计算科学等）
11	对物理现象的原理、规律感兴趣，喜欢探究物理现象的基本规律	物理学类（如物理学、应用物理学等）
12	喜欢做实验，细致观察事物变化过程，反复了解事物变化原理	化学类（如化学、应用化学、化学工程与工艺、制药工程等）
13	喜欢观察动植物的生长和变化，并了解其内在发展规律	生物科学类（如生物科学、生物技术等）
14	对地壳和海洋的地质变迁规律、地貌和岩层的构成及变化规律感兴趣	地质学类（如地质学、地球化学等）

表 4-9（续）

类型	学科兴趣类型	可选专业
15	喜欢自然景观，对自然界的构造、地质、地貌的变迁规律感兴趣	地理科学类（如地理科学、地理信息系统等）
16	喜欢从事电路设计、开发及维护等工作，尤其对微电子技术感兴趣	电子信息科学类（如电子信息科学与技术、微电子学、光信息科学与技术等）
17	喜欢操作工具来解决一些实际问题，如修理、组装配件等	机械类（如机械设计制造及其自动化、工业设计、过程装备与控制工程等）
18	喜欢手工、美术设计、喜欢观看不同风格的建筑，喜欢空间想象和构思	土建类（如建筑学、城市规划、土木工程、建筑环境与设备工程等）
19	对车辆、航空和航海等交通工具的管理及相关的工程技术问题感兴趣	交通运输类（如交通运输、交通工程、飞行技术、航海技术等）
20	喜欢从事食品、纺织、日用品等的生产工艺和流程及其开发和设计工作	轻工纺织食品类（如食品科学与工程、轻化工程、纺织工程、服装设计与工程等）
21	喜欢从事农业生产与开发的工作，如农作物生长规律、生态农业开发等	农学类（如农业资源与环境、水土保持与荒漠防治等）
22	对植物的生态规律、生长规律以及林业的生态与社会效应感兴趣	森林资源类（如林学、森林资源保护等）
23	喜欢了解病症发生的原因，希望通过自己的力量来减轻他人的病痛	医学类（如基础医学、预防医学、临床医学、口腔医学、护理学等）

其次，要考虑自己所报考专业的发展方向及就业情况。

在选择专业的时候，尽可能选择一些就业面比较宽的一级学科，因为一级学科往往是国际前沿技术，所代表的行业往往是国家重点投资和保护的、与国计民生相关的行业，科研方向容易作出成绩，社会需求人才量大。另外，一定要理性看待所谓的"热门专业"和"冷门专业"，因为二者往往是相对而言，不妨把目光放长远一点。

再者，要了解所报考专业在该学校的相对水平。

很多学校都有自己的名牌专业，名牌专业的形成，往往是多年的积累，教学水平、教学质量也会更有保证。但近年来，很多学校都有向综合方向发展的趋势，比如，很多理工科院校都开设了文科专业。一般说来，新开设的专业往往不及该校老牌专业的师资力量雄厚、教学水平高，所以，在填报志愿专业的时候，应该尽量考虑填报该校"本色"一点的专业。但如果一个学校名气较大，实力雄厚，那么所设置的新专业也不会差到哪里去，这时，也可以适当考虑报考。

另外，近几年，"按大类招生"已经成为许多高校重要甚至是主要的招生录取方式。在许多高校公布的招生章程中，出现了"按院系招生""按大类培养"之类的词汇，它们指的是将相同或相近学科门类的专业合并，按一个专业大类招生。考生填报志愿时，直接填报该大类名称而非具体专业。通过这个方式录取的考生，在本科阶段的前一年或前两年统一学习基础课程，此后，根据对学科和专业的了解，并结合自己的兴趣、特长，在院系范围内再自主选择专业。实际上，大学教育还是一个培养基础能力的阶段，按大类招生可以有效地使大学生接触到较为广博的基础知识，有利于培养全面性的人才。虽然按大类招生可以大大减少考生面临的专业选择数量，但考生仍应认真把专业选择和个人职业发展规划紧密地结合在一起，对不同专业的职业发展方向有一定了解。

2. 选择适合自己的学校

填报高考志愿前，高三学生应当在教师指导下，结合几次模拟考试的成绩，客观评价出自己的位置。这个位置，不仅是在班里、年级里的名次，更是在当地（市、县、区）的位置，再结合该地区历年高考的成绩，便可大致推算出自己在高考中的位置，以便确定自己可以冲刺哪一个批次的学校。

在保守估计好自己的位置之后，不妨把目标定高一点，可以加大自己下一阶段学习的动力,发挥出自己的潜能。但是千万要注意的是,报的学校只能是高"一点儿",形象说来,即"跳起来能够得着的高度"。如果盲目迷信于自己的实力与状态,而一味追求名校,到最后吃亏的往往是自己。

现在每一个批次都有若干个志愿可以填,但其实最重要的还是每一个批次的头两个志愿,对于这两个志愿,应该慎之又慎,建议填写熟悉的或有一定知名度的学校。在选择好第一志愿后,填报的第二志愿一定要与第一志愿所填报学校的分数拉开档次。建议第二志愿填一个保底的学校,即使高考分数不理想,也不会使自己落榜。

由于扩招,很多学校都在异地建立了新校区,但有时这些校区往往是二级学院,招生分数会大幅度降低。报考前,要注意这一点。往往新建的校区都不及老校区,很多新建的校区除了环境较好之外,在实验器材、藏书、师资、人文环境、学术气氛方面都不如本部。如果可能的话,在学校本部里读大学,收益或许会更多一点。

另外,有些考生可能还需要考虑其他一些环境影响因素,如家庭因素(经济状况、家人期望、家族文化等)、学校的地理环境(是否在外地、学校所在地区的经济和文化发展情况)等。

目前,市场上关于如何填报高考志愿的书籍可谓五花八门,网络上的相关资讯也十分丰富。教师可以指导学生及家长有目的地去搜索,获取自己想要了解的有关信息。

除此之外,学校还可以组织高三学生在填报志愿之前自愿参加一些"专业选择潜能测试"活动,目前已经有多家单位开发出了有关的系统;另外,也可以聘请一些高考志愿填报方面的专家,到校开设讲座,给学生和家长答疑解惑;还可以建议学生和家长充分利用每年 4 月份的高校招生咨询会了解有关信息。

【高考志愿的填报案例】

高考志愿如何填报,四个案例告诉你。

案例 1 理科考生甲,高考分数 600 分,但是考生甲并没有被自己所填报的一批本科志愿录取。考生甲填报志愿：一志愿为中央财经大学。二志愿A为武汉大学、B为山东大学、C为首都经济贸易大学。

问题分析：考生甲高考分数还是不错的，但是没有被自己填报的一批本科录取就在于他所填报志愿不合理。一批本科的第一志愿录取率非常高，该生第一志愿想冲击自己理想的一所大学——中央财经大学，如果说第一志愿已经有一定风险的话，他所填报的二志愿问题更大，从表面看，该生的志愿填报很满，但实际上只是一个心理安慰，实际效果并不好。武汉大学，如果填报最好是第一志愿，如果放在第二志愿A，就一定要仔细研究武汉大学哪个专业可以招收第二志愿，一定不要再报热门专业，因为即使填报了热门专业，也是无效志愿；第二志愿B山东大学也是同样的问题，第二志愿C首都经济贸易大学，虽然招收二志愿考生，但是放在二志愿C也就没有机会了。

建议：高考填报志愿要多看一下《录取分数分布统计》，大概最近三年的。基本就能看出来它这所学校的大概分数线。再就是看一下是否招收二志愿，这个很重要。

案例2 理科考生乙，高考分数585分，但是一本却落榜了。考生乙填报志愿：一本一志愿，北京大学医学部；二志愿A，首都医科大学；二志愿B，河北医科大学。

问题分析：不难看出，考生乙是非医科大学不上，但是他一本落榜的原因在于一是定位不准，二是不了解医科类院校考生报考的情况。

建议：医科类学校比较热门，在选择的时候一定要注意自己的分数不能低于该院校的最低录取分数；还要仔细查看三年《录取分数分布统计》，看自己所报学校是否招收二志愿，也可以咨询所报学校招生办公室，询问该校的录取分数线，不同专业录取分数以及是否招收二志愿考生，使自己填报志愿尽可能合理、有效。很多学校还是可以打电话去咨询的。总之，志愿填报一定要认真对待，有可能你高考考好了，志愿没填好。

案例3 理科考生丙，外省就读，北京市户口，高考分数494分，但该生并没有被二批本科第一志愿第一专业录取。考生丙填报的二本第一志愿：首都经济贸易大学，旅游管理专业（▲）。

问题分析：当年理科二本线是459分，考生丙的分数在二本里还是很有竞争力的，他之所以落榜，是因为所报旅游管理专业中的一个特殊符号（▲），该符号是需要外语口试成绩的，而考生丙是外省就读考生，没有在规定时间参加北京市组织的外语口语考试，因此所填报第一志愿无效。

案例4 文科考生丁，高考分数493分，并没有被自己所填二批本科志愿录取。该生填报二本志愿：一志愿，首都经济贸易大学；二志愿A，北方工业大学；二志愿B，北京建筑工程学院。

问题分析：考生丁落榜的原因是一志愿偏高，二志愿不合理。首都经济贸易大学每年报考学生众多，因此该校二本录取分数线较高；该生二志愿北方工业大学和北京建筑工程学院均不招收二志愿考生。

建议 考生和家长在填报志愿时，应多搜集所报院校信息，充分利用手头资料（三年《录取分数分布统计》和当年的《北京考试报·招生专业目录》），也可以多参加高招填报志愿咨询会，或直接给所报院校招生办公室打电话或上网咨询，防止填报志愿出现这类失误。

考生在填报本科志愿时，要有合理定位，充分运用手头资料，多方面搜集填报志愿信息，填报好志愿，考上自己理想的大学。

第 5 章

青春的校园　多彩的舞台

【青春万岁】

所有的日子，所有的日子都来吧，
让我们编织你们，用青春的金线，
和幸福的璎珞，编织你们。
有那小船上的歌笑，月下校园的欢舞，
细雨蒙蒙里踏青，初雪的早晨行军，
还有热烈的争论，跃动的、温暖的心……
是转眼过去的日子，也是充满遐想的日子，
纷纷的心愿迷离，像春天的雨，
我们有时间，有力量，有燃烧的信念，
我们渴望生活，渴望在天上飞。
是单纯的日子，也是多变的日子，
浩大的世界，样样叫我们好奇，
从来都兴高采烈，从来不淡漠，
眼泪，欢笑，深思，全是第一次。
所有的日子都去吧，都去吧，
在生活中我快乐地向前，
多沉重的担子，我不会发软，
多严峻的战斗，我不会丢脸，
有一天，擦完了枪，擦完了机器，擦完了汗，

第 5 章 青春的校园 多彩的舞台

我想念你们，招呼你们，
并且怀着骄傲，注视你们！

美好的高中生活，是成长的，奋斗的，诗意的，挑战的，是青春的，青春的校园里有着多彩的舞台。

这里能展示你们的才华，使你们开阔视野、提高素养、增长才干。

这里能培养你们综合运用各学科知识，提高认识、分析和解决问题的能力，使你们在与社会、自然的接触中建立学习与生活的有机联系，培养你们的实际动手能力。

第二、三、四章分年级介绍了不同年级你们需要学习和探索的主题，本章主要从校园活动的角度来进一步探讨。

学校会根据你们的年龄特点和发展需求，充分利用各种校内外资源，开展丰富多彩的活动课程。校园活动丰富多彩，可以分为三个层次：

有的校园活动是面向全体同学共同参与的，比如理想主义教育、爱国主义教育、职业体验、社会考察课程等。

有的校园活动是为不同兴趣和能力的同学设计参与的，比如科技活动、艺术活动、体育活动、创业活动、公益活动、社团活动等。

有的校园活动是面向部分对某些领域有更深追求的同学们设计参与的，比如领导力课程、模拟政协课程、模拟法庭课程、模拟联合国课程、电影节等。

这些课程有机融合科技、国防、劳动、法制、环保、生态环境、历史、文化等各方面的教育，使你们关心社会和科技进步，关心地球和生存环境，并在活动课程中获得直接感受和问题解决的经验。

这些课程培养你们认识社会、探究社会问题的基本能力，形成综合思考问题的能力，养成良好的劳动观念、掌握一般的劳动技能。

这些课程培养你们的人际交流能力、协作能力、组织能力、操作能力及适应环境的能力，培养你们的参与意识、创新意识和勤于实践、勇于探索、精诚合作的精神。

让我们一起来走进这些缤纷多彩的校园活动吧！

青春飞扬——面向全体学生的校园活动

放飞理想

一个人必须有自己的生活理想、职业理想、人生理想，才能成为一个独立的人。"求其上者得其中，求其中者得其下，求其下者无所得"，理想对人生有巨大的导向和激励作用，没有理想的人很容易随波逐流，碌碌无为。当代青年的理想也将深刻影响着国家未来的发展。

中学阶段是确立人生理想的重要时期，因此，确立人生理想就是高中生生涯规划的重要内容。在高中三年不同阶段的学习生活中，学生的生涯规划过程就是不断确立并实践自己学习目标和能力发展目标的过程。在此过程中我们不断提升自我，了解国家社会发展的需要，明确、调整并确立自己的人生理想，并为之不断努力。老师家长要关注同学们的愿望和理想逐步确立的过程，往往一句激励的话语、一个鼓励的眼神，都能使学生产生内心的力量和自我发展的动力。

资料链接 钱学森，最大梦想是科学

再过两天，10月31日，就是钱学森逝世一周年纪念日了。

55年前，也就是1955年9月，当钱学森登上"克利夫兰总统号"向中国渐行渐近的时候，期待他归来的老友、学生以及国内科技界，也正准备为他的梦想，为共同的科学梦想搭建舞台。熟悉他梦想的人说："他一生最大的贡献是火箭，而他最大的梦想还是科学。"

"等人坐满了就兴旺了"

1955年底钱学森抵达北京，组建中科院力学所是他回到新中国所做的第一件大事。在钱学森回国前，中科院的力学研究只有一个研究室的规模，这就是设在中科院数学所的力学研究室，钱伟长担任研究室主任。1955年9月，得知钱学森即将回国的消息后，钱伟长嘱托郑哲敏代笔，向中科院打报告，建议组建中科院力学所。

1956年1月16日，陈毅副总理亲笔签署批复了中国科学院呈交的

《关于成立力学研究所的报告》，中国科学院力学研究所正式成立。钱学森出任所长，钱伟长担任副所长。新组建的力学所，连会计一共只有18人，在数学所借了几间办公室开始了科研工作。

到1957年，中科院院士俞鸿儒来到力学所工作时，力学所的规模已扩大了许多，但当时在中科院化学所的一层楼中办公，条件依然颇为艰苦，用俞鸿儒的话说："连扫地的一起算起来，不过70多人。"

目前位于北京北四环边上的力学所主楼，就是当年钱学森亲自选址建设起来的。1958年初，钱学森带领力学所搬进新"家"的时候，"他指着能容纳252人的礼堂说：'等人坐满了，就兴旺了。'"俞鸿儒回忆说。

然而力学所的兴旺发展远远超出了钱学森的预期，到1958年底，这个小礼堂已经不够用了。当年，连同在力学所访问、短期工作的人员算在一起，超过了2000人。

俞鸿儒说，尽管1957年他初来乍到的时候，力学所条件很差，"但我还是感到来对了地方"。他说，力学所当时有两点很吸引人：一是钱学森的学术成就，二是钱学森的爱国热情。

1955年10月，力学所组建之初，钱学森就提出了"每个组的研究方向要围绕着国家的重大问题"。

1958年，根据国家需要，钱学森对力学所提出了更高的要求。中科院院士郑哲敏说，当时钱学森对力学所的研究方向，提出了"上天、入地、下海、一般工农业"的要求。"力学所的摊子一下子就大了起来。"郑哲敏回忆说，钱先生甚至还认真研究过炼钢，并提出欧美采用的"平炉炼钢"比苏联式的"转炉炼钢"在质量上更高。

尽管这个庞大的框架并没有在力学所一直延续下来，然而，在铺设这个框架时所做的前期工作，为我国相关领域的发展打下了基础，此后几年的一批新的科研机构，都出自力学所"门下"。

20世纪50年代末到60年代，就有5家科研单位从力学所分离出去，它们是：中科院自动化所，上海机电设计院，人造卫星设计院，国防科委第十七研究院，目标识别研究所。

这些领域的研究工作，在力学所时，大多是由钱学森亲自领导的，从力学所独立出去的时候，其科研骨干也大多出自力学所。

第一个科学馒头

"钱先生当年在为力学所选址的时候，就体现出了他的前瞻性。"俞鸿儒说，当时这个地点比较偏远，钱先生为力学所未来的发展考虑，没有选择更繁华些的地带，而是选在了这里，目的是为力学所未来的发展留出空间。

当时力学所主楼的内部设计也体现出国际一流水准，俞鸿儒说，每个房间都有自来水供应，完全符合实验室的要求："钱先生是按照国际一流科研机构的标准进行规划的。"

前瞻性的建设，在几位院士看来，是要实现钱学森前瞻性科研的理想。郑哲敏称之为"第一个馒头"，他说，钱先生对这"第一个馒头"一直非常重视。而这"第一个馒头"，中科院院士吴承康说，也正是中国科学院的特色。

"对基础研究与应用技术之间的关系，钱先生有非常明确的认识。"他提出了基础科学要"拉开距离，先走一步"的理想。我国航天领域的很多基础科学问题，都是在力学所完成攻关任务的。

1960年，在钱学森的领导下，力学所与有关部门协作，攻克了许多飞行器发展中遇到的重大气动力热关键科学问题。

吴承康说，这些工作都是走在生产之前、为型号研制提供了基本数据和方法的研究工作。非常完美地实现了科研与生产之间的"接力"关系。

钱学森曾提出过物理力学的概念，在纪念钱学森的活动上，中国科学院副院长李静海说："钱先生在几十年前提出的物理力学要宏观、微观相结合的理念，现在看来也是具有前瞻性的。"

"钱先生一生最大的贡献是火箭，而他最大的梦想还是科学。"曾追随钱学森多年的学生与同事郑哲敏对《科学时报》记者说。中科院力学所是钱学森回国后创办的第一个科研机构，在郑哲敏、吴承康看来，力学所的建所思想，是钱学森技术科学的集中体现。在钱学森看来，技术科学要应用和发展自然科学和数学的理论手段，来解决工程面临的实际问题，科学要以新的概念、技术和方法来带动工业前进，并促使它不断发生质的飞跃。

他们认为，回顾力学所几十年的起伏历程，钱学森的技术科学思想经过了历史考验，是正确的，即使到了今天，还应该成为力学所乃至技术科学的发展道路。

作为火箭专家、我国火箭事业早期的擎天柱，钱学森圆满地完成了他的任务，而在熟悉他梦想的人们看来，他技术科学的梦想，尚未实现，道路修远。

1 与 120

曾任中国科技大学党委书记的郭传杰在谈到他初到科大的感受时说，这个学校有着不同于别处的独特的学风和氛围，让他深感惊异。追本溯源之后，才恍然领悟。

中国科技大学的建立，是钱学森对中国科学院，对中国科技界的又一杰出贡献。中国科技大学是在钱学森的倡议下建立起来的，目的是为实现技术科学的理想培养人才。在科大建立之初的数年间，钱学森一直坚持亲自为学生讲课。他对学生提出的要求是"基础要扎实，并在一个方面冒尖"。而这个"冒尖"，就是他技术科学"要先走一步"的理想。

重视人才培养，在几位院士看来，是钱学森、钱伟长这两位老科学家的共同特点。1957 年，工程力学研究生班就是在二钱的倡议和领导下创办的，二钱都坚持亲自为该班授课。

一位当年研究生班的学生讲述了他与钱学森的一段对话。当年他曾问钱学森："您在国外发表了那么多有影响力的论文，为什么现在不写了呢？"钱学森说："人的精力是有限的，我在这里给你们上课，组织科研，要花很多时间，自然没有那么多时间去写论文。但我不遗憾，你们班上有 120 个人，把你们教好了，你们中将来会有不少人发表有影响力的文章，比我一个人发表文章更有力量。"

钱学森深知人才培养和队伍建设是关系到科研长期稳定发展的根本，所以从创建力学所的时候，就突出关注这个问题。

在 1956 年 2 月 2 日给郭永怀的信中，钱学森写道："我们现在为力学忙，已经把你的大名向科学院管理处'挂了号'，自然是到力学所来，快来,快来!""请兄多带几个人回来,这里的工作,不论在目标、内容和条件方面都是世界先进水平。这里才是真正科学工作者的乐园!"

除了对人才的重视,钱学森另一个让后辈钦佩不已的,就是他的素养。在俞鸿儒看来,钱学森超凡的演讲能力是一个突出例证,他能提纲挈领地抓住问题的核心,深入浅出地进行讲解。

当年人造卫星作为一种新事物曾使国内外瞩目,国内大多数人对这项技术一无所知又充满好奇。钱学森便受邀讲解人造卫星的基本知识。俞鸿儒说,当时,"在我看来,为外行讲解人造卫星,实在是太难了,这么复杂的技术,要在短时间内讲清楚讲明白,几乎不可能"。

在听了钱学森的讲解后,俞鸿儒深感钦佩。当年,钱学森只讲了3点:一,它为什么不掉下来;二,怎么能把它打得这么高;三,它在那里有什么用。俞鸿儒说:"听了钱先生的讲解,我真是佩服,可不是吗,虽然人造卫星技术非常复杂,而核心问题,不就是这三点吗。"

在钱学森去世一周年之际,那些曾追随钱学森科学理想的后辈们,如今已大多是学界泰斗了。回顾钱学森早年的工作,回顾技术科学在我国50多年的发展历程,展望钱先生亲手创建的力学所未来发展,他们表示:应该矢志不移地坚持钱学森开创的创新性基础和应用基础研究为根本道路,搞好丰厚的科学储备,时刻为完成国家的重大任务做好科研准备工作——这是纪念钱先生的最好方法,也是继承和发扬钱学森科学传统的最好途径。

——刊载于2010-10-29《科学时报》,作者洪蔚

资料链接 俞敏洪:人的一生总需要有点理想光辉

人需要有一种渴望,有一种梦想。没有渴望和梦想的日子使我们的生命失去活力和勇气。有很长一段时间,我差一点掉进了安于现状的陷阱里。大学毕业后,我留在北大当了老师,收入不高但生活安逸,于是娶妻生子、柴米油盐,日子就这样一天天过去,梦想就这样慢慢消失。

直到有一天,我回到了家乡,又爬上了那座小山,看着长江从天边滚滚而来,那种越过地平线的渴望被猛然惊醒。于是,我下定决心走出北大

校园，开始了独立奋斗的历程，在出国留学的梦想被无情粉碎之后，新东方终于出现在我生命的地平线上。从此一发不可收拾，带着我飞越地平线，新东方从一个城市走向了另一个城市，从中国走向了世界。我也带着新东方的梦想和我的渴望，从中国城市走向世界城市，从中国山水走向世界山水，从中国人群走向世界人群。

走在路上，也许这就是人生。

我们一辈子走在两条路上——心灵之路和现实之路。这两条路互相补充互相丰富，心灵之路指引现实之路，现实之路充实心灵之路。当我们的心灵不再渴望越过高山大川时，心灵就失去了活力和营养；当我们的现实之路没有心灵指引时，即使走遍世界也只是行尸走肉。一年又一年我们不断走过，每一个人的生命就这样走得如此不同。

——摘自《教育的启示——百位全国政协委员的成长感悟》

【实践体验】

一起来参加校园活动，感受理想放飞吧，比如：

——参加主题班会："梦想成就人生""我的理想我做主""仰望星空，脚踏实地"系列主题班会；

——阅读名人传记；

——观看励志电影：《无问西东》《钱学森》《阿甘正传》等；

——参加校园环境布置；

——参观博物馆、知名企业等。

【思考探讨】

（1）电影《无问西东》里吴岭澜、沈光耀、陈鹏、张果果等人的理想和青春给你怎样的思考？

（2）你的理想是什么？

（3）你打算如何实现呢？

我的国，我的爱——爱国主义教育

艾青说，"为什么我的眼里常含泪水，因为我对这土地爱得深沉。"英国作家萧伯纳说，"爱国主义就是你确信：这个国家比所有其他的国家都要出色，只因为你生于斯"。

爱国主义是中华民族精神的核心，是我们在面对古老而现代中国的一种油然而生的情感。爱国主义不是抽象的，而是具体化的，是情感、理智和行动交融的有机整体，是爱国之情、强国之志和报国之行的统一。在我们的历史教育、国情教育、国防教育、优秀传统文化教育、公民道德教育课程和活动中，我们会油然而生为祖国而努力学习工作、维护国家利益的社会责任感和历史使命感。

【思考探讨】

影片《厉害了，我的国》从圆梦工程、创新驱动、协调发展、绿色生态、共享小康、改革开放等几个方面，以宏大的视角展现了党的十八大以来，中国所取得的改革开放和社会主义现代化建设的历史性成就。

在中国的飞速发展中，哪些瞬间让你热泪盈眶？哪些事件让你顿生荣誉感？哪些成就让你忍不住感慨"厉害了，我的国！"？

圆梦工程：

创新驱动：

协调发展：

绿色生态：

共享小康：

改革开放：

进行爱国主义教育活动有以下三个特点：

（1）抓住教育契机，紧扣爱国主题

抓住教育契机进行爱国主义教育往往会事半功倍。比如2008年北京奥运会成功举办、抗震救灾、纪念建国70周年、纪念建党100周年、"神舟"系列飞船成功升空、纪念五四运动、纪念一二·九运动、纪念抗日战争胜利等都是比较好的教育契机。

（2）传统与创新结合，探索教育的系统化深层次发展

传统的爱国主义教育方式有宣传栏、主题班会、报告会、优秀影片观影、参观爱国主义教育基地等，在此基础上还可采用更多创新的方式，比如纪念"一二·九"革命短剧展演。同时，爱国主义教育不仅仅是参加一次次的活动，更应探索系统化深层次的发展，比如通过中学生业余党校使学生系统掌握基本理论和参加深入的实践。

（3）实践中进行体验式教育

行胜于言。爱国主义教育中实践应与理论并重。寓教育于实践体验中，充分利用爱国主义教育基地，进行实地参观访问。例如，有的学校组织参观抗日战争胜利纪念馆、西柏坡、雨花台等爱国主义教育基地，以及参观国有企业、科技馆、航天基地等，体验祖国改革开放以来的巨大成就，这些活动都收到了非常好的效果。

以下列举三个爱国主义教育的校园活动案例。纪念"一二·九"革命短剧展演是爱国主义活动的创新实践，中学生业余党校是系统化深层次的爱国主义教育方式，出国交流则体现了教育方式和教育环境的多元化。

【经典案例】纪念"一二·九"革命短剧展演

1. 关于"一二·九"运动

1935年的12月9日，北平（今北京）大中学生数千人在中国共产党的领导下举行了抗日救国示威游行，反对华北自治，反抗日本帝国主义，掀起全国抗日救国新高潮，史称"一二·九"运动。这是中国共产党领导的一次大规模学生爱国运动。

2. 纪念"一二·九"运动活动形式

学校开展合唱比赛、革命影片展映、革命短剧展演等多种形式的纪念活动。

革命短剧形式新颖，符合现代教育和中学生的特点，是一种非常好的活动形式。同学们通过亲身参与编剧、排练和演出，深刻了解中国革命和时代发展的历程，激发爱国主义情感。

3. 活动组织

高一高二年级都可以组织，一般由校团委和年级组织，在 12 月初举行。

第一阶段：明确活动主题，剧本创作。可以选取近代以来革命年代到建设年代到改革开放以来的重大历史事件和重要历史人物来进行创作。

第二阶段：排练，预演。各班基本确定剧本后班级中同学们分工合作，包括导演、编剧、演员团队、道具、灯光等，可以邀请老师进行指导。排练时间一般两周左右。

第三阶段：演出。一般每个短剧 10 分钟，整场演出 2 个小时左右。

第四阶段：活动总结。

4. 经典剧目

《虎门销烟》演绎了林则徐不畏列强的凛然正气；

《李大钊》表现了共产党员的坚定信念和为共产主义献身的精神；

《干粮袋》讲述了在长征途中一位老班长把生的机会留给年轻战士的故事；

《巨浪》再现了"一二·九"运动的场景，爱国青年们在国家和民族的紧急关头用凛然大义与英勇无畏向危在旦夕的中华民族发出振聋发聩的呐喊；

《红岩魂》再现了江姐等共产党人坚定的共产主义信念；

《永不消逝的电波》通过抗日烽火中默默敲击着的电波声表达了共产党员对党和革命事业的忠诚。

《小岗村》展现了改革开放过程中小岗村人两次创业的小岗精神；

《袁隆平》展现了"杂交水稻之父"袁隆平献身科学、矢志追求的精神；

《任长霞》再现了这位一身正气、鞠躬尽瘁的好局长；

《钱学森》展现了科学伟人钱学森心系祖国，献身科学的伟大精神。

《我们的航天梦》展现了几代航天人的艰苦奋斗和中国航天梦想逐步实现的伟大历程。

每年的活动还可以在传承的基础上进行创新，与时俱进，加入新的时代元素。

【中学生业余党校】

问1：主要有哪些活动内容呢？

答1：主要有学习党的基本理论、时政讲座、党员交流和社会实践。党的基本理论学习有"党的基本知识和青年发展""共产党的宗旨""新时期党的执政能力建设"等主题，以及党建理论创新成果。时政讲座方面会邀请经济、政治、外交、国防等各领域的专家来授课。以纪念改革开放40周年、党的十九大、两会等重要教育时刻为契机进行时政讲座，开阔视野。学校还会邀请优秀的共产党员老师和学生代表与大家进行交流。社会实践方面会带同学们进行参观，如观看《砥砺奋进的五年》展览，参观博物馆，到革命烈士陵园和抗日纪念馆、西柏坡参加活动，参加春季植树等公益活动，走近企业进行调研等。学校会利用各种校内外资源开展丰富的实践活动。还可以开展小组讨论、知识竞赛、影片交流、自编学习材料、影片交流等多种形式的活动。

问2：学校如何开展中学生业余党校呢？

答2：将理想信念教育与提高学生综合素质教育相结合，有稳定健全的组织机构，完善规范各项制度，建设稳定的、有专业功底的多领域的师资队伍，教学计划、学习资料和活动方案详尽完整，有固定的实践教育基地，保障教育效果，并逐步摸索自己的办学特色。

认真制订并合理安排教学计划，根据党建理论创新成果和全面拓展学员素质的需要，不断丰富教学内容，体现时代特色。理论学习和社会实践内容要做到三个结合，即理想信念教育与提高学生综合素质教育相结合，集体教育与自我教育相结合，课堂教学与社会实践相结合。

在组织机构方面，由校党委统筹规划部署，校团委组织实施。每学期召开一次工作会议，听取工作报告，并对党校常规管理、教学计划等工作进行研讨和沟通，推进党校工作的稳定发展。

【出国交流】

近些年，同学们通过学校的交流活动等形式的学习和国外的同龄人交流日益增多，视野在不断扩大的同时也可以感受到多元文化的交融和爱国的情感。

同学们，在这些活动中，你们能感受到当代中国的发展和成就，展现出你们作为当代中国青年的自信和担当。少年强则国强，希望你们开阔视野，独立思考，为未来中国的发展贡献自己的力量。

职业体验

关于未来学习什么专业，从事什么职业，你有认真想过吗？如果不想，到了需要作出选择的时刻，你可能真的会"盲选"，选完之后发现这不是自己喜欢的或者擅长的。所以，早一些时候开始思考学习是为了了解自己的愿望和特点，可以帮助我们更好地明确方向，作出正确的选择。

学校会在平时课外活动或者每学期课程结束后组织丰富的各类讲座，也会组织各种社会实践，如参观各类博物馆、科技馆、艺术馆，观看演出、体育赛事等，这些讲座和社会实践让我们参与社会活动，体验社会生活，积累社会经验，理解社会现实，提高我们的生活能力和各项素质。

学校里还有各种职业体验的活动，可以去参加。

【做一日工程师】

学校组织"做一日××"职业体验课程，如通过农训组织同学们走进田间地头"做一日农民"，走进工厂"做一日工人"，走进博物馆"做一日讲解员"，或者：

做一日教师，做一日工程师，做一日律师助理，做一日医生助理，做一日交通管理员，做一日_____（你想做什么呢？）

了解一下，你感兴趣的这些职业从业人员是怎样工作的呢？需要具备哪些素质呢？

【校本课程】

学校可以开设《听他们讲专业》的系列课程,邀请教师、校友、家长、专家、各行业精英给同学们讲讲高校专业情况和职业发展情况,帮助同学们发现兴趣点,明确未来的专业方向。

【模拟招聘会】

模拟招聘会可涉及科研、经济、新闻、信息、设计、教育等诸多行业,为同学们的专业选择提供丰富的参考,对同学们高考自选科目的选择也具有一定的引导作用,同时也有利于同学们提升综合能力。

流程:准备简历——模拟面试——无领导小组讨论——选出优胜者。在模拟面试环节,求职者进行2分钟以内的自我介绍和专业展示,招聘人员根据应聘简历的内容进行提问,与求职者进行交流。无领导小组讨论环节主要考察团队合作和应变能力。学校也可以根据情况设置不同的环节。

【校外资源】

青麟实践平台——可参与工程师助理、博物馆讲解员、律师助理、医生助理、音乐助教、设计师助理、咖啡师等职业体验。

在行——可以约见不同领域的行家,与他们进行一对一见面,了解他们的经验和建议。

"社会大课堂"——将很多博物馆、教学研究机构、企业等单位作为资源单位联系起来,为学生提供更多的免费参观和实践机会。

行万里路——校外文化考察

"读万卷书",获满腹经纶;再"行万里路",亲历躬行。近年来,很多学校都很重视组织校外文化考察的活动,有的还形成了成熟的课程。

活动主要面向高一、高二的学生,以亲历性文化主题实践活动作为课程的主要过程,以自主体验、合作探究为课程的主要活动方式,更加突出学生的主体地位,促进学生综合素养的提升。可针对不同年级、不同年龄阶段以及学生不同的兴趣爱好进行课程设计，并让学生自主选择。

校外文化考察课程筹备工作包括：线路设计、课程资源开发、手册制作、实地调研等，可选取"诗画江南、文脉千年"浙江线、"秦风唐韵"西安线、"古都神韵，秀美江南"南京线、"寻梦徽州"安徽线等文化考察线路。

通过校外文化考察课程，学生在实践中建立历史视角，拓宽文化视野，提高综合素养；加深对中华优秀传统文化的理解；感受祖国山河之美，了解丰富的历史文化，增强国家认同；增强了学生提高自主学习、独立探索的能力；也增进了师生交流沟通，培养了和谐的师生关系。下面是某校组织的安徽考察课程的任务清单，一起出发吧。

资料链接 安徽考察课程任务清单

Day1：出发；

Day2：徽州区岩寺，新四军军部旧址，花山谜窟景区，屯溪老街；

Day3：黄山；

Day4：呈坎古村，徽州古城；

Day5：黟县，返程。

Day2——请各位提前阅读任务书，带着问题进行考察。

任务1：参观花山谜窟景区，注意观察个别洞窟出现片状剥落、块状坠落、新生裂等现象，从而造成洞窟的顶板产生变形失稳问题，试分析造成这些问题的原因，并思考如何解决。

任务2：屯溪老街建筑在细节上体现了徽州古风，青瓦白墙，马头山墙，在建筑群中参差错落，呈现出徽派建筑中典型的韵律美。门枋、梁托、隔扇、花门、窗槛、梁柱、檐口、挡板等处无不精雕细琢，饰以各态花纹；房屋天井四周的檐下撑木多雕成各种神仙人物、飞禽走兽和戏剧故事，内容大都和徽州文化传说有关。通过实际参观考察，拍下具有上述特点的照片，并参照照片绘制草图，提升设计草图表达的能力；或者结合徽派建筑特色，设计一幢新的建筑，并用设计草图表达你的构思。

任务3：游览屯溪老街，试对其风貌进行评价，如果为了持续发展屯溪老街的核心商业功能，可以从哪些方面进行改造？

Day3——请各位提前阅读任务书，带着问题进行考察。

任务1：黄山奇景的地理成因调查。查阅资料，结合实地考察，说出黄山奇景（奇松、怪石、云海、温泉等）的形成过程中，自然和人文两方面的成因。

任务2：登黄山，参观黄山名松之首的"国宝"迎客松：为了保护迎客松，使其抗击异常冰雪等自然灾害能力得到提升，景区采用了哪些技术手段？结合草图说明。

Day4——请各位提前阅读任务书，带着问题进行考察。

任务1：通过网络查阅相关资料，初步了解徽菜的特色、经典菜品以及独特的烹饪手法。品尝当地美食，选择一到两个印象深刻的菜品，深入了解它的制作工艺，特别是原料处理和调味上色的方法，挖掘其中蕴藏的化学原理。

任务2：参观徽州古城，阅读附录文章，记录你所感悟到的徽州文化。

Day5——任务：通过前期的预备阅读、查阅资料、实践考察，结合自己的感悟，从以下角度中选择一个进行阐述。

1. 从文化遗产角度，写一篇关于宏村的宣传文稿；
2. 宏村文化遗产的历史、艺术、科学价值与经济价值；
3. 保护历史文化村落宏村的意义与建议；
4. 从宏村看历史文化遗产保护与旅游开发的关系。

小组作业（任选其一）

任务一：5~7人组成小组，完成《安徽四天三夜旅游攻略》手册并在开学后作汇报。

1. 课内阅读：完成附录的英文行前阅读，总结积累相关介绍，学习新单词和专用词汇。
2. 课外阅读：到当地搜寻英文版相关介绍宣传册，总结积累相关知识内容。
3. 考察学习：将课内外阅读的内容和实地考察的内容相结合，完成对每个目的地相关衣食住行和景点方面的评价，为制作英文旅游攻略手册做准备工作。

4. 攻略手册和PPT汇报：开学后以小组为单位用英文将路线图、相关照片、具体景点简介制作成《安徽四天三夜旅游攻略》（包含但不限于吃穿住行、景点介绍、推荐指数和推荐理由），为外国人访问中国做旅行参考。将旅游攻略简单制作为PPT进行汇报，并将手册全班展示，选出最佳攻略。

任务二：5~7人组成小组，撰写考察报告，并在开学后作汇报。

1. 古村落旅游可持续性评估的初步研究——以世界文化遗产地宏村为例：从人文（社会文化发展、经济发展、古建筑保护状况、旅游服务与质量等）和生态（生态系统质量、环境政策与生态管理水平等）两方面，探讨古村旅游的可持续发展（可以对比北京古村落）。

2. 徽州旅游路线设计：根据旅游地理相关知识，结合本次考察线路，综合考虑旅游资源自身质量、景点的集群状况、交通条件、地区接待能力（食、宿、购物等）、景点环境承载力（同时能够容纳游客数量）等因素，重新设计旅游路线。

任务三：5~7人组成小组，设计文创产品。

1. 在考察活动实施中，认真观察各景观特色，注意听导游讲解、阅读景点介绍标牌，或咨询专业人员进行问题探究，并拍照，做好记录。

2. 结合你在某个景点观察到的文创产品发售或免费发放情况，做调研（拍照、摆弄、访谈等），发现问题，确立设计课题。

阅读：《浅析文化创意产品的内涵和外延》，郝鑫，长春师范学院经济管理学院，《现代交际》（《Modern Society》），2012（7）；

《中国文化创意产品优秀特质及实现》，张振鹏，济南大学管理学院，《求实》（《Truth Seeking》），2012（10）。

3. 形成设计方案与可行性分析，需有以下几方面内容。

（1）请描述你在前期调研中发现的问题。可以从宏观角度，如不同景点文创产品所具有的共同缺陷提出问题；也可以从微观角度，对某个景点、某件具体文创产品的观察中发现问题。

（2）用户需求调研：调查你身边的旅游者，他们希望购买或发放什么样的文创产品并进行总结分析。

（3）设计目标：你所设计的文创产品所包含的文化寓意，或实用功能，或两者结合的设计目标。

（4）作品描述：用设计草图结合文字说明的形式来描述你设计的文创产品，设计草图中应包含该产品的尺寸、材料和关键点的连接方式；文字说明中应包含产品的设计思路，所表达的文化寓意及创新点，比如与科技产物的结合等。

提示：设计时应充分结合用户需求，参考设计的基本原则（科学性、实用性、创新性、安全性、经济性、美观性、技术规范性和可持续发展性）进行设计。

（5）产品的可行性分析：基于学校现有实验室条件，判断自己或其他同学是否能在实验室中将该产品制作出来。如果能，你需要做哪些事情？请列出步骤。如果不能，你需要借用哪些外部资源？请提出具体需求方案。比如，借调什么样的人员、什么样的设备来完成什么事项。

（6）本次设计的创新点：你设计中与既有产品不同的亮点、产品中的创新点等。

（7）产品设计方案评价：请你从该产品自身的优势、劣势，以及产品在文创市场中的机遇与挑战作出分析。

若不选上述三个任务，经过小组讨论后，也可从以下拓展任务中确定一个课题进行研究，或者小组发现新的问题、确定研究课题，完成考察报告或论文。

课题一：建筑中的数学元素及数学原理

在游学过程中发现各种建筑中的数学元素，收集起来，并做科学分析。

课题二：速度与力量之美

往返乘坐高铁时观察车头及车厢的外观，分析外观及内在设计对提高车速的影响；自主设计方案估测高铁的行驶速度，并与实际车速比较。

欣赏徽派建筑的结构之美，并重点观察其桥梁建筑结构及受力，并借鉴其中设计，亲手制作桥梁模型。实际测量桥梁模型的承重量（能承受装满水的矿泉水瓶的个数），并拍照留念。

课程作业如下。

（1）提交分析高铁设计对提高车速的影响和估测高铁行驶速度的设计方案报告（不少于1000字，可以以小组为单位）。

（2）以小组为单位制作桥梁结构模型（可以寒假期间制作）。

具体要求如下。

（1）使用材料：A4纸10张，胶带1卷。

（2）人员限制：每组最多5人。

（3）评分标准：每队基础分100分，每用一张纸扣5分。制作好的桥梁每承重一只装满水的矿泉水瓶加200分。

课题三：舌尖上的化学

游学结束后继续查阅资料，从化学研究的角度完成一份图文并茂的报告，可参考模板：《红烧肉中的著名化学反应——美拉德反应》。

课题四：黄山植物

（1）阅读《黄山植物》：黄山有种子植物134科，蕨类植物31科，苔藓植物57科。全书内容丰富，资料翔实，图文并茂，具有较高的科学性、实用性、知识性和趣味性，是一部具有较高学术水平的科学普及著作。

（2）调查活动：如某种黄山植物的种群密度调查、某种黄山植物的分布情况调查、某种非生物因素对黄山植被分布的影响等。

课题五：徽州历史与文化

（1）黄山的名胜古迹及其历史背景调查。

（2）聆听传说，追忆时光。调研屯溪老街的历史文化风貌。

（3）宏村位于安徽省黟县东北部，始建于南宋，被誉为"中国画里的乡村"。数百户粉墙青瓦、鳞次栉比的古民居群及周边山水，构成了一个完美的艺术整体。这其中揭示了哪些历史现象？对社会经济发展产生了什么影响？

课题六：勘黄山天地，探徽州故里

1. 前期准备

（1）完成教材中与实践考察相关内容的学习

必修一：地理环境的整体性和地域分异；必修二：地域文化对城市发

展的影响；选修三：旅游资源欣赏、旅游资源开发条件评价、旅游与区域发展。

(2) 阅读相关文章和书籍。出发前选择一本书或某一章阅读，做好准备。

地理原理：《人文地理学》《文化地理学》《城市地理学》《旅游地理》《中国历史城市地理》。

旅游地概况：《旅游线路设计》《安徽：徽州文化》《世界文化遗产：宏村 西递》。

2. 设计或选择课题

学生根据课堂所学知识，结合自己兴趣，选择或设计地理相关考察课题。

(1) 自然地理

黄山奇景的地理成因调查：查阅资料，结合实地考察，说出黄山奇景（奇松、怪石、云海、温泉等）的形成过程中，自然和人文两方面的成因。

(2) 人文地理

徽州的地理条件与徽州文化形成的关系：从徽州的自然地理环境说说地理环境对地域文化的影响，体会人与自然和谐发展。

【参与设计】我的旅程我做主

和几位同学一起，选一个你们想去探索的地方，试着初拟一份考察课程任务单吧！

主题：

线路：

Day1：

Day2：

Day3：

Day4：

百花齐放——面向不同爱好学生的校园活动

百花齐放春满园，同学们有着不同的兴趣爱好，有的是科技达人，有的身怀文艺特长，有的是体育健将，有的满怀创业热诚，有的热心公益活动，你都可以在校园里找到志同道合的一群朋友，探索自己的一片天地。

资料链接 年轻人要培养和发展自己的偏好（摘自杨振宁在清华大学附属中学95周年校庆上的讲话）

崇德中学不但规模小，设备也很差，幸好还有一个只有一间屋子的小图书馆。现在回想起来，这个小图书馆对我有相当大的影响。那时有一本杂志，叫作《中学生月刊》，开明书店办的，这个杂志办得相当好，每一期我都从头看到尾。印象尤其深刻的是当时有一位老先生，叫作刘新宇（音译），他从前大概是念数学的，不时写一些简单的关于数学观念的文章，我对这些文章非常感兴趣。

各位同学都知道，中学数学里有个基本的知识点，叫作排列和组合。关于这个知识点，我第一次吸收就是从刘新宇在《中学生月刊》上所写的一篇文章，我想，科学跟整个社会和人类的发展有着密切的关系，科普工作也是越来越重要，这一点在座的年轻同学们要格外注意。

总而言之，从这个杂志对我的影响可以看出，给中学生看科普文章是非常重要的一个工作。另外，我还记得当时看了一本《神秘的宇宙》，也是在图书馆看的，原文叫作 Mystery Universe，是英国著名物理学家亚瑟·艾丁顿写的。这本书对我有很大的影响，它用通俗的语言，讲了20世纪头几十年物理学的重大革命,包括狭义相对论、广义相对论、量子力学等,我了解了一下,这本书现在还在出版。我相信,现在清华附中的图书馆里可能就有这本原文书,我相信也一定有翻译的《神秘的宇宙》。这本书里边所讲的东西我当时看了以后不是完全懂,可我对当时正在产生的物理学的观念性的一些革命有了非常深的印象,这与我后来走进物理学领域做一生的研究有密切的关系。

当时,我在图书馆看的书,也不只是跟数学和物理有关系,我记得我看的另外一本书,是当时非常向往的,一个叫作斯文·赫定的瑞典人写的一本书,他到了新疆探险,穿过了塔克拉玛干大沙漠,写了《亚洲腹地旅行记》。看完这本书后,我也是非常好奇,那么大的沙漠,他在历史上第一次带领一个队伍从大沙漠的北边一直到沙漠的南边……因为这本书,以至于到今天,我对于新疆还是非常有兴趣。

我想,每一个人因为他的天分不同、背景不同、环境不同,或多或少还都有一些偏好,而我个人认为,每一个年轻人,要想法发现自己的偏好,能够发现自己的偏好,培养这个偏好,将来发展这个偏好,我想这对于每一个人的一生都是非常重要的。

杨振宁先生在讲话中回忆了自己少年时代阅读的兴趣给他带来了无穷的乐趣和科学的启蒙。杨振宁先生用的"偏好"这个词,其实也就是我们常说的兴趣爱好,人应当在年轻的时候发现并发展自己的兴趣爱好,有的人因此走上了自己的未来发展之路并取得了成功。

你们会发现校园活动那么多样化,你总能找到适合你们年龄特点的、兴趣爱好的、能力特长的一些东西,这是十分重要的自我探索。兴趣是成功的催化剂,做有兴趣的事,常常事半功倍,反之则常常事倍功半,在培养兴趣爱好的基础上再发展自己的各方面能力。如果能把你的兴趣和未来的生涯发展结合起来,是十分幸福的。所谓,选我所爱,爱我所选。

我是创客

近年来,学校十分重视科技教育,学校的科学教育体系旨在培养学生的科学素养、创新能力、动手能力等各方面能力,为有科技爱好和特长的学生提供发展平台。除了常规的科学实验、科研参观等，学校可以为同学提供各类科技教育平台，比如创客空间、高研实验室、STEAM 教育、创客竞赛等。

【创客空间】

"创客"是指出于兴趣与爱好，努力把各种创意转变为现实的人。中学创客空间里，对电脑、机械、技术、科学、电子技术等有共同兴趣的同学们可以合作探究，甚至研发 APP 或者真正的产品。

【高研实验室】

有的学校还设置了高研实验室，为同学们提供更高的研究平台。如自动化和机器人实验室、能源实验室、计算机科学实验室、地理信息实验室、生命科学实验室、化学实验室、量子光学和量子信息、脑神经科学、计算机交互、微电子等实验室等。

【STEAM 教育】

STEAM 代表科学（Science），技术（Technology），工程（Engineering），艺术（Art），数学（Mathematics）。STEAM 教育就是科学、技术、工程、艺术、数学多学科融合的综合教育。很多学校开始开设这类的综合课程。

【创客竞赛】

同学们，你们也可以参加各种创客类的比赛，如绿色电子挑战赛、北京市青少年创新大赛、FRC 国际比赛等多个国内外科技创新大赛。比赛通常采取最为流行的极限挑战模式，在封闭的场地内为各位创客提供开发工具、元件和加工设备，通过发挥自己的创造力、学习能力和动手能力，在 24 小时内依靠自己做出实物并进行演示。考核专家依据 24 小时的全程表现及最终作品和答辩进行评分，可以说这是一个真正能考察出学生个人能力的创客竞赛。

第5章 青春的校园 多彩的舞台

【新闻链接】 清华附中初三学生团队研发教育游戏APP——"形独"

2015年10月16日,清华附中召开了形独教育游戏APP上线发布会,这个产品是由清华初三学生胡泽涵带领李利鑫、蒋朝野组成的团队研发的。在清华附中创客空间中,胡泽涵的团队从初二开始平均每周花费8小时,历时一年的时间,先后改版安卓形独教育游戏APP五次,IOS形独教育游戏APP两次,最终完成了形独教育游戏APP的第一代产品,也是所有中国中学创客空间发布的第一个产品。

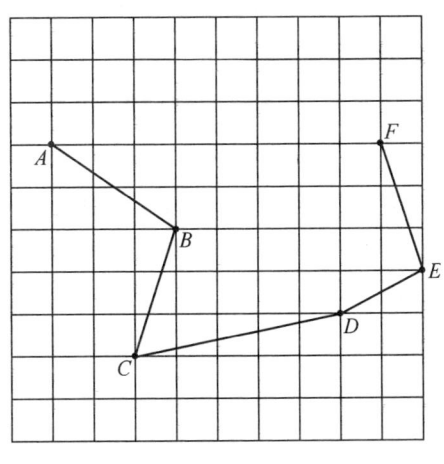

图 5-1

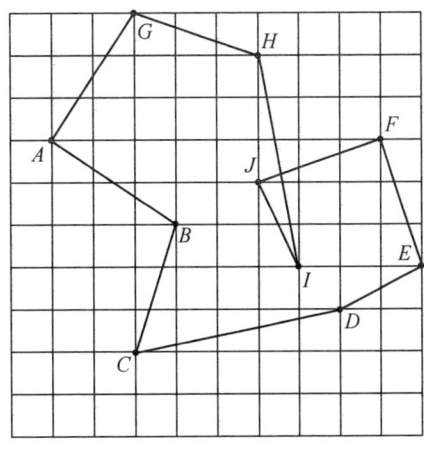

图 5-2

水木清华,百年沉香,形独教育游戏来源于清华附中百年的积淀。形独教育游戏APP从概念、创意、研发、创造都是清华附中原创的。形独来源于清华附中杨青明老师在课堂和学生一起发现的数学问题。

他们发现在图5-1中,在给定的正方形网格里有一条折线ABCDEF,求作另一条折线AGHIJF,满足AB垂直于AG,BC垂直于GH,CD垂直于HI,DE垂直于IJ,EF垂直于JF,如图5-2,当求作的折线唯一存在时,就是一个特殊的图形,他们称这个题目为一个形独。以此为基础,在清华附中数学组老师和同学的努力下积累了大量的形独题目,编写了《形独》一书,于2012年9月由清华大学出版社出版。

源于课堂的数学形独也逐渐演化为教育游戏。形独教育游戏是清华附中创客空间自2013年底创建伊始的第一批项目，从完成电脑版的形独游戏的创意，到最终实现手机版的形独游戏APP，都在印证创客把创意变成现实的理念。创客空间给学生一个释放创新的空间，清华附中更有一批引领学生和他们一起探索的先行者。以杨青明老师代表的教师团队就是这样的先行者，在清华附中我们称他们是原客。第一代电脑版的形独在清华大学顾学雍教授、清华附中杨青明、邱楠、徐荣等老师的指导下，由清华附中创客空间高二的李泓睿为主的团队完成。随后初三张亦弛等同学在计算机科学家斯蒂芬的指导下完善了这款电脑版教育游戏，在这两个高年级团队的积淀下，当时初二年级的胡泽涵等学生团队开启了实现形独游戏APP的探索之路，经过近一年实践探索，五版更新，终于完成了形独游戏APP。

形独是一款教育产品，一种寓教于乐的教育游戏，可以让学生在游戏中体验"一波三折、跌宕起伏"，培养学生在游戏中形成大局观，懂得取舍，可以纵观全局，而不是为眼前的得失而斤斤计较。它本身承载着传输优质教学资源目的，尤其是教育资源比较薄弱的地区。

在2013年，那是国内还没有多少人知道创客是什么的时候，清华附中已经率先建立了清华附中创客空间，这个让学生创意无限释放的平台。清华附中为学生的发展搭建了开源的平台，让开发像形独教育APP这样产品的历程，成为他们通向象牙塔的风景，让创客成了奇迹的代名词。

2014年下半年，清华附中把学生创客空间设置成了课程，并逐步推进。在清华大学有关专家的指导下，清华附中开设了挑战极限学习过程——Extreme Learning Process（XLP）课程。课程的挑战方要设计好主题，规定好完成任务的要求，任务方要在一周内按照挑战方规定的题目去进行这个过程。在2014年十一期间历时4天，从初一到高二80余名学生自由组合为6个项目组以"智能生态园"为题目进行挑战极限的学习过程。因为每个项目组要在竞争中做风投项目的中期报告，从而争取项目资金。在比赛过程中，有一个项目组被淘汰。剩下的五个项目在返回到大学XLP的课程组时，也得到了大学的教授和专家认可，联合国教科文组织也认定了这种极限挑战课程的推广性。

炫舞高歌

合唱比赛、舞蹈比赛、戏剧节、英语戏剧、乐器大赛、新年嘉年华……你们可以尽情地在艺术的殿堂中挥洒青春和热情，也可以提高对艺术的鉴赏力和创造力。有的学校还形成了系列的课程，下面是校园歌手比赛的活动案例和戏剧课程的课程案例。

【经典活动】校园十大歌手比赛

校园十大歌手比赛是同学们最喜爱的艺术类活动之一，能展示同学们的音乐才华，丰富校园课余生活。比赛分为初赛、复赛、决赛三轮，决赛即是正式演出，并评选出十位校园歌手。校学生会文娱部组织，校艺术中心老师担任评委。文娱部准备活动海报、宣传片、报名表、评选标准、评选表等，并安排初赛、复赛和决赛的时间、场地和评委。活动一般持续一个月时间。

首先是宣传报名，接着对报名选手按年级分组进行初赛，初赛选手自行准备一首歌曲，并进行背谱演唱，评选出部分选手参加复赛。复赛在一周后举行，每位选手有2分钟时间进行有伴奏演唱。评选出15~20位选手参加决赛。决赛前做好充分宣传，召集决赛选手开会确定比赛顺序和具体要求，并提前进行彩排。活动还邀请校园中的部分艺术社团参加演出。

【经典课程】《音乐剧赏析与表演》

《音乐剧赏析与表演》是包括了音乐、舞蹈、戏剧表演、文学、美术等艺术表现形式的综合艺术表演课程。课程的主要内容是介绍音乐剧、鉴赏世界音乐剧名作、参与音乐剧表演和尝试音乐剧创作。

课程从认识、鉴赏、模仿、体验、排练到演出，学生在实践过程中，通过生动有趣的创造性活动，获得对音乐的直接经验和丰富的情感体验，全方位地培养和提升艺术感受能力、欣赏能力、表现能力、创造能力。

课程是以学生为主体、教师为指导的音乐剧社的形式运作，每学年进行一次演出。学年初师生共同订下演出计划，学生分为策划、表演、演奏、舞美四个组。这种以学生为主体、教师为指导、师生互动的音乐剧社的运作形式，使学生可以根据自己的特长、兴趣和发展需求参与到全部教学活动中，将学生对音乐的感受和音乐活动的参与放在重要位置，为学生发展音乐才能提供了广阔的空间。

演出的经典剧目有《剧院魅影》《歌舞青春》《钟楼怪人》《悲惨世界》等。

学生感言：音乐剧社是个洋溢着艺术创想，充盈着艺术表达的欢乐的集体。在音乐剧社，你参与的是整个艺术产生的过程。在剧社中，我收获很多。艺术的活力首先为我带来乐观和阳光。在繁杂的剧务和排练中，与人交流的技巧和组织能力又得到了充分锻炼。这些提高并不需要长年累月的积累，然而，效果是显而易见的。合作，互助，娴熟，默契。热爱音乐、热爱艺术的青年人们聚集在一起，努力地诠释着人类璀璨文明中的巨著，的确是一种难以割舍的人生体验。

【参与实践】 戏剧的魅力——设计我的课本剧、音乐剧、话剧、地方戏剧……

主题：

剧情：

角色：

分工：

无体育，不青春

校园里的体育活动丰富多彩，体育运动磨炼意志，凝聚人心，总是最振奋人心的。爱好体育的你可以参加各种体育联赛：足球联赛、篮球联赛、乒乓球联赛、橄榄球联赛；也可以参加各种体育校本课程；还可以参加各种体育社团：足球社、篮球社、橄榄球社、定向越野社。很多学校都有自己的传统项目、传统大型赛事。

北京奥运会的成功举办和北京冬奥会的成功申办也推动了"奥运进校园""冰雪进校园"等一系列体育活动。有的学校还将体育运动与艺术表演相结合，比如冰上剧演出等。

【新闻链接】清华附中一体化学校震撼上演全国首例大型校园冰上舞台剧《爱丽丝梦游仙境》

2016年11月25日，由清华附中一体化学校主办，北京翼翔冰雪时尚文化有限公司承办的全国首例大型冰上舞台剧《爱丽丝梦游仙境》汇报演出在首都体育馆震撼上演。

校园冰上舞台剧《爱丽丝梦游仙境》以冰雪体育运动为先导，融合竞技、艺术、友谊和意志磨砺为一体，展现了清华附中一体化学校冬季冰雪运动新风貌，在校园播下冰雪运动的种子，同时也创下了花样滑冰推广中的多个"第一"。该剧是全国乃至全世界第一部与学校合作的冰上舞台剧，也是第一部表演班底均为在校学生的冰上汇报演出，首次尝试，意义非凡！

该剧以兼备技术与艺术的花样滑冰为表演形式，以英国经典同名童话《爱丽丝梦游仙境》为故事情节依托。世界冠军庞清、佟健带领教练编舞团队，结合中学生思想特点和文化需求重新编制经典，量身定制出适合师生家长观看和表演的创新型冰上剧目。

通过本次《爱丽丝梦游仙境》大型冰上剧的排练和演出，学生们不仅锻炼了身体素质并掌握了新的冰雪体育技能，更磨炼了意志力，开拓了眼界，收获了友谊与欢笑。

创业不是梦

你的学校有商赛或者学生公司吗？梦想驰骋商界的你们也可以在校园里找到自己的发展空间。

【校本课程和社团】

你可以参加学校的经济类校本课程，或者参加 JA 经济社这样的经济类社团，比如 JA 经济学、学生公司等。

JA（Junior Achievement），青年成就组织，是全球最大的致力于青少年职业、创业和理财教育的非营利教育组织。与很多中学合作开设了经济类校本课程。

你可以了解并学习经济学的知识，或者深入花旗银行探秘它的管理与经营方式，或者参加商学和经济学讲座，还可以在新闻中、电影中、生活中去学习并应用经济学。

【商赛锻炼】

你可以参加青少年商业模拟挑战赛，在比赛中通过模拟商业环境锻炼自己的创新思维、语言表达、知识运用和应变能力，积累金融方面知识和管理经验，同时提升自身的团队精神，锻炼了解决问题的能力，为成为未来行业领袖人才积累了必备的专业素质，开阔视野。

【走近企业】

学校也会提供各种各样社会资源，如走近企业参观，你可以关注国有企业、民营企业、外资企业等不同企业的经营特点和企业文化，帮助你更好地了解经济现象，思考经济问题。

【创办学生公司】

有想法的同学还可以创办自己的学生公司，开发经营产品，体验真实的商业环境。有些学生公司也真的取得了成功。也许，下一个创业的就是你。

予人玫瑰，手有余香

予人玫瑰，手有余香。很多同学参加公益活动会感受到收获更大于给予。

公益类活动大概可分为阳光助残、关爱进城务工人员子女、邻里守望（关爱社区）、环境保护、文化宣传等大类。同学们可以着眼于身边的小事，在生活中寻找公益活动的新倡议、新创意和新行动，使"创意"转化为"实践"，让志愿服务的精神真正地体现在行动中。

你可以在平时做一些"微公益"的活动，自由组建公益服务项目团队，定时开展公益活动，也可以在假期参加支教等活动。

【中学生支教团】

学校组织支教一般分为四个阶段。

第一阶段：学校招募学生讲师团队，组建支教团。

第二阶段：学生讲师多轮集训与集体备课，与支教团前辈交流授课技巧及带班经验。

第三阶段：授课及开展交流活动。支教团可开设语文、数学、科学、体育、音乐、美术、手工等类课程。活动期间进行每日总结。

第四阶段：总结展示交流。可以通过举行联欢会的形式来进行总结展示交流。

学生感言："联欢会结束的时候，小老师们的'我们爱你们'与小学生们的'我们也爱你们'交汇出最美音符，这一刻深深印在我的心里。"

社团小天地，成长大舞台

【社团 ABC】

问1：学校一般都有哪些社团呢？

答1：学校丰富多彩的社团常常被称为是"百团大战"。学校社团一般有校级社团和学生自主社团两类。校级社团一般是学校团委或者科技中心、艺术中心等部门直接负责的校内影响力较大的社团，如校园电视台、模拟联合国、天文社、民乐团、合唱团、舞蹈团、校红十字会等。

学生自主社团是由学生自己创建并发展的社团。大致可分为科技类、人文类、文学类、研究类、社会类、艺术类、体育类、公益类。比如：

科技类：创客空间、疯狂实验室；

人文类：校园电视台、国学社、辩论社、杂谈书会；

文学类：文学社、校刊编辑部；

研究类：德赛学社、推理社；

社会类：模拟联合国、模拟政协；

艺术类：音乐剧社、劲舞社、乐器社；

体育类：定向越野社、足球社、篮球社；

公益类：绿色家园、公益社、红十字会等。

问2：如何参加社团呢？

答2：一般学校团委社团部分管社团，在学期初进行招新。报名或者通过一定选拔就可以参加啦。你也可以和志同道合的同学一起组建新的社团，定期开展有意义有趣的活动。

有的学校会开展社团文化节或者十佳社团的评选，和你的小伙伴们尽情展示吧。

【新闻链接】社团小天地，成长大舞台

为了找到绝佳的位置进行观测，天文社的同学们总是扛着设备，不辞辛苦到郊区，甚至到外省市开展天文科普活动；为了追求剧目的原汁原味，音乐剧社的同学们整天带着mp3听英文或法文版的台词和对白；为了"以道会友，以思立言，以点带面"，国学社的同学们吹箫抚琴、吟诗作画、登高远游。

这是一群年轻而又充满求知欲的学生，他们因为共同的爱好走在一起，雄心勃勃、意气风发。上周四，记者走进××附中，感受这里的社团小天地，成长大舞台！

十几个小"福尔摩斯"

"我们不是玩游戏，我们很专业！"李同学在记者看来长得很有些名侦探柯南的味道，带着一副黑边眼镜，说起话来不紧不慢，眼神镇定而又不失睿智。据他介绍，学校里十几个像他一样喜欢推理的同学成立了推理社，一般隔周的星期五他们就会聚在一起活动，比如探讨最新的推理小说，一起观看探案电影，还有就是玩"杀人游戏"。

"其实，广义的推理涉及多门学科，它囊括了数学、逻辑学、哲学、心理学甚至文学等多个领域。"李同学告诉记者。推理，从来都是被笼罩着神秘色彩。一个数独游戏，一场具有探险色彩的定向越野……不得不说，当"动脑"已经成为当下人们新的娱乐时尚时，那么摆脱了枯燥乏味的"快乐动脑"则成为推理社吸引学生参与的"金字招牌"。

而事实上，推理社所研究和探讨的确实比较专业，比如他们现在正在学习犯罪心理学和毒药学。即使是"玩游戏"，他们也玩得比较"智慧"。目前，推理社的同学们酷爱在一起切磋"狼人杀"，这款游戏是"杀人游戏"的升级版本，角色更多，关系更复杂，当然也更加锻炼大家的观察能力和逻辑思维能力。在游戏中，每个角色都"潜伏"着，故弄玄虚地"将水搅浑"，使本来就扑朔迷离的案情更加复杂。当然，同学们乐在其中。

眼观六路　耳听八方

王同学终于如愿以偿"爬"到了学校电视台台长的位置，"一路走过来很艰辛！"想当年在初中的时候，王同学就梦想着加入电视台，但当时没有任何专业基础的他"海选"之后就没有再接到任何面试的通知。于是，利用业余时间，王同学苦练基本功，除了学习有关视频拍摄、剪辑等方面的理论知识，他还亲自"操刀"，做了几个像样的短片。高一时，王同学光荣地成了校园电视台的小记者。

学校对于电视台的支持力度很大。电视台有演播室、剪辑室，小记者们有摄影摄像专用器材。而且，在隔周的周一，各班都会组织学生观看早7：40到8：00的校园电视台早间新闻。20分钟的播放时间里，既有新闻，又有专题，内容极其丰富。良好的平台、宽广的空间造就了像王同学这样的校园电视台领导和业务骨干。

"我们可以根据兴趣做专题节目。"王同学高兴地告诉记者。比如，他们从策划、报选题、拍摄、采访到编辑，制作了《探秘》栏目之《工地里的沙》和《地铁里的风》等节目，很受同学们的欢迎。在实战中，小记者们的眼界开阔了，各方面能力有了很大提升。

公益社要去敬老院服务，舞蹈社要排练新节目，这些王同学都了如指掌。而如今，王同学则把主要精力放在了培养选拔新人上，如策划"小主持人"选拔赛。还有就是选拔合格的电视台小记者，60多位同学前来应聘，最终有机会留在电视台的只有50%。这时，王同学对于自己当初的应聘有所感悟：机会总是留给有准备的人！

穿梭在七个社团之间

龙同学在同学们眼中是个"牛人"。他兴趣广泛，古道热肠，平日里手拿着一把折扇，文质彬彬的样子，一张嘴却妙语连珠。现在，他有好几个头衔：校刊《云栈》的四大主力之一、专栏文字编辑；国学社副社长，主管财务和重大活动策划；杂谈书会会员，热心于专题探讨和学术交流；同人堂cosplay道具兼创作组组长；音乐剧社道具制作及舞美；德赛学社社长；电影社道具制作。

穿梭于这么多的社团之间，忙得过来吗？龙同学不以为然。"这些都是我的兴趣所在，只要合理安排，很多事情是可以协调的""当然，也会有社团活动冲突实在排不开时间的时候，这时只有在权衡后有所取舍，放弃一个心爱的社团活动有时还是会让人心痛"。

同样占据了时间和精力，却没有让龙同学的学习吃紧。相反，通过社团活动，龙同学的眼界更加开阔、思维更加缜密。广泛的爱好也使得龙同学多了许多志同道合的朋友。

其实，仔细分析便可发现：龙同学一是喜欢文字，二是学过一些材料学方面的知识，可以胜任道具制作等方面的工作。这些是爱好，也是特长，再加上龙同学偏好创造，使得他在几个社团中游刃有余。而后，记者发现，像龙同学这样身兼好几个社团之职的同学并不在少数。

小天地大舞台

老师介绍说，目前学校社团主要是两类，一类是学校级的社团，比如金帆民乐团、合唱团、舞蹈团、校电视台、天文社等，一类是学生自主社团，比如国学社、音乐剧社、劲舞社等。目前，学校共有大小各类社团30余个，涵盖了人文类、科技类、艺术类、体育类、公益环保类等。学生社团已成为广大青少年的精神乐园、校园文化建设的亮点、实施素质教育的重要阵地。

"同学们有兴趣、有特长，都可以在社团中有所作为。社团不仅是好的平台，更是孵化器。"刘老师说，"比如，有的同学毕业后由于有在电视台活动的经验，最后报考中国传媒大学、北京电影学院等，力争将爱好发展成职业。有的同学则经过在社团中的锻炼，步入大学后直接在校学生会担任学生领导职位。孩子们喜欢社团活动，他就希望有一个机会、一个平台展示给大家，我们不能只喊'素质教育'的口号，孩子综合素质的教育和培养需要丰富多样的载体。"（摘自《城市周刊》）

更上层楼——面向有发展潜力学生的校园活动

心有多大，舞台就有多大。对于已经在某些方面具备了发展潜力的同学们，学校为你们提供了更深入发展的平台，比如领导力课程、模拟政协课程、模拟法庭课程、模拟联合国课程、电影节、学生自主课程等。

这些校园活动会促使你将某方面的潜力或综合能力进行更深入的提升，关注提高你们的社会理解能力和创造能力，关注提高你们发现和解决问题的能力。来探索吧，在探索中成就高中生活的无限精彩，为未来奠定坚实的脚步。

领导力课程

你们可以参加班级、社团、团委学生会的工作，在实践中锻炼自己，有的学校还开设了领导力考察课程、学生领袖训练营等学生活动，参与其中的课程和实践可以提高自己的综合能力。

【经典案例】学生领袖训练营

培养目标

学生领袖训练营是提高学生领导力的一种培养模式。通过专家讲座、课外活动、读书交流、小型讨论、项目设计和外出参观等系列课程和活动，培养学生的公民意识、创新精神和领袖气质，使学生在责任意识、优秀能力和多元文化视野方面得到全面的提升。具体目标如下：

——公民意识：真正成功的未来领袖不但拥有卓越的才能，还必须首先具有关心国家的心灵和强烈的社会责任感。本计划希望学员能够通过运用自己的智慧，施展自己的才能，更好地在社会大舞台上表现，实现"人人为我、我为人人"的美好理念。

——创新精神：创新是生活与事业的原动力，希望通过本计划来引导学生提高其学术素养，并且学会批判性和建设性地思考和创造，从而提高对自身和社会敏锐的观察力和积极的创造性。

——领袖气质：当今社会，具备领袖气质是成为支撑未来社会发展栋梁的必备条件。对领袖能力的培养渗透在各个环节。着力于培养他们的领袖意识、领袖才能和领袖气质，在今后的个人、学术和事业生涯中起到引领的作用。

学员选拔标准和面试方案

——主题写作

主题：创新、领袖气质、中美、公益、环保……（现场给主题）

要求：15分钟现场写作，写一篇短文或一个活动方案

——主题演讲：个人与国家、全球化、竞争与合作、科学之美等

要求：提前准备，演讲主题现场抽签确定，时间1分钟。

——有主题团队讨论：青年责任、为未来的准备、信仰与生活、可持续发展与我们的生活方式，等等。分为若干团队进行，8分钟讨论，3分钟展示。

课程安排

——专家讲座

邀请社会各界精英和专家进行演讲，并和学生进行交流，主题包括：青年责任和个人成长；未来领袖所应具备的素质，如视野、胸怀、创新、行动能力等；社会对青年人的期待和要求，全球化背景下对领袖人物新的要求，等等。

拟安排2~3次专家讲座。

——课外活动

组织外出参观和课外拓展活动来拓宽学生的视野，并让学生在行动中感悟和成长。拟安排两次课外活动。一次课外拓展，一次外出参观。

——读书交流

开展系列的读书推荐和交流活动，通过读书会的方式，将推荐书目和学生自选读书的方式结合起来，让学生从读书开始，不断提高自身的人文、科学等综合素养。读书活动持续进行，分为推荐和自选、阅读思考、交流总结三个阶段。课程结业时需提交一份读书心得作为课程作业。

——研究项目设计

学生在结业时进行毕业活动方案设计或某个研究项目的设计。这个活动方案设计或某个研究项目作为课程作业6月中旬提交。

——开营式和闭营式

第一学期举行开营式，请校长进行演讲，并为学员一一颁发营员证和营员手册，学员与校长合影。第二学期末举行闭营式，分小组汇报学习成果，校长颁发结业证书，赠送训练营活动期间影像资料等。

——假期举行外省市考察

假期学校组织外省市文化考察项目，学员自主设计、参与活动。

——多元文化领导力课程

学员可参加香港领导力课程、美国领导力课程等多个课程项目。比如，香港领导力课程主要在香港中文大学、香港科技大学、香港大学等学校开展，一共包括三个主题。主题一是"Leadership and the world（领导力与世界）"，从认识世界入手，打开学生们的国际视野，突破地域所带来的局限性。主题二是"Leadership and innovation（领导力与创新）"，同学们参观了 Makerspace（工匠湾），用英语分组介绍一项创新科技，把创意运用到生活中。主题三是"Leadership and future（领导力与未来）"，学生通过"棉花糖挑战"等游戏反思以往思维模式的局限，并掌握创造性思考需要的方法。贯穿整个课程的是对香港和澳门的文化考察，通过参观香港高校、寻找香港元素、参观澳门科技馆与历史遗迹等活动深入体验香港和澳门的校园文化与城市文化，并从交通、文化、历史、餐饮等各个方面进行英文演说，展示文化考察结果。

【校长演讲】努力提高竞争力，为领袖人才奠基

——清华附中王殿军校长在清华附中首届学生领袖训练营上的演讲

各位营员：你们好！

首先祝贺你们通过自己的努力，通过竞争，成为清华附中首届学生领袖训练营的正式成员。

走入中学，走入清华附中以来，我一直有一个想法：希望在我们这样一所具有悠久的历史、深厚的文化底蕴、强大背景的学校里，培养出一批热血青年，这批青年能有不同的信念、不同的追求。这批青年除了关心排名、分数和考入什么样的大学之外，还能关心身边的人和事情，他们关注社会，关注世界，忧国忧民；这批青年能立志成就大业，立志成为影响未来时代潮流的人，立志成为未来社会发展的一个引领者。也许他们不一定能成为领袖，但是他们是具有领袖品格和领袖素质的人。而中学阶段对于这种优良品格的养成是非常关键的，具有奠基性的作用。这就是我们开办这样一个领袖训练营最重要的初衷。

作为学校，作为校长，我们有责任创造这样的锻炼平台和成长机会。我曾经担心，这样的想法得不到同学们的响应，因为这需要占用一些时间，这与高考几乎毫无关系。现在我知道我的担心是完全多余的，同学们的踊跃参加，让我很感动。我要谢谢大家，是你们让我的想法得到实现。

这个训练营对我和学校都是一个挑战。我们会尽最大努力为大家创造条件，提供成长和发展的机会。我们会安排大师引领的讲座，会安排同伴合作、团队训练；我们会给大家创造走入社会的机会，会让大家有机会设计完成自己的项目；我们会关注每个领袖营员的进步和发展。通过这些活动，你们能得到充分的锻炼和成长。希望这个训练营能给你的中学生活留下印记，对你的一生产生积极的影响，更希望你们未来能对中华的崛起产生影响。

尽管领袖训练营的活动和时间是有限的，但是，只要你们心中装着领袖训练营的宗旨，处处都是学习机会，时时都有成长机遇。无论何时、无论何地，校长都是营长，现在学校影响大家，将来大家影响世界！

下面我进入我今天演讲的主题："努力提高竞争力，为领袖人才奠基"。

有勇气和气魄，敢于追求大理想，立志成就大事业——这是我第一个希望。

小到一个小组、一个班级，大到一个领域、一个国家，领袖和大师的作用都是非常关键的。不可能每个人都成为杰出人物，但是，每个人都应该有勇气去努力成为杰出人物，努力使自己具备成为领袖的素质。身处这样一所名校，我们必须树立这样的勇气，要追求大理想，成就大事业。不要在乎一时之成败，人生就是一场马拉松，谁赢在终点才最重要，就算你一开始落后了，也没关系，小的失败不足以成为成功大路上的障碍！

如果在我们这样的学校，如果你们这样优秀的学生，都没有这样的勇气和气魄，我们的国家和民族的未来靠谁来引领？我们要树立起这样的信心和勇气来！

人的智商和智力也许与天赋有关，但是，人的情商和思想理念是完全可以培养的。在商界和政界经常流传一种说法，智商140的往往受智商100的人来领导。那是因为后者的情商与智商的综合比较强。他们在自己受教育的重要阶段，综合能力得到了充分的锻炼和成长，自然会具备成为领袖的素质和潜力。

重视规则，尊重规律，让自己更具创造力——这是我第二个希望。

每个人未来都是一个社会人，都有经过自己努力追求更好的社会地位和体面生活的欲望，这是社会进步和发展的基础。在这个奋斗过程中，要想在社会上成功，有两个词我们必须牢牢记住：规则和规律。要平衡这两个词，规律是本质，规则是基础，要了解和尊重规律，也要懂得规则，不懂规则就会处处碰壁，要用智慧去寻找规律与规则的平衡。

一个社会有各种各样的规则，上到法律，下到日常行为的道德准则和习惯，我们都必须充分了解。对于不科学的、不健康的事情，不符合规律的事情，你可以不去做，但是，你必须了解。如果你有能力，可以去影响和改变那些不符合规律的事情。但是，一定要尊重规则，重视规则，不要轻视规则。而规律，就是事物发展的本质，从理论上而言，不以人的意志为转移，是客观存在的，所以人们常常用客观规律这个说法。规律属于绝对真理的范畴，人们对规律的认识只能停留在一个相对符合的层面，而且不同的人或者同一个人在不同的情况下，对规律的认识也会不同，因此，认识和遵守规律永远是相对的。如果用数学的语言来描述：真理好比一个极限值，而人们的行为就是趋近和收敛于极限的一个过程。

我们所学习的一切知识，都是前人对自然和世界规律的总结，是前人智慧的结晶，我们必须尊重。但是，为了更好地锻炼自己的创造力，必须抱着怀疑的心态去对待已有的知识和结论，尤其是那些自己看起来极其不自然的东西和难以置信的东西，一定要尽最大努力，用自己的方式搞清背后的道理，去认识规律，而不是简单地接受和记住。

这里我特别想强调的有两点：一是要平衡好规则与规律的关系。现实当中，许多规则不符合规律，如何去办？一定要有智慧、有策略地去应对。不要由此而变成"愤青"，严重影响自己的心态。现实和理想之间的差异，在走向社会的时候，必须有充分的准备。这是人类永远要面对的一个挑战。二是要有挑战权威的勇气。尊重规则不等于不去挑战，不去改变。必须运用智慧，去思考规则不符合规律的情况，创造条件，牢记"天时、地利、人和"的古训，在关键的时刻，去改变它！只有这样，才能改变现实，趋于科学，更加符合规律。

创造力对于一个要成就大业者是必不可少的基本素质。作为引领者，必须想在别人前边，具有超前意识，具有战略眼光。要具有创造力，首先要保护好自己的兴趣、好奇心和想象力，这是人类天生最宝贵的财富。但是，产生兴趣的东西，必须要坚持做下去，不能浅尝辄止，否则也没什么意义。当然，你的兴趣必须是健康的、有益的、富有创造性的。其次，不要对创新过于迷信。其实，创新就是比别人多走一步、早走一步、再走一步而已。但是，创新不能急功近利，这种素质必须经过长期的锻炼和培养才能养成习惯，成为一种品质。对于一个结论，一个习题，可以想一想，是否可以改进，是否可以推广，是否还有更简单的方法。对于做事，想一想能否有更好的方式。反思、对比、归纳、演绎，锻炼创造力的机会无处不在，就看你是否能抓住。

不怕竞争，学会合作，善于沟通，能够发挥团队作用——这是我第三个希望。

联合国教科文组织提出了现代教育培养学生的四个支柱：学会认知、学会做事、学会合作、学会生存。这里我想特别强调的就是沟通与合作。一个人仗剑走天涯的时代已经过去了，要学会借用身边的资源帮自己完成目标。中国的教育和独生子女政策，导致同学们的成长过程没有很多的机会与同伴相处，从小缺乏与人沟通的机会，这种与别人沟通的能力可以说先天不足。这就必须有意识地锻炼和培养。那么如何才能搞好与别人的沟通呢？以我的经验，无论你处于什么样的位置上，平等、尊重、自尊、耐心、真诚对于沟通是十分重要的，而这些都是很难做到的。尤其是面对你不欣赏的人、不喜欢的人，甚至感到难以相处的人，你仍然能够沟通，那才是一个真正的领袖！这种沟通是发自内心的，不是表面装出来的。能够与这样的人沟通得好，是一种重要的能力。

沟通是合作的前提和基础。要成为一个引领者，就是要善于与别人沟通，达到彼此理解和尊重。当然，沟通与合作，不是不要竞争，而是为了更好地竞争，取得竞争的优势。好比篮球比赛，没有竞争就没有比赛，没有比赛你的能力和水平就无法得到展示和锻炼，而缺乏本队的队员之间的合作，这个竞争就变得毫无意义。其实，纵观世界各国，合作与竞争是永久的主题。大家要注意观察和思考，注意捕捉合作与竞争处理得非常好的历史和现实的典范。从中得到启发，学习那些领袖们、政治家和大师们处理竞争与合作的智慧。

让兴趣和激情引领我们不断前行——这是我第四个希望。

在前面谈到创新力培养的时候，我就提到了兴趣的问题。有兴趣才能有激情，有激情才能成功。一个人要具有创造力，就必须做自己有兴趣的事情，有激情和热情的事情。一个人很难在自己不感兴趣、缺乏激情的事情方面取得大成就、干出大事业。

我要强调，这个感兴趣的事情，一定是要有意义、有情趣、有格调，能体现创造性。而不是如网络游戏之类的重复性娱乐活动。网络游戏是开发和创作者的创造，不是你的创造。正如，路是设计者和建设者的创造，而不是行路者的创造。

我们现在的教育环境，更多的时候你们只能做该做的事情，而不能做感兴趣的事情。虽然目前的环境不是很好，但是，并不妨碍在你的思想深处留存一个有兴趣、有激情的爱好，利用一切机会和闲暇时间，去收集信息，去思考琢磨，去尝试解决问题。即使今天什么也做不了，留存这样一个有激情的事情，将来总是有机会去创造一番事业的。将来希望你们能尊重自己的兴趣，从事自己有激情的事业，这是成就大业的关键所在。

成为有品位的人，有境界的人——这是我第五个希望。

美国著名管理大师史蒂芬·柯维有一句名言："思想决定行为，行为渐成习惯，习惯塑造品格，品格决定命运。"我觉得这句话说得非常好，这说明人的命运掌握在自己手中。谁也无法改变你，只有你自己能改变自己。我们也不能塑造你，只有你自己能塑造自己。我们所能做的，就是要你意识到你能做到的事情，就是为你自己改变自己、塑造一个全新的自我创造条件、提供平台。

作为一个未来的领袖，高尚的情操、良好的品格是不可或缺的，是具有崇高境界和宽阔视野的前提和基础。有些东西不是想要就能有的，俗话说得好，习惯成自然。高尚品格内涵极其丰富，我无法展开与大家讨论。真诚、善于学习、善于反思、学会尊重、具有社会责任感、付出而不要求回报、善于控制自己的情绪、能够自律等都是很重要的。不能干什么事情都是热情那么一阵子，那将会一事无成。

努力地使自己具备领导力——这是我第六个希望。

我现在才提到领导力的问题，并不是领导力不重要。而是，领导力不是一种技巧和方法，是一种修为和境界，更多地需要靠感悟。只要你的修养和能力达到一定水准，也许领导力就无师自通了。当然，如果我们在中学阶段有机会全面提高素质，得到充分锻炼，对于我们具备领导素质也是非常有益的。

领导力是一个很学术化的提法。我今天按照自己的理解给大家一个通俗的解释。我想领导力至少包括：影响力、凝聚力、号召力。而要具备这些能力，至少要处理好以下三个关系。

一、处理好与自己的关系。我们一定要思考和认识生命的意义和价值，理解生命的责任和使命。从某种意义上而言，我们的生命不是我们自己的，是人类的，是世界的。我们必须要尊重自己、肯定自己、接纳自己，平衡好积极进取与自我控制的关系，要有选择地追求卓越，培养一种做有意义的事情，并把有意义的事情坚持到底的良好习惯。

二、处理好与同伴间的关系。一定要善于接纳和容忍别人，要像维护自己的尊严一样维护同伴的尊严。只有你首先能接纳别人，别人才能接纳你，只有你能接纳所有的同伴，所有的同伴才会接纳你，你才有可能成为凝聚核。需要强调的一点，就是要给团队付出，尤其是那种不求回报的付出。

三、处理好与上下级的关系。这方面，包括老师、长辈、领导等。最好的做法就是尊重与平等交流，不傲慢，也不过于谦卑。但是，一定要敢于和善于表达自己的思想和观点。顺便说一声，一定要锻炼自己的表达能力，包括书面的和口头的，要有一定的演讲才能。美国总统奥巴马就是一个典型的例子。

我的最后一个希望是：希望你们行动起来！

我今天讲的已经很多了。我们不仅要有远大的追求，更要有脚踏实地的作风。不但要学会规划自己的人生，规划自己的未来，而且要学会规划自己今天的生活和学习，学会规划好自己宝贵的时间。让善于规划和能够落实规划变成自己一个良好的习惯，成为自己一种美好的品格。

我们要不断找出自己的坏习惯和坏毛病，然后一个一个去克服，锻炼自己的坚韧性格，学会自我塑造的能力。

我们要努力寻找机会，多接触人，多接触社会，敢于尝试一些自己的新想法，做个有胆识、有勇气的人，做个有冒险精神和进取心的人。比如，从今天开始，把我们的理想和追求勇敢地告诉你的同学、朋友和父母，尤其把你的决心和信心告诉你自己，然后付诸行动。

最后，我想用梁启超先生的一句话结束我今天的演讲："进取冒险精神，人有之则生，无之则死，国有之则存，无之则亡。"

同学们，让我们行动起来，共同进取吧！

【学生感悟】

  当强烈的灯光照在每一个人的脸上，当会场上的所有目光都聚焦在王校长的身上，当我们一次又一次在心里为他激情幽默的演讲鼓掌时，我的笔尖始终在纸上不停地旋转，记下一句句触动人心的话语，写下一个个短暂停留的想法以及每一个片刻的思考。与此同时，也有一根无形的笔始终在我脑海里描绘着一幅幅蓝图，在我心里一次次留下深深的印迹。在那里，在那时，梦想被照得透亮。

——摘自连×《梦想起航》

  我想"领袖"这个词离我们有些远，我们更应该做的是如付老师眼中的凤凰在国际传媒产业中找到了自己确切的位置一样，在一群龙盘虎踞的群英之中找到自己确切的位置。而为了成为一个领袖，这个位置，必然是越高越好。我非常同意付老师所说的建立"世界人，全球观"的问题。做到这个的首要方面我认为是要心系世界，这个世界的纷冗复杂的问题我们都要关心，要做一个世界的孩子。全球观更多的是指不应该只以中国的眼光看待问题，多听听不同的声音。就比如同一个新闻事件的报道，外国媒体和中国媒体的角度必有差异，而找到这种差异并能正确分析，评判适合与不适合（并非绝对的对错），这便是跨区域的以全球化的视角，以一个世界人的身份看待问题。

——摘自陈××《戴着镣铐跳舞》

  白教授学识渊博，谦虚求真，是一位学术派经济学家，绝非一般的政策派经济学家。他从实证数据出发，以事实为根据，推断经济现象背后的重重原因。由此可信。他的诸多政策性建议更是令人支持和信服。因为，经济政策，应当是有利于经济发展，同时，也是有利于民生的。

——摘自孟×《我们需要什么样的经济学家》

  财商就是一个人投资理财的能力。这次财商训练活动非常直观，比我们直接去看相关的书让人更有兴趣，我能够在游戏中感受到金钱的作用，钱是怎么来的，还有一些财富观念，比如通过储蓄、投资从财富的"慢车道"进入"快车道"，实现自己的财富自由。

——摘自张××《我对财富的认识》

这一年一路走过，从最初正式加入到营里丰富多彩的活动，到现今迎来闭营式，时间过得简直飞快。C 座心理活动教室，B102 会议室，摩托罗拉总部大楼……这一年，许多地方都留下了属于我们自己的身影。阅读《真北》，我感受到了作为领袖的艺术与魅力；参观摩托罗拉总部，让我领略了一个大公司的风采；让"队长"做俯卧撑的那个心理"游戏"，使我的心受到了巨大冲击……这一年，有探究，有沟通，有创新，有感动。我在想，这一年的领袖训练营究竟带给了我们什么？平心而论，不是原先预想的方法论，而是一种世界观。不是怎样去指挥、安排别人，不是学会了领袖的技能，更多的，是磨炼我们的心灵，濯洗我们的品质，为以后能够在荆棘路的方向上坚强前行，做好准备。

——摘自张××《走过这一年》

资料链接 佛罗里达州立大学生涯剖面图系统中列出的九种能力

这九种技能是能转化到任何特定工作中的一般技能，它们能从一种工作中迁移到另一种工作中，或是从一种生活角色中迁移到另一种角色中。

A. 沟通

沟通技能包括阅读、书写、编辑、倾听、陈述和人际关系等方面的能力。这些技能非常重要，因为它们涉及的是人们之间的信息传递。

B. 创造力

创造力是指产生新思想，发现和创造新事物的能力，包括许多不同领域的技能，与你所学习的学科和将要从事的工作领域有关，例如，文学、科学、法律等领域。

C. 批判性思维

批判性思维包括诸如在某种情境或组织中找到问题，全面思考问题，通过研究收集证据，评估解决问题的各种方法，最终得出结论，找到解决办法。核心批判性思维技能包括：解释、分析、评估、推论、说明和自我校准。

D. 领导能力

领导能力是指为团体制订目标并指明方向的能力。比如提出某种计划或方法来达成团体目标，或在某件事情上进行提议以使团体采取行动，还包括给他人委派任务的能力，以及激励他人的能力，等等。

E. 生活管理

生活管理能力包括诸如时间管理这类能力，既指长期的项目、活动，也指日常生活的时间管理（例如，完成课程，每周有效地应对学习和工作要求），包括准时、为行动做好准备。生活管理还包括适应变化的能力、管理财务的能力，例如，做预算、评估收入与支出、保留详细的记录。

F. 社会责任

社会责任方面的技能包括尊重个体和文化差异，发现他人身上令人钦佩的品质。社会责任与良好的公民身份相联系，具备社会责任的人会定期积极参与社会活动。

G. 团队合作

团队合作能力包括在团队中开创某种观点，或是使得团队成员互相合作、彼此协商。有效的团队合作行为是指承担与他人一起达到目标的责任，还包括认识自己和他人的优劣势，鼓励团队利用优势，最小化弱点。

H. 技术/科学

技术/科学技能与社会科学、生物学和物理科学等领域的经验有关。最为常见的技术/科学技能是计算机的运用，例如为研究及相关活动使用互联网。

I. 研究/项目开发

研究/项目开发技能包括为解决问题发现和使用信息的技能和决策技能。在对某个问题进行研究时，个体阅读并评估先前的工作报告，收集新数据并在书面或口头报告中进行总结，以提供新的信息。除研究问题，个体还为项目提出一系列合理行动措施的计划。

资料链接 21世纪学生的核心能力

APEC（亚太经济合作组织）亚洲太平洋地区教育部长会议2000年就提出了中心议题，即21世纪的学生必须具备的核心能力是什么。2008年6月通过大会决议，各个经济体领导人一致认为21世纪每个学生必须掌握的核心能力如下：一是批判性思维，对一个问题不能被动地接受知识，要批判地思维；二是要有创新能力，要独立判断、独立思考，不是简单地重复所学的知识；三是分析和解决问题的能力；四是终身学习的能力；五是团队工作的合作能力；六是自我管理和学习能力。

模拟人大课程——我来当一次模拟"人大代表"

【模拟人大 ABC】

问1：模拟人大是什么？

答1："模拟人大"是学生参与的模拟人大各项议程的活动。学生们通过模拟参与人大各项议程，学习我国政治制度，学习人民代表大会制度的具体内容，体验人大代表职权，增强青少年的国家意识、公民意识、民主意识和法治意识，培养青少年的"四个自信"（道路自信、理论自信、制度自信、文化自信），增强"四种意识"（社会主义制度意识、社会责任意识、实践意识和创新意识）；培养和提高青少年的"四大素质能力"（发现问题能力、分析问题能力、解决问题能力以及合作交流能力）。

问2：模拟人大的流程是什么？

答2：包括全体会议、听取报告、分组审议、工作评议、按键表决、质询等工作环节。

问3：如何参加呢？

答3：有的学校政治课的实践探究中会开展模拟人大的活动或者开设学生社团，向指导老师了解情况就可以参加了。

【新闻链接】 百名中学生"走进人大"模拟市人大常委会会议

郑州人大网2017年9月23日讯　第一次全体会议、分组审议、第二次全体会议、工作评议、按键表决……今天上午，一场"正规而又特殊"的"模拟市人大常委会"举行。来自郑州外国语学校的百名中学生走进市人大常委会，开展了一次别开生面的模拟市人大常委会。

身穿正装，严肃认真，按部就班——模拟常委会上，中学生们以"郑州建设国家中心城市，我们怎么办"为主题，分别模拟市教育局、市交运委、市民政局、市环保局、市人社局负责人，就相关工作进行报告。随后的分组审议上，中学生们按照分组，针对各个话题畅所欲言，并形成各组的审议意见。在第二次全体会议上，中学生们按照程序，对各项工作进行了"工作评议"发言，并按键表决进行满意度测评，"表决"了会议的各项议程。

认真准备材料、做好相关课件、准备PPT……让中学生模拟人大常委会组成人员，全程模拟会议流程，是现场教学的创新，旨在增强学生的现场实验感，并切身去了解郑州建设国家中心城市的相关工作、认识人大常委会相关制度。

"这是一次非常特殊、非常难忘的社团活动，我们亲身经历了地方国家权力机关依法履职、人民政府自觉接受人大监督的有关工作程序。感受到了地方国家权力机关的神圣和政府部门依法行政的严肃，极大地丰富了我们的知识，开阔了我们的视野。我们将把个人理想追求融入国家和民族事业中，更好地担当起加快建设国家中心城市的重任。"模拟常委会上，中学生们纷纷表示。

中学生们要胸怀理想，坚定信念，把人生追求融入党和人民的事业之中，在为实现中华民族的伟大复兴的中国梦奋斗中创造人生辉煌；要发奋学习，刻苦实践，让勤奋学习成为青春远航的动力，让增长本领成为青春搏击的能量；要尊崇法治，树立自信，增强厉行法治的积极性和主动性，争做合格的社会主义事业建设者和接班人。

模拟政协课程——不是委员的"委员们"

【模拟政协】

问1：模拟政协是什么？

答1："模拟政协"全称为"全国青少年模拟政协活动"，是一项由中国致公党中央教育委员会指导、全国青少年模拟政协活动组委会主办的全国青少年创新实践活动。活动以高中生为主体，其核心是通过模拟人民政协的提案形成过程，同时模拟和体验人民政协的组织形式、议事规则以了解和体会中国特色的民主协商政治制度。

问2：活动主要内容是什么？

答2：（1）学习知识：了解人民政协的有关知识。包括人民政协的历史、组织机构、作用，政协委员的产生及权利与义务，协商民主的概念，中国民主制度的特色，提案的意义，提案的撰写规范等；学习模拟政协活动的有关知识：包括活动意义、组织形式、活动内容、活动流程等。

（2）确立选题：议题的确立是提案工作的首要环节，选题的质量决定提案的价值。对于中学生而言，议题范围宜从身边的人和事着手，以民生的问题为重点，以促进社会进步为目的。在当地政协委员、专家或教师的指导下，通过分析比较、团队研讨，在若干议题中筛选出最有价值的议题。

（3）调查研究：调查研究过程是形成提案的关键和核心，也是整个活动中最重要的社会实践过程。要遵循调查研究的基本原则，学习调查研究的基本方法，能根据不同的议题，制订适切的调查研究方案，运用正确的方式方法，获取所需要的资料，并对资料进行分析、整理，撰写调查报告。深入、扎实的调查研究工作，是形成一份高质量提案的重要基础。

（4）撰写提案：按照人民政协提案的撰写要求，一份好的提案，应具有选题的针对性、内容的科学性、实践的可行性，行文格式、书写样式、字数要符合规范。特别是要写好具体的建议，建议部分集中反映了提案的目的，也体现提案献计献策的水平。

（5）集中展示：这是模拟政协活动特有的环节。各提案小组在大会上陈述提案的过程中，可发表演讲，展示视频；由专家和老师组成的评委针对提案提问；提案小组通过多种方式回答评委提出的各类问题，进行答辩；最终评委作出评价，并评选出本届活动的优秀提案。从中产生的最佳提案将通过大会组委会、致公党中央正式递交政协领导，并提交全国政协会议。这一环节既是对各小组调研成果的全面检验，也是提案小组个人和团队风采的展示。这一环节，可有效地培养学生的演讲、辩论、人际沟通等多方面能力。

问3：有哪些中学生提案被提交上过全国两会呢？

答3：《关于完善现有校园欺凌预防和处理体系的提案》《关于急救设

施和急救教育的推广普及的提案》《关于以"互联网+老年人关怀之家"推进中国智慧养老的提案》《关于推广口袋书的提案》《关于进一步加快落实环卫工人权益的提案》《关于完善农业电商人才培养模式助力农业电商发展的提案》等。

问4：如何参加呢？

答4：很多学校都有模拟政协校内学生社团，向指导老师了解情况就可以参加了。

模拟法庭课程——感受法律威严

【模拟法庭】

问1：模拟法庭是什么？

答1：模拟法庭是法律实践性教学的重要方式，是法治教育的重要环节。模拟法庭通过案情分析、角色划分、法律文书准备、预演、正式开庭等环节模拟刑事、民事、行政审判及仲裁的过程，调动了学生的积极性与创造性，提高了法律文书的写作能力。

问2：流程是什么？

答2：（1）书记员核对当事人情况；

（2）书记员宣布起立，法官进入；

（3）法官介绍案件基本情况（合议庭组成，原被告，案由等）；

（4）原告宣读起诉书，从诉讼请求开始读；

（5）被告宣读答辩意见；

（6）法官可以提问，归纳辩论焦点；

（7）法庭调查，证据交换：原告出示第一组证据，说明证明内容，传递给被告质证，被告发表质证意见（一般从证据真实性和证明内容两方面说，比如真实性无异议，但所证明内容有异议之类的），之后出示第二组证据，然后被告出示证据；

（8）法庭辩论，原告先说，被告后说，主要是对有争议的事实进行说明；

（9）法官询问是否调解，若否立即判定。

问3：如何参加模拟法庭活动呢？

答3：初中《道德与法治》课程学习法律部分内容时会组织活动，有的学校有模拟法庭活动协会组织活动，向指导老师咨询参加就可以了。

模拟联合国课程——此刻，你代表国家

【模联】

问1：模联是什么？

答1：模拟联合国（Model United Nations），简称模联（MUN），是对联合国大会和其他多边机构的仿真学术模拟，是为青年人组织的公民教育活动。在活动中，你们可以扮演不同国家或其他政治实体的外交代表，参与围绕国际上的热点问题召开的会议。代表们遵循议事规则，在会议主席团的主持下，通过演讲来阐述观点，为了"国家利益"辩论、磋商、游说。你们与友好的国家沟通协作，解决冲突；通过写作决议草案和投票表决来推进国际问题的解决。

很多学校开设了模拟联合国课程，并利用寒暑假组织学生参加每年中国北京、上海、香港，美国的中学生模拟联合国课程。

问2：你会收获什么？

答2：通过模拟会议的形式增进你们对联合国的了解，更加关心世界，扩展国际视野。

通过角色扮演提高你们的责任感和领袖气质。

通过具体议题的讨论，锻炼你们思考问题、分析问题、综合运用各学科知识的能力。

通过中英文的演讲和辩论提高你们的表达能力。

通过地球村活动锻炼你们的创新能力、艺术文化底蕴、人际交往和沟通的能力。

问3：一般是怎样的课程体系？

答3：一是选修课系列：教师为主导，固定时间、地点、人员、学分，掌握模拟联合国活动的基本知识。

第一讲：会议流程

第二讲：联合国

第三讲：国际政治热点分析

第四讲：地球村

第五讲：文件写作

第六讲：外交礼仪

第七讲：国际政治的意义

第八讲：英语强化课

第九讲：结业课

二是社团活动系列：学生为主导，以活动、讲座为主要形式，实践运用中学习。

第一阶段：确定本届校内会的议题及人员，社团招新。

第二阶段：具体技巧培训演练。

第三阶段：校内模拟联合国会筹备、开幕、总结。

三是正式会议系列：正式会议为主题。通过和各地各校学生正式演练切磋实现课程目标。

（1）校内模拟联合国会；

（2）北京大学或复旦大学中学生模拟联合国大会；

（3）国外中学生模拟联合国大会。

问4：小伙伴有什么感受呢？

答4："在模拟联合国中，我们代表的是一个个国家的颜面，模拟的不仅仅是唇枪舌剑的技巧和运筹帷幄的快感，更是压在肩上的无上的责任和义务。""模联的本质本应是最干净的公民教育，这里并不只是强者绽放的舞台，而是许许多多的人努力拼搏成长的地方，回首一年之前，回想那个还在颤抖着拿着发言稿上台发言的我们，我们的成长才是带给模联最大的感动，模拟联合国，是只要有热情，哪怕曾经被人耻笑永远不可能站上舞台的孩子都可以做好的地方，为了推动会议的进程，每个人的努力都必不可少。"

光影故事

你有尝试过拍摄一部微电影吗，用胶片讲我们自己的故事。

近年来，微电影成为大家熟悉和喜欢的表现方式。它将丰富的信息、复杂的情绪、充沛的情感浓缩到短小精悍的文字与视频当中，反映了学生对现实生活和社会问题的感悟与反思。

【微电影节】

问1：如何拍摄一部微电影呢？

答1：微电影创作包括明确主题、组建团队、准备设备、拍摄制作和后期制作等步骤，你可以找几个志同道合的同学共同来讨论，对于你们来说，每个环节都是一个学习和锻炼的契机、培养能力的过程。

问2：如何组织微电影节呢？

答2：微电影节包括开幕式、微电影展映、颁奖仪式三个主要板块。

第一阶段：各班创作剧本、组建团队，学校组织视频创作和剪辑培训会，各剧组学习拍摄和制作的技巧。

第二阶段：各剧组拍摄，提交作品。

第三阶段：学校将组成评委会，进行评选。颁奖典礼包括演员走红毯和颁奖两个环节，这也是你们最喜欢的环节，你们可以和团队一起走过红毯，展现最美的青春。学校可以邀请导演、演员参加颁奖典礼。

问3：现在有微电影相关的课程吗？

答3：有的。有两种形式，一种是与课堂教学相结合的，比如有的语文课要求名著改编，道德与法治中关于家庭、友谊、法治的主题都可以和微电影的活动结合。

还有一种形式是学校面向专注于电影制作的学生开设校本课程。在参加电影节和参与学科活动的过程中，会有一部分同学逐渐发现自己在电影拍摄方面的兴趣爱好，希望掌握更多的关于微电影拍摄的知识和技能。学校可以面对这部分同学，专门开设《影视视听语言分析与微电影制作》等校本课程。

问4：怎样进一步发展我的爱好和特长呢？

答4：你可以参加各种电影节比赛，小试牛刀，如果发现自己非常喜欢又比较有天赋，可以报考北京电影学院等艺术院校。

学生自主课程

学生自主课程是由学生担任讲师,向大家讲述某一领域的知识的课程。授课内容涉及面广,趣味性强,基础性与专业性兼顾。可涉及数学、文学、天文、军事、金融、围棋、旅行、音乐、辩论等多个领域,每位讲师的授课时间约为2课时。还可以结合网络授课形式,同学们在学校微信公众号上随时浏览与下载课程,并与学生讲师交流。

以下列举某校学生开设的部分课程:

文学类:"一场幽梦同谁近,千古情人独我痴"——《红楼梦》人物形象;梦回群雄争霸的时代——风云激荡的三国;从小视角到大世界——轻小说教室;优美宋词——走近宋词的美丽与忧伤;现代诗歌创作。

数学类:碰撞思维的火花——组合数的基本概念与深度解析;"糖三角"的奥秘——三角形中一点 P 产生的角度问题;数论——数学的皇冠;千言万语不及一张图——图论初步认识。

科技类:徜徉在天文世界的星海——天文学的基础与进阶;铁军突击——现代战争中的步坦协同;挑战想象力极限——DI 竞赛初步了解与体验。

人文类:罗马的荣耀究竟去了哪里?——探索千年的意大利;品味对弈中的人生哲学——围棋的基本概念入门和算法的设计;反战给予摇滚乐队的辉煌——浅谈摇滚乐中反战元素及其影响;第一运动的另一面——足球场上的政治因素;如何欣赏抽象画——带你走进抽象艺术;"吃茶去"的禅机茶意——茶学。

经济类:金融就在我们的身边——青年理财。

看到这里,你是不是也跃跃欲试了呢,规划一下你想开设的自主课程吧!

结语——我的青春不是梦

  我们的时代赋予了我们的青春更多的色彩,我们的国家为我们的发展提供了更大的舞台。

  一起来吧,来拥抱属于你我的精彩!

  来走近科技的、艺术的、文学的、体育的、社会的、公益的——我们的主场吧。

  未来的你会感谢今天奋斗的自己。

  青春不散场!

  精彩等你来!

参考文献

[1] 金树人. 生涯咨询与辅导 [M]. 北京：高等教育出版社，2007.

[2] 吴芝仪. 我的生涯手册 [M]. 北京：经济日报出版社，2008.

[3] 黄天中，吴先红. 生涯规划——体验式学习（中学版）[M]. 北京：北京师范大学出版社，2010.

[4] 计桥（北京）国际教育文化中心，北京易迈步潜能科技开发院. 高考生如何科学填报志愿——考得好，还要填得好 [M]. 北京：华艺出版社，2006.

[5] 雪颖，张贵良. 高考生心理调节及应试策略 [M]. 北京：气象出版社，2005.

[6] 杨敏毅，鞠瑞利. 学校团体心理游戏教程与案例 [M]. 上海：上海科学普及出版社，2006.

[7] 陈丽云，樊富珉，官锐园. 身心灵互动健康模式：小组辅导理论与应用 [M]. 北京：民族出版社，2003.

[8] 梁启超. 理想与气力 [M]. 呼和浩特：内蒙古人民出版社，1999.

[9] 斯塔普斯. 像赢家那样思考 [M]. 刘祥亚，译. 海口：南海出版公司，2001.

[10] 北京纽哈斯国际教育咨询有限公司. 高考胜经：学习方法篇 [M]. 北京：机械工业出版社，2005.

[11] 郭兆年. 高中生涯发展指导 [M]. 上海：华东师范大学出版社，2010.

[12] 里尔登. 职业生涯发展与规划 [M]. 侯志谨，译. 北京：中国人民大学出版社，2010.

[13] 鲍利斯，克里斯汀，布卢姆奎斯特. 你的降落伞是什么颜色（学生版）[M]. 柏静静，译. 北京：中信出版社，2010.

[14] 陈春花. 从现在出发——大学生的七项修炼 [M]. 北京：机械工业出版社，2011.

[15] 李开复. 世界因你不同：李开复自传 [M]. 北京：中信出版社，2010.

[16] 李开复. 与未来同行 [M]. 北京：人民出版社，2006.

[17] 阮次山. 阮次山：与世界领袖对话 [M]. 上海：上海人民出版社，2009.

[18] 乔治，西蒙斯. 真北 [M]. 刘翔亚，译. 广州：广东经济出版社，2008.

［19］麦克斯韦尔. 领导力21法则［M］. 路卫军, 宋碧澄, 徐斌, 译. 北京：中国青年出版社, 2010.

［20］柯维. 杰出青少年的6个决定［M］. 王军, 王亦兵, 王建华, 译. 北京：中国青年出版社, 2011.

［21］柯维. 杰出青少年的7个习惯［M］. 陈允明, 译. 北京：中国青年出版社, 2012.